CORPORIS IURIS CIVILIS IUSTINIANI
FRAGMENTA SELECTA

优士丁尼国法大全选译

第 6 卷

遗产继承

〔意〕桑德罗·斯奇巴尼 选编

费安玲 译

〔意〕阿尔多·贝特鲁奇 朱赛佩·德拉奇纳 校

商务印书馆
创于1897　The Commercial Press

Corporis Iuris Civilis Iustiniani

Fragmenta Selecta

VI

DE SUCCESSIONIBUS

《优士丁尼国法大全选译 第6卷 遗产继承》

SULLA SUCCESSIONE EREDITARIA

Traduzione in cinese con latino a fronte

Selezione di testi

a cura di Prof. Sandro Schipani

con la collaborazione di Prof. Aldo Petrucci e Dott. Giuseppe Terracina

traduzione di FEI ANLING

Volume stampato con la collaborazione di

OSSERVATORIO SULLA CODIFICAZIONE E SULLA

FORMAZIONE DEL GIURISTA

IN CINA NEL QUADRO DEL SISTEMA GIURIDICO ROMANISTICO

Università degli Studi di Roma "Tor Vergata"

"Sapienza" Università di Roma

Dipartimento Identità Culturale del CNR

Università della Cina di Scienze Politiche e Giurisprudenza (CUPL)

E

CENTRO DI STUDI DUL DIRITTO ROMANO E ITALIANO

Università della Cina di Scienze Politiche e Giurisprudenza (CUPL)

优士丁尼国法大全选译
总　　序

　　我国法律人了解罗马法的方式，可以说基本上以 20 世纪 80 年代末为界。在此之前，我国法律人主要通过现代人撰写的教科书来获取罗马法的知识信息。在此之后，由于有了罗马法原始文献的中译本，例如，将《学说汇纂》(*Digesta*)与《优士丁尼法典》(*Codex Iustinianus*)的相关内容按照特定主题编辑的中文选译本、《法学阶梯》(*Institutiones*)中文全译本、《学说汇纂》单卷本的中文全译本等，我国法律人得以通过阅读罗马法原始文献来认识罗马法。这些中文译本中，大部分内容是从罗马法原始文献的原始文字拉丁文直接译为中文的。较之那些以其他语种为介质的罗马法原始文献的译文，这些直接从拉丁文翻译过来的中文译本，在译文精准度方面，自始便具有不可低估的优势。

　　各位读者或许已经注意到，这套丛书的译者共七人；已经部分问世的单卷本《学说汇纂》的译者团队更是由二十余位年轻的中国法律人组成。饮水不忘挖井人，这一切要感谢中国著名法学家江平教授和意大利著名罗马法学家桑德罗·斯奇巴尼(Sandro Schipani)

教授。正是因为他们的睿智决策和精心组织，我国才得以形成一支对罗马法和意大利现代法颇有研究的人才队伍。

1988 年春季，任教于中国政法大学的黄风老师应邀赴意大利博洛尼亚大学进行学术访问。能够流利地用意大利语讲授中国法律的黄风立刻成为了博洛尼亚大学法学院的一道靓丽的风景线。正在积极寻找机会与中国法学界建立合作关系的意大利国家研究委员会下属的"罗马法传播研究组"（Gruppo di ricerca sulla diffuslone del diritto romano）负责人皮埃兰杰罗·卡塔拉诺（Pierangelo Catalano）教授和桑德罗·斯奇巴尼教授闻讯找到了黄风，希望他利用娴熟的意大利语致力于罗马法研究和有关项目的合作。当时，这两位意大利的罗马法学教授已然是闻名于意大利乃至欧洲和拉美国家的著名罗马法学家。他们对罗马法的深刻思考、对现代社会的罗马法继受的精辟见解、对中国研究罗马法的重要作用的睿智分析，以及他们对意大利与中国在罗马法领域合作的可行性分析、对落实路径的思考和所提出的能够立即付诸实践的工作计划，深深感染了黄风。当两位意大利教授在黄风有关中国研究罗马法的情况介绍中了解到，中国政法大学的江平教授已经在该大学讲授罗马法课程八年有余，便立即通过黄风向江平教授发出了访问意大利罗马第二大学和意大利国家研究委员会的邀请。

1989 年春季，时任中国政法大学校长的著名法学家江平教授应邀在意大利国家研究委员会向来自意大利十余所大学的数十位法学教授发表演讲。时任意大利共和国总统科西加（F. Cossiga）先生为此专门发来贺电："中国政法大学校长江平教授所做的报告不仅对意大利国家研究委员会的罗马法传播项目很重要，而且更重要的是，其清晰地确认了罗马法在不同文化及其发展中的贡献。罗马法的成果系一千余年发展的结晶。其产生于奎利蒂法中较窄的领域，后被拓展至上个世纪的现代法典化中。罗马法不仅是一个始终存在且稳定的法律规则、法律制度和法学方法的共存体，而且在人的自由性、国家的非宗教性、个人的责任性、意愿的自治性、公众的代表性、平等主体间的团体性等一些基本原则的基础上，形成了各个国家之间无差别的当代文明。正是基于罗马法的严谨逻辑和合乎逻辑的推理，在许多国家中，就个人之间和人民之间不应当用暴力方式破坏构建在法律基础上的共同文明这一基本原则都达成了共识。我非常荣幸地向这样一位尊敬的演讲者致以热烈的欢迎，并向会议的全体出席者致以问候。"江平教授的演讲和科西加总统的贺词当年全文刊登于意大利著名学术刊物《启示者》（*Index*）上。

在访问期间，江平教授应邀与"罗马法传播研究组"的教授们及意大利罗马第二大学的罗马法学教授们进行了座谈，就启动中国与意大利法学界之间的罗马法研究、罗马法原始文献翻译和法学人才培养等项目进行了深入交流，并形成了合作意向，其中就法学人才培养达成的共识是：罗马法的翻译与研究工作的实施前提是法学人才的培养；中国政法大学与意大利罗马第二大学共同缔结人才培养、学术交流等多领域合作协议。故而，江平教授代表中国政法大学与意大利罗马第二大学签署了两校间的合作协议。根据该协议，中国政法大学需要尽快派出至少四名合适人选前往意大利学习罗马法并开始原始文献的翻译工作，留学期间的奖学金由意大利方面提供。

总　序

　　1990 年至 2004 年，在中意两国政府和中国政法大学、意大利罗马第二大学等机构的支持下，黄风、丁玫、范怀俊、徐国栋、张礼洪、薛军、刘家安、罗智敏等人和我先后赴意大利学习法律，尤其是罗马法。该期间派出的人员的特点是：一、绝大多数人是高校年轻教师；二、绝大多数人在本科和研究生阶段接受过法学的严格训练；三、绝大多数人在去意大利留学之前仅接受过 8 个月左右的意大利语短期培训。上述全体年轻学子在意大利学习期间均十分刻苦、努力，因此都顺利地完成了在意大利的学习计划。

　　以在罗马第二大学学习罗马法的年轻学者为例，他们在意大利留学期间主要有两个任务：

　　一、在罗马第一大学法学院罗马法研究所举办的罗马法高级研究班里系统地学习罗马法。罗马第一大学法学院的罗马法研究所设立于 1888 年，是欧洲享有盛誉的学术机构。那里有藏书极为丰富的罗马法图书馆，许多著名的欧洲法学家都在那里学习或者讲学。在该研究所的图书馆里有一张桌子，那是德国著名的罗马法学和罗马史学家蒙森（Christian Matthias Theodor Mommsen，1817—1903）在该研究所讲学及开展研究活动时经常使用的。这张桌子被作为纪念物放在图书馆一进门醒目的地方，桌子的上方悬挂着蒙森的肖像。该研究班的学生主要来自于欧盟成员国和拉美国家，其中相当一些人是在本国讲授罗马法的青年教师。给罗马法高级研究班授课的都是在罗马第一大学任教的意大利甚至欧洲最著名的罗马法学家，例如，皮埃兰杰罗·卡塔拉诺、马里奥·塔拉曼卡（Mario Talamanca）、菲利恰诺·赛拉奥（Feliciano Serrao）、朱利亚诺·克里佛（Giuliano Crifò）、安东尼·马西（Antonio Massi）、马里奥·马扎（Mario Mazza）、路易吉·卡波格罗西（Luigi Capogrossi）等学者。在研究班学习结束前，要写一篇至少 30 页的关于罗马法中某一个专题的学术文章。

二、在提高意大利语水平和拉丁文水平的同时，确定一个翻译选题，就该选题进行深入的学习和研究，并且在此基础上进行罗马法原始文献中相关内容的翻译。这是一个极为艰难的任务，但是这些年轻学者们以惊人的毅力、出众的能力将翻译成果呈现在人们面前，除本丛书外，还有包括意大利法学家彼得罗·彭梵得（Pietro Bonfante）的《罗马法教科书》（*Istituzioni Di Diritto Romano*）和朱赛佩·格罗索（Giuseppe Grosso）的《罗马法史》（*Storia Dei Diritto Romano*）在内的罗马法教科书系列翻译，以及意大利现代法的法典和著作的翻译，例如《意大利刑法典》《意大利刑诉法典》《意大利军事法典》《意大利民法典》等。

自 2005 年起，在中国国家留学基金委员会、意大利罗马第二大学、博洛尼亚大学、罗马第一大学、比萨圣安娜高等师范大学等机构的大力支持下，尤其在桑德罗·斯奇巴尼教授的帮助下，更多的中国年轻学子前往意大利学习罗马法和意大利现代法，这使得罗马法原始文献的翻译力量进一步得到强化。

从 1990 年至 2021 年的三十余年内，据不完全统计，我国先后派出一百二十余名年轻学子在意大利至少十所大学的法学院以进修和攻读学位的方式进行学习，其中至少有七十六人攻读了法学博士学位。他们的研究领域覆盖了法学的诸多学科方向，例如，罗马私法、罗马公法、现代私法、国际法、知识产权法、刑法、人权法、欧盟法、税法、中世纪法、人权法、法与经济学等。这些研究在全

总　序

球视野下可能仅仅是一小步，但是就我国而言，则是扎扎实实的一大步。这些在罗马私法、罗马公法、现代法学与中世纪法史等领域的深入研究对进一步推进我国法学理论研究及指导司法实践可谓意义重大。尤其是这些法学人才的出现，对于我国法学事业的发展、我国罗马法原始文献翻译与研究的推进及中国与意大利的法学交流，可谓弥足珍贵。

这套丛书是由按照一定主题从浩瀚的罗马法原始文献中摘选出的相关资料所构成。丛书初版名为"民法大全选译"，由中国政法大学出版社于 1993 年起陆续出版。部分分册又曾以"罗马法民法大全翻译系列"为题，由中国政法大学出版第二版。此次由商务印书馆再版，依照斯奇巴尼教授的编排方案，将丛书调整为 8 卷，分别是：第 1 卷《法的一般准则》（I，II）；第 2 卷《物与物权》；第 3 卷《债　契约之债和准契约之债》；第 4 卷《有悖于人的尊严的违法行为》；第 5 卷《婚姻与家庭》；第 6 卷《遗产继承》；第 7 卷《违法行为的民事责任与刑事责任》；第 8 卷《社会的各种组织形态》。其中，第 4 卷和第 7 卷是新增加的内容，其余各卷涵盖了旧版的各册内容。旧版的各册信息和做此调整的想法及依据，分别在阿尔多·贝特鲁奇（Aldo Petrucci）和桑德罗·斯奇巴尼两位教授的序中有所介绍，此不赘述。

这套丛书的选编者为意大利罗马法学家桑德罗·斯奇巴尼教授和阿尔多·贝特鲁奇教授，尤其是斯奇巴尼教授，他对这套丛书的选编付出了巨大心血。丛书的翻译工作得到了阿尔多·贝特鲁奇教授和朱赛佩·德拉奇纳（Giuseppe Terracina，中文名：纪蔚民）博士的巨大帮助。在贝特鲁奇教授的序中，对此有详细的描述。

总　序

　　这套丛书的翻译者为黄风教授、丁玫教授、徐国栋教授、米健教授、张礼洪教授、范怀俊律师及我本人。作为罗马法原始文献之精华摘要，该丛书由译者们以自己辛勤的汗水和青春年华所孕育，并且已经成为中国法治之树不可或缺的营养基础的一部分。这套丛书的再问世得益于商务印书馆学术出版中心的鼎力支持。在这里，我们译者团队特向这套丛书的选编者、对翻译和校对工作提供帮助的人及编辑致以崇高的敬意。

费安玲

2022 年 1 月 26 日于京城静思斋

桑德罗·斯奇巴尼教授序

一、引言

30 年前，我们共同开始了优士丁尼《国法大全》（*Corpus Iuris Civilis*）原始文献的选译工作。如今，"优士丁尼国法大全选译"丛书在《中华人民共和国民法典》（以下简称《民法典》）生效后又以统一方式再版。这是中意法学家们在当今时代找到了合作发展的机遇的重要见证，也是该合作得以持续发展的新起点。

首先，我要感谢中意法典化和法学人才培养研究中心中方负责人、中国政法大学中意法与罗马法研究所所长费安玲教授为这个新版本提出的建议，并感谢商务印书馆敏锐地看到这套丛书的重要性并将其纳入于出版计划中。

本丛书的初版在中国政法大学出版社出版时（以下简称"法大版"），我为其中的每一册撰写了简短的评论式的《说明》。我很高兴地看到，这些《说明》①也将一并重新出版。事实上，我在《说

---

① 法大版的部分分册再版时，将"说明"改作"序"。因此，本丛书中以法大版再版后的版本为基础修订出版的各卷，仍沿用"序"，并注明了版本年份，写作"××年版序"。这一部分亦即这里谈到的"说明"。——编者

明》中简要评论了罗马法学家们的文本提到的一些问题。今天，中国学者所著的罗马法教材越来越多，其中有些还明确提到了古代渊源。因此，我的《说明》有助于他们教材撰写的有效完成。此外，我正在协调《学说汇纂》50卷单卷本的翻译工作，这将使读者们能够完整地在《学说汇纂》中找到其感兴趣的见解。我不仅给"法大版"的各分册均撰写了《说明》，而且除其中两册外，均附有波蒂尔（Pothier，1699—1772）在其《新编学说汇纂》（也称《新学说汇纂范畴内的潘德克呑体系》）(*Pandectae in Novum ordinem digestae*，1748—1752）中提出的解读指引 ①。

　　商务印书馆的再版遵循了《学说汇纂》的编序和题目，仅对每个题目下的片段调整了新的顺序（其中包括将一些片段从一个题目放置在另一个题目下的小调整）。这一新顺序有助于对这套丛书进行逐本翻译。同时，它有助于通过多次阅读所产生的对文本本身的解释而使得对这套丛书的阅读变得更为容易。

　　无疑，优士丁尼《国法大全》指导了后世诸多罗马法学家、民法学家的工作。不过，最为重要的是，它给1804年《法国民法典》中的许多制度提供了有效的解决路径，也间接地给在《法国民法典》基础上发展起来的诸多其他国家的《民法典》提供了指导。然而，优士丁尼《国法大全》并没有穷尽那些依然开放的、与读者一起成长的丰富观点，这些读者往往从新的背景出发，带着新的疑问和新的问题对古代资料提出质疑。德国学说汇纂学派就是对古代资

---

① 在一些网站上可以阅读波蒂尔的作品。法语网站可以检索"Hathi Trust Digital Library Pothier Pandectae Justinianeae"，或者检索"openlibrary.org/books"；意大利语网站可以检索"Pothier Pandette di Giustiniano"。

料进行后续解读的一个例子。尽管学说汇纂学派依然是发展其方法论的路径之一，但是学说汇纂学派对古代资料的重新解释的特点在于，他们比罗马法学家的阐述具有更强的抽象性。通过这种方法，学说汇纂学派强调了他们所认为的罗马法的内部体系，罗马法学家们对该内部体系一直未做出明确阐释，但他们却是按照这个体系来进行研究的。不过，在学说汇纂学派看来，该体系秩序有时是依单方面考量的重点、符合其提出的需求和运用所组合而成的。但随后，新的批判性重新解释提供了新的研究结果，其中意大利罗马学家们的重新解释得到了科学的肯定，并且在其他环境、其他人和其他法学家们的参与下对该内部体系进行了新的扩展。然而，所有的重新解释并不是从一个树干上分出的枝杈，而是在同一树干上的连续生长，并且不断地相互交流。

此次再版，在调整丛书各卷的文本时，为了以统一的方式重新出版这些文本，我向费安玲教授提议：鉴于中国《民法典》的生效，在不对当时所做工作进行大幅度修改的情况下，按照中国《民法典》的顺序进行调整。事实上，中国《民法典》与罗马法原始文献之间的对话由来已久，我相信这一对话不仅从立法法上而且从共同法体系上能够对中国法学的未来发展做出有益的阐释，因为生效的中国《民法典》对该共同法体系做出了贡献。民法法典化本身就是对共同法体系的贡献。这是一次我们许多人共同参与的法律对话，而中国的立法者和参与《民法典》编纂并使之问世的中国法学家们现已成为该对话中的主角。

在我们对话的这个新阶段中，我现在要简单回顾一下罗马法体系的四个核心概念：法（ius）、市民（cives）和人类（homines）、法典（codex）、共同法（ius commune）。它们的意义在不断地吸引着我们。

二、渊源多样性的"法"

对于罗马法学家而言，罗马法体系形成的时代是从罗马法始萌到优士丁尼（Iustinianus，482—565 年）时期，"市民法"（ius civile）是由不同的渊源所构成的。

首先，市民法是体现人民意愿的法。平民会议决议、元老院决议、皇帝敕令同样是基于人民意愿而产生的。[①] 在此，我对平民会议决议、元老院决议和皇帝敕令不做赘述。

其次，作为法的渊源之一的习俗，同样是人民意愿的一种表达。[②]

[①] 有关该问题，盖尤斯《法学阶梯》中的 Gai. 1, 2—5、《学说汇纂》第 1 卷中的 D. 1, 1, 7pr.、D. 1, 2, 2, 12 和 D. 1, 4, 1pr. 以及优士丁尼《法学阶梯》中的 I. 1, 2, 3—6 均有阐述。就法律与平民会议决议之间的关系，奥罗·杰里奥（Aulo Gellio）谈道，奥古斯都时代的法学家阿特尤·卡比多（Ateio Capitone）曾经指出，平民会议决议是由主持会议的当选执法官提出法律提案并要求批准而引发的［参见 A. Gellio, N. A. 10. 20. 2 : lex est generale iussum populi aut plebis rogante magistratu（法律是由执法官提议的人民或平民的命令）］。即使是元老院决议，也是由元老院根据召集会议的地方执法官的提议进行表决，在讨论过程中，元老院议员还可能提出其他提议。

事实上，即使是作为人民意志的直接或间接表达的法律概念，在与之无关的原则的压力下，也在很长一段时间内消失了。这些原则主要与中世纪的制度有关，而现代社会推动这些法律概念之重申的原因是对罗马法渊源、对《国法大全》以及对其中存在且保存下来的关于同胞和人民的作用之法律原则进行思考的结果。

[②] 参见《学说汇纂》第 1 卷中的 D. 1, 3, 32 和优士丁尼《法学阶梯》中的 I. 1, 2, 9。必须强调的是，习俗不以民选执法官提出的建议为前提，而应当与法学家的评价相符合，法学家们将习俗与同法律无关的简单"做法""习惯做法"区别开。

裁判官告示也是法律的渊源。①

最后，基于专业能力（peritia）和智慧（prudentia），② 法学家的意见和学说也是法的渊源之一。法学家们对规则加以完善并形成结构化方法，并因此成长起来，其中出现了法学家们用于阐述属和种的归纳演绎法。按照类别、顺序③ 和其他方式进行分类的方法产生了可验证性以及权威性，因此一些人得到其他已被认为是法学家的人的非正式认可而成为专家，并得到人民的赞赏（当时在某些情况下，还得到了皇帝的支持④）。

法学家的这种制定法律的活动并不限于市民法。从只有作为宗教祭司或者战和事务祭司的僧侣社团成员是法律专家的时代开始，由他们确认和制定的法律就提到了与外国人的"诸共同法"（multa iura communia），以及那些第一次遇到的但实际上已包括在其中的法。这些众多的"诸共同法"在市民法之前就已存在且不断

---

① 参见《学说汇纂》第 1 卷中的 D. 1, 1, 7, 1、D. 1, 2, 2, 10 和 D. 1, 2, 2, 12，优士丁尼《法学阶梯》中的 I. 1, 2, 7，盖尤斯《法学阶梯》中的 Gai. 1, 6。事实上，裁判官是由人民选举产生的执法官，因此是人民意志的体现，但其职能不包括制定法律。然而，在很长一段时间内，在行使法律适用告示并随后由法官裁决争端的职能时，裁判官也可以纠正或创新法律，只要其他裁判官或平民护民官没有否决它即可。因此，裁判官的创新产生了法律，其后汇集到历届裁判官在其任职之初公开张贴的告示里，以便任何人都可以阅读（改变告示中所写的内容构成犯罪。参见《学说汇纂》第 2 卷中的 D. 2, 1, 7、D. 2, 1, 9pr.）。

② 参见《学说汇纂》第 1 卷中的 D. 1, 1, 7pr.、D. 1, 2, 2, 5 和第 12 卷中的 D. 12, 13, 39, 1，盖尤斯《法学阶梯》中的 Gai. 1.7，优士丁尼《法学阶梯》中的 I. 1, 2, 8。

③ 参见《学说汇纂》第 1 卷中 D. 1, 2, 2, 4、D. 1, 2, 2, 44 中的敕令及相关法学家的阐释。

④ 参见《学说汇纂》第 1 卷中的 D. 1, 2, 2, 49。

发展。几个世纪后，这些法大大增加，它们构成了"万民法"（ius gentium），这是全人类的共同法，适用于全人类，但对所有动物而言，适用的则是自然法（ius naturale）。当然，万民法的渊源中包含着自然理性（naturalis ratio）和自然（nature）。①

因此，法的概念与法律（lex）的概念不完全相同，前者更为宽泛。

这种更宽泛的延伸已被纳入我们的体系中，即使有时会形成一种对比，就像在现代欧洲民族主义遭遇国家主义法律学说或者遭遇凯尔森的纯粹法律学说一样。这些学说主张，法是源自国家的法律或者源自与国家有关的团体法律，②但是，在面对法律本身需要不断适应多种情况和每天不断产生的新情况时，在将法律与其整个体系进行比较时，以及在法律的比较中考量司法裁判的可能性时，在承认人类共同法和人的基本权利时，就会产生一系列理论上和实践上的困境。

法的概念比法律的概念更为宽泛，由产生法的多元渊源所界定的法的概念以一种完整的方式被界定为：对人类而言，法是"善良与公正的艺术"（ars boni et aequi）。③根据这个标准，法的每个渊源所产生的一切都应当从法的角度加以评价。

---

① 参见盖尤斯《法学阶梯》中的 Gai. 1, 1，《学说汇纂》第 1 卷中的 D. 1, 1, 9、D. 1, 1, 1, 3、D. 1, 1, 4 和优士丁尼《法学阶梯》中的 I. 1, 2pr. —1。

② 有时，我们错误地认为，国家法律主义是法治必要的先决条件。但显然，法治并不以国家法律主义为前提，而是要求国家机构尊重法律。

③ 参见《学说汇纂》第 1 卷中的 D. 1, 1, 1pr.。

三、市民：作为产生"城邦"（civitas）及反映
罗马城邦基本情况渊源的术语

罗马古人，即奎里特人（Quirites），被认为是拥有支配权（potestas）[1]的人且是家庭内的支柱和首脑，具有平等地位的家子或被收养的家子亦包含其中，他们将自己托付给国王。第一个国王罗慕路斯（Romolus）在朱庇特（Giove）的主持下建立了罗马城（urbs）[2]。朱庇特被认为是世间的神，是所有已知和未知世界的和平与法律的保障者。他根据地面上的沟壑确定了城市和城墙建造的位置。沟壑、城墙不得翻越，[3]沟壑延至门边不再伸展，从那里始有连接奎里特人及其领土与其他民族和其他王国之间的道路。从那里开始，罗马以其居民家庭为形式向其他自然人和民族开放，使之成为罗马的一部分。在国王的管理下，逐渐形成了"诸共同法"。

多达两个半世纪的酝酿期使得人们确信，他们的团结应当建立在他们自己决定的基础上。

"市民"一词最初并非指住在城市中的居民，而是指那些在互惠关系中彼此为"共同市民"（con-cittadini）的人[4]。他们共同制

---

[1] potestas 应当源自 potis esse。potis esse 即"更多"之意，是指具有自己独立且能够与他人建立关系，并为那些无法与他人建立关系的人及其家庭提供支持的能力。

[2] urbs 应当源自 urbare，参见《学说汇纂》第 50 卷中的 D. 50, 16, 239, 6。

[3] 参见《学说汇纂》第 1 卷中的 D. 1, 8, 11。

[4] 参见 É. Benveniste, *Deux modèles linguistique de la cité, in Échanges et communications*, in *Mél. Lévi-Strauss*, 1, Mouton-L'Aia, 1970, 589 ss.（= in Id., *Problèmes de linguistique général*, II, Parigi, 1974, 272ss.。

定了《十二表法》，这是他们的共同法则。在此基础上，他们开始对罗马城市国家进行转型，开始追求"使之平等和自由"（aequare libertatem）这一目标，以及由此带来的所有期许和影响。这一目标成为法律的基本特征，他们也因此经历了不断的变革。最重要的是，正是基于这些法律，他们的自我认同才得以确立，并且"城邦才得以建立"①。

术语 cives（市民）一词是 civitas（城邦）一词的基体词，civitas 源于 cives。首先，它要表明"共同-市民"的条件，也就是说，市民身份是一种地位，依其意志和法律建立起与其他民族之间的相互关系；其次，它指的是"共同市民在一起"（insieme dei concittadini），并以翻译的方式指"城邦"。如同前面提到的那样，市民身份对所有人开放，接纳他人，被制度化地称为"人民"（popolus），持有源自市民身份的权力。人民被定义为"是许多人基于法的共同意志与共同利益而结合起来的集合体"（coetus multitudinis iuris consensu et utilitatis communione sociatus）②，并构成一个实体（corpus），但这是一个"由独立的个体组成的实体"（corpus ex distantibus）③，即使存在着特定的统一性，但个体仍然保持着自己的特性。他们是聚集在城邦里的市民，在相互的关系中产生了他们的组织，即"城邦"。

---

① 参见《学说汇纂》第 1 卷中的 D. 1, 2, 2, 4。参见 S. Schipani, *La condificazione del diritto romano romune e l'accrescimento del sistema*. Appunti delle lezioni, cap. II, parte prima, in Liber Amicorum per Massimo Panebianco, 2020。

② 参见 *de Rep.* 1, 25, 39。

③ 参见《学说汇纂》第 41 卷中的 D. 41, 3, 30pr.。

这就是他们的物（res），即"公共物"（res publica），也就是"城邦"。这是他们聚集在一起的结构性产品。并非公共资源或者市民身份使这些人成为市民或者决定了他们存在的这一颇具特征的方式，相反他们就是该城邦的缔造者，其组织结构是他们相互关系的结果，通过活动而得到巩固，且可以被调整。该城邦组织是统一的、团结的，但并非是一个自然的有机体的统一，而是作为一种社会产物，依其模式存在并保证其多元性。①

法律是作为人的市民意志的表达，只对市民有约束力（除少数例外）。作为市民法的渊源，法律也在辨别着市民法，尤其表现在辨别身份时。

对平等的追求是城邦的特点，它使人们认识到，被视为平等的其他民族也有自己的法律，即"利用他们自己的法律"（suis legibus uti）②。在这些规范之外，如前所述，还有适用于所有人的万民法。

基于从家庭过渡到市民身份的社会结构的开放，罗马的扩张是市民条件的扩张。卡拉卡拉（Caracalla，186—217年）皇帝于212

---

① 我已经再次强调过，希腊语见证了一个相反的过程：城市（希腊语为 pólis）是市民（polítēs）的基体词。城市产生了市民，这与希腊城市最初对自身的封闭有关，它不对外国人开放，也没有建立起一个如同与罗马共同成长的包容的"公共物"，即城邦。

② 我们在执政官提图斯·昆图斯·弗拉米尼乌斯（Titus Quintus Flaminius）战胜马其顿人后对希腊人的著名演讲中发现，该原则得到了承认和颂扬［参见李维的《自建城以来》（33，32，4—6）："罗马元老院和被誉为皇帝的提图斯·昆图斯在打败了菲利普国王和马其顿人后，下令科林斯人和希腊的其他民族获得自由，免于进贡，并按照自己的法律生活。"］。我们发现该原则在库伊特·穆齐·斯凯沃拉给阿西亚行省的告示中也得到了肯定。在恺撒的《高卢记》和西塞罗等人的作品中均可寻觅到相关内容。

年颁布的《安东尼敕令》①（*Constitutio Antoniniana*）承认了帝国所有居民的市民身份。该敕令给予生活在城市的人们以最大程度的自由和自己法律的选择权，人们根据不同情况将法律适用于他们的关系中，而罗马共同法则适用于有着不同法律的城邦市民之间的关系（这个演进过程也见证了罗马法的传播）。

但是，法超越并包容了所有法律意义上的人和自然意义上的人，这就是法设立的原因和目的。②

四、法典、法学家、法典编纂的创始人和在优士丁尼立法功能基础上的立法者：基本协同；在所有法的体系中以人为首位的宏观分类和宏观排序。

法典思想的酝酿由来已久。我们可以说，它是在城邦设立千年之后才出现的，我们亦可以把它看作体系编纂时代的最后时刻，它在我们这个伟大革命的和重新法典化的时代，为法典的后续发展提

---

① 该敕令可能是用拉丁文起草的，然后由帝国文吏翻译成希腊文。希腊文译本出现在一张非常不完整的纸莎草纸上，其来源不明，德国吉森博物馆于1902年购买并将其保存 [参见发表于《优士丁尼之前的罗马法原始文献》（*Fontes Iuris Romani Anteiustiniani*, FIRA）的文章，佛罗伦萨，1941，第445页]。对极度缺乏的纸莎草纸文本中的信息进行整理、研究非常重要。

关于这个问题的相关文献可参阅朱赛佩·格罗索的《罗马法史》（黄风译，中国政法大学出版社2018年版）中的相关内容及 M. 塔拉曼卡（M. Talamanca）的《罗马法史纲》（*Lineamenti di Storia del diritto romano*）（周杰译，北京大学出版社2019年版）中的相关内容。

② 参见盖尤斯《法学阶梯》第1卷中的 Gai. 1, 7；参见《学说汇纂》第1卷 D. 1, 5, 2 中法学家赫尔莫杰尼安所说的"所有的法都是为人而设"。

供了支持。

在从城邦到我们的奥古斯都（Augusto，公元前 63 年—公元 14 年）时代之初所采取的新形式中，法学家的工作与皇帝设立的新裁判官机构之间出现了一种融合形式，皇帝通过在一定时期内给法学家以权威而对此给予支持。[①]

这种融合并非是孤曲的独舞，而是同样发生在其他场合。

从 2 世纪开始，法学家们对城邦本身的新结构进行了反思，完善了皇帝不同类型的敕令中法的特有价值。在这些敕令中，皇帝针对已有的法律进行了创新。这些创新有时包含在皇帝做出的司法裁决（decreta）中；有时包含在裁判官告示（edicta）中，其旨在体现皇帝通过其代表对行省政府的治理；有时包含在行政文件中，例如批复（epistulae），批复是皇帝向其代表发出的纯粹政治性的，或者行政性的，甚至法律性的建议，或者用它回应私人的请求。法学家们有时会利用这些文本，将它们作为权威性的引文纳入自己对法律的阐述中，如同他们将其他法学家的观点和学说纳入自己的阐述中一样。因此，借助着法学家们的著作，皇帝对法律一般性的思考成熟起来，[②]后来它们被通称为"敕令"（constitutiones）。这个词也被用来指皇帝直接颁布的一般文件、独立于上述形式的文件和皇帝自己的倡议。法律的特有价值建立在人民意愿的基础上，因为人民

---

① 参见《学说汇纂》第 1 卷中的 D. 1, 2, 2, 11 和 D. 1, 2, 2, 49。

② 盖尤斯《法学阶梯》中的 Gai. 1, 5 和《优士丁尼法典》中的 C. 1, 1412, 1 均阐释了法学家在促进皇帝敕令产生法律价值方面的作用："……甚至古代的法律创始人（即法学家）也公开和明确地定义，来自皇帝在法庭上宣布的判决敕令具有法律价值。"

在君主上任之初批准了"君王法"（lex de imperio）[1]。

在上述记载的其中一个文件内，皇帝再次就涉及法官的法学家的意见进行了干预。事实上，在科学方法多样化的背景下，法学家们的意见有时会相互矛盾。皇帝通过一项敕令规定：如果法学家们的意见一致，对法官应当具有约束力；但是，如果法学家们的意见不一致，法官可以选择他认为最适合其裁判纷争的意见，但法官不能自己研究出另一种解决方案。[2]

此外，法学家们不仅开始引用和思考敕令，还开始收集敕令。因此，帕皮流斯·尤斯图斯（Papirius Iustus）将 2 世纪末马尔库斯·奥勒流斯·安东尼努斯（Marcus Aurelius Antoninus）和鲁求斯·维鲁斯（Lucius Verus）两位皇帝的批复汇编为 20 编的书，没有添加任何自己的内容。他的这部著作随后在《学说汇纂》中以与法学家其他著作相同的方式被使用和引用。[3] 由于在可卷的纸上进行书写（即由羊皮纸装订成册的书）这一创新形式的出现，我们得到了 3 世纪末法学家格雷戈里亚努斯（Gregorianus）和赫尔莫杰尼安（Hermogenianus）的两部法典。这两部法典收集和整理了皇帝敕令。这些法典还被作为法学家著作，用从事敕令收集与整理的两

---

[1] 在盖尤斯《法学阶梯》中的 Gai. 1, 5 的最后和《学说汇纂》中的 D. 1, 4, 1pr.，乌尔比安都谈到了涉及君王治权的《君王法》。我们仅能够通过维斯帕西亚努斯（Vespasianus，9—79 年）找到的一块铜板（69 年）了解之。在该文本中，我们没有读到赋予君王发布法律的权力条款，而只有非常笼统的一句话："他有权执行和实施一切，根据城邦管理需要，他被认为享有神圣的、人类的、公共的和个人的威严。"因此，除了后来法律的条款不同之外，我们可以理解涉及该法的解释变化。

[2] 参见盖尤斯《法学阶梯》中的 Gai. 1, 7。

[3] 参见《学说汇纂》第 8 卷中的 D. 8, 2, 14 和 D. 8, 3, 17 等内容。

位法学家的名字命名。①

　　后来，关于法学家的著作，426 年的《引证法》(*Lex Citationis*)确认了皇帝对规范法学家著作的使用进行了干预。② 在法学家的法律专业水平和古典法学家著作的持久性出现危机的情况下，敕令确认了盖尤斯、帕比尼安、保罗、乌尔比安和莫德斯丁著作的价值，③以及他们的著作中包含的其他人的意见。此外，针对解释这些文本的困难以及这些法学家的意见可能存在不一致、使用者可能不知如何解释的情况，敕令规定要接受被大多数人认可的意见；如果依然无法确认，则以帕比尼安的意见为准。

　　顺着皇帝敕令和法学家解释这两个渊源相遇与互替的思路，狄奥多西二世（Theodosius II，401—450 年）皇帝随即开始了法律的编纂，将敕令和作为其注释的法学家意见汇集在一起。由于为此目的而成立的委员会的放弃，这个编纂活动没有取得成果（我们不知道这究竟是由于委员会成员能力不足，还是由于他们对编纂法典有异议）。其后，一个新的委员会完成了《狄奥多西法典》(*Codex Theodosianus*)的编纂，并于 438 年颁布。该法典只收集和整理了敕令，且仅限于那些普遍适用的敕令，以便符合在此之前确定的仅承认这些敕令有效的方针。④ 一方面，这部法典所表达的背景是，在

---

① 参见狄奥多西二世和瓦伦丁尼安《法典》中的 1, 4, 3："……从格雷戈里亚努斯、赫尔莫杰尼安、盖尤斯、帕皮尼安和保罗等所有的法学家这里，我们基于当今时代的原因而选择了被认为是必要的内容。"

② 参见狄奥多西二世和瓦伦丁尼安《法典》中的 1, 4, 3。

③ 请注意，有关敕令提到了这些法学家们已更多地参与了教学和法律实践。参见 *Vaticana Fragmenta* 和 *Collati* 中的记载。

④ 参见《优士丁尼法典》中的 C. 1, 14, 2 和 C. 1, 14, 3。

法律层面的术语中，"法典"这一表达在当时已具有法律书的特定含义。在法典中，法学家的著作和立法者的认可交互融合；另一方面，这部法典对法学研究的新发展形成了一种刺激。此外，在这部法典颁布之前的425年，君士坦丁堡大学[①]"为对法学与法律进行系统阐述"[②]而设立了两个教席，并要求官员们在完成法律学习后才能进入一定级别的帝国官僚机构中。

最终，优士丁尼皇帝在他于527年上任后就立刻关注到应当以可知的更容易、更可靠的编纂方式来提高法律的确定性，并决定用一部法典来更新《狄奥多西法典》，其中要包括在它之后颁布的敕令和特别敕令，也要包括最古老的敕令。这项工作很快就在529年完成了。[③]该法典没有收录法学家的著作，这些著作的使用由《引证法》规定。优士丁尼坚信，这部法典是他唯一的成果，他希望以他的名字命名，即《优士丁尼法典》。

但是，在这项工作完成后，一个对法及其渊源进行反思的时期开始了。在此期间可以看到，法学家、大臣特里波尼亚努斯

[①] 据史料记载，君士坦丁堡大学成立于425年，由狄奥多西二世创设，其目的是对抗以古爱琴文明为道统传承的雅典学院。在优士丁尼皇帝时代，雅典学院被取缔拆毁，君士坦丁堡大学便成了罗马帝国的最高学府。该大学设有拉丁文、希腊文、法学和哲学等31个教席。教员由元老院委任，学校由市长管理。据传大学图书馆内有36 500卷藏书。该大学后被利奥三世（Leo III，717—741年在位）拆毁，图书馆也被烧掉。至此，该大学不复存在。——译者

[②] 参见《优士丁尼法典》中的C. 11, 19, 1, 1。法律教学也在帝国的其他城市进行，如在埃及的亚历山大、巴勒斯坦的凯撒利亚、非洲省的迦西奇、希腊的雅典和安提奥克。我们知道，在表现出色的贝里托，有来自当时中东各地的学生（参见 L. Wenger, *Die Quellen des römischen Rechts*, Wien, 1953, 616 e 629）。

[③] 即529年4月7日的 *Summa rei publica* 敕令。

桑德罗·斯奇巴尼教授序

（Tribonianus，约500—542年）发挥了突出作用，他参与了《优士丁尼法典》的编纂，他欣赏他所处时代的法学家的能力并维护法学家的权威，支持他们编纂一部与敕令并行的法典，在该法典中包括教学和司法实践中使用的古代法学家的著作。

优士丁尼和他的一些合作者最初可能认为，对在体系扩展下的法之产生，皇帝的作用往往是或者已经是唯一的渊源。显然，没有人认为要取消古典法学家们对法的产生所具有的作用（在第一部法典中保留的《引证法》就证明了这一点）。然而，在529年11月的一部敕令中，似乎出现了一种含糊的概念，根据该概念，皇帝在制定新法律方面拥有某种垄断权，他可以用自己的敕令或用自己对敕令的解释来提供一些创新性发展。但是，应注意的是，在敕令中，皇帝只是在为实现法典编纂所做的工作加以辩护，特别是以更加开放的态度将早期的敕令纳入其中，同时承认与个别案件有关的敕令。

无论第一部法典的诞生是基于怎样的方式，这导致对《学说汇纂》工作的思考持续了一年半，而由特里波尼亚努斯倡导的方式似乎占了上风：不仅决定收集和整理法学家著作，而且确认了法学家——甚至他们同时代的法学家——的作用和永久价值。根据530年12月15日的敕令，特里波尼亚努斯受托选择他想要的合作者，并开展将法学家著作汇集进法典的工作。由于清晰认识到自己的权限，并考虑到古典法学家著作中存在的意见分歧，以及在编纂前的几个世纪里法律在默许的转化使用中或通过帝国敕令的干预发生的变化，他认为，作为法典编纂委员会成员的法学家们不应局限于计算多数票，或者不应根据《引证法》的规定考虑提交人对他们发表的意见的或多或少的权威性。但是，他们有选择著作和参与著作撰写的自由，以消除任何矛盾，并使之适应"更好和更有成效的平等"。① 换言之，法学家被正式承认有能力做自罗马早期以来法学家一直在做的事情：引用前人的意见，对其进行比较、评估，选择或提出一个新的结论。他们所做工作的质量和法律相关性得到了认可，在促使成果问世的工作中，他们是该成果的"创始人"（conditores），这是一个用于古典法学家和皇帝的重要术语。②

此外，《学说汇纂》不仅收录了编纂者所关注的法学家们的著作，还收录了对编纂体系至关重要的著作，其强调：制定具有法律效力的敕令的权力取决于人民所希望的法律，这就是城邦的基本原则。③

鉴于这项工作的规模，该委员会在很短时间内即完成了这一工作。《学说汇纂》于 533 年 12 月 16 日以拉丁文和希腊文双语敕令的形式问世。这个写给君士坦丁堡元老院和"全体人民"的双语敕令强调，"神圣的善良在保护着我们"。

同时，在最后几个月中还有一项工作，即主要在盖尤斯《法学阶梯》（*Gai Institutionum*）的基础上起草的一部新的教科书，即优士丁尼《法学阶梯》。优士丁尼《法学阶梯》具有对法律研习的引导功能，该功能与几个世纪前《安东尼敕令》于其最初几十年中引导对法律感兴趣且规模不断扩大的人们研习法律的功能是相同的。

---

① 参见《优士丁尼法典》中的 C. 1, 17, 1, 6，即敕令 *Deo Auct.* 6。

② 参见《优士丁尼法典》中的 C. 1, 17, 2, 17，即敕令 *Tanta* 17；参见桑德罗·斯奇巴尼，《桑德罗·斯奇巴尼教授文集》，费安玲等译，中国政法大学出版社 2010 版，第 72 页。

③ 参见《学说汇纂》中的 D. 1, 4, 1pr. 和优士丁尼《法学阶梯》中的 I. 1, 2, 6。

桑德罗·斯奇巴尼教授序

盖尤斯的教科书、优士丁尼的教科书均有自己并非完全描述性而是规范性的宏观分类和宏观体系。因此,优士丁尼《法学阶梯》将部分著作加以综合,同时构建了具有很强结构性的内部体系,与《优士丁尼法典》和《学说汇纂》相互发挥作用。法学家们具有规范性的全部著作得到了体系化张力的支持,但优士丁尼《法学阶梯》对此明确提出了相关建议。该顺序被放置在优士丁尼《法学阶梯》的开篇,而且对《优士丁尼法典》和《学说汇纂》而言似颇具影响,其确定了阅读方向,同时在法学家术语中嵌入了翻译术语"学说汇纂",以现代化的方式丰富了其内含。[1] 优士丁尼《法学阶梯》于533年12月21日与《优士丁尼法典》[也称《帝国敕令》(Constitutio Imperatoriam)]一起公布。

法律研究计划的改革也已准备就绪,533年12月16日的敕令中强调的"一切由我们城邦认可的东西",表达出对《优士丁尼法典》、优士丁尼《法学阶梯》与法学家之间必要的长期对话的共识,因为编纂者认为,他们的成果能够"使法律每天都向最好的方向发展"(ius cottidie in melius produci),这是保持法律本身稳定的必要目标。正如编纂者自己计划的那样,他们将彭波尼(Pomponius)[2] 的这些话放入了《学说汇纂》中。

情况也是如此,优士丁尼希望自己的《法学阶梯》能够对作为未来法学家的年轻人加以教导,而且强化年轻人最初的学习方向,他将他们称为"年轻的优士丁尼"[3]。

---

① 参见《君士坦丁堡敕令》*Dédōken* 7。

② 参见《学说汇纂》第 1 卷中的 D. 1, 2, 2, 13。

③ 参见《君士坦丁堡敕令》*Omenm 2 Imp. S.*

在《学说汇纂》和优士丁尼《法学阶梯》问世后的第二年，《优士丁尼法典》进行了更新。其与《学说汇纂》工作期间颁布的敕令结合起来，以解决法学家委员会认为立法者必须干预的问题。新版《优士丁尼法典》于 534 年 11 月 17 日通过敕令发布。

无论是《优士丁尼法典》，还是《学说汇纂》，或是优士丁尼《法学阶梯》，都被特称为优士丁尼《国法大全》，以表明它们都同属《国法大全》这一法律著作。它们有着共同特点，即开篇伊始即包括全部的法。

在这里，我不对这些特点加以讨论，[①] 但我认为必须强调的是，作为产生法的两个渊源，在皇帝立法职能基础上的市民——人民立法者（concittadini-popolo legislatore）与法学之间具有协同发展的特点。

如前所述，《国法大全》是罗马法体系两个渊源，即法律和法学家之间相互独立、相互作用的结果。这是一个真正的两个渊源之间的合作，其不仅发展了过去的做法，而且还产生了一个具有高度价值的共同成果，这是前所未有的。与此同时，这一合作并没有削弱两个渊源各自在体系中继续发挥其自主功能。

立法者和法学家的活动都没有以编纂作为结束。优士丁尼发布了许多敕令，这些敕令或许应该纳入一个新的"敕令法典"（codice delle costituzioni）中，其他由他的继任者颁布的敕令也会按照时间顺序被简单收集。法学家们按照不同的路径和方法，致力于汇总、

---

① 对上述特点的更详细阐述，参见朱赛佩·格罗索：《罗马法史》，黄风译，中国政法大学出版社 2018 年版。

解释、调整和强化这些法典的艰巨工作，以造福于新一代罗马帝国之人和其他民族。他们在超过一千年的时间里所做的一切不仅仅是一个简单的事实，更是基于体系渊源的永久逻辑。

此后，其协同功能被更新，这是近现代再法典化的现实，也是今天的现实。①

五、行进在途中的共同法；不变的法之统一与多种语言

古典时代的罗马法学家以复数形式将他们的法称为"罗马人的法律综合体"（iura populi romani）。伴随着《国法大全》的出现，我们看到出现了一个独立的统一概念化的成果：罗马共同法（ius romanum commune）。这一名称包括了市民法、万民法、自然法中已阐述的内容，而非将其删除。对于这些法典而言，这些内容是叠加存在着的。

此外，有学者准确地指出，在《优士丁尼法典》中提到外国人资格，就会获得另一种意思，即"生活在法律之外的人"，或者"处于同一自然界之外的人"。② 这三部作品（即《优士丁尼法典》、优士丁尼《法学阶梯》和《学说汇纂》）没有讨论涉及罗马人和外国人之间关系的全部问题，如果他们因婚姻、子女等原因来到罗马帝国，这些问题以前都曾被处理过。③ 对于成熟的罗马共同法而言，

---

① 相关内容参见桑德罗·斯奇巴尼：《桑德罗·斯奇巴尼教授文集》，费安玲等译，中国政法大学出版社 2010 年版，第 17—71 页。

② 参见《优士丁尼法典》中的 C, 9, 18, 6。

③ 参见盖尤斯《法学阶梯》中的 Gai. 1, 65。

有一个思考的路径。根据该思路，不再有"外国人"。"市民"指向"人类"，反之亦然。或者更确切地说，这是一个正在进行中的运动。

在优士丁尼时代发动的战争，无论是在帝国东部与帕提亚人的战争，还是在帝国西部特别是针对意大利的奥斯特罗哥特人、针对非洲的旺达里人和西班牙南部的西哥特人的战争，都显示了优士丁尼要恢复帝国整体和统一的计划，并且从治国角度而言，法律照顾是一个优先事项①。这一优先事项涉及地中海沿岸地区人民之间对"使之平等和自由"（aequare libertatem）的关注，即使他们适用同样的法，一个统一的法。

在《国法大全》中确立的罗马法对罗马帝国中的全体居民有效。②如上所述，使用自己的法律，即《安东尼敕令》所适用的法律，已不再符合广泛的需要。③因此，我们看到了《国法大全》中确认了每个人都要遵守法律规定的内容，这一规定并非偶然，例如，在男女平等地享有继承权方面，就确认了人与人之间的平等。④我们还看到，在最终并入帝国的民族和领土范围内对此也给予了确认。⑤我们还发现，面对暂时的局势和那些在保留自己政府机构的情况下进入帝国领土的民众，我们在接受保留其法律的同时，也要求他们遵守涉及尊重人的自然属性之完整的有关原则。共同法的扩展按照保护人与平等的思维进行的，这同保护人与平

---

① 参见敕令 *Deo auct.* Pr。
② 参见 S. Schipani, *La codificazione del diritto romano comune e l'accrescimento del sistema*. Appunti delle lezioni, cap. III, par. 22 e 24.
③ 参见《学说汇纂》第 1 卷中的 D. 1, 5, 17。
④ 参见 535 年颁布的《新律》（*Novellae*）。
⑤ 同上。

桑德罗·斯奇巴尼教授序

等思维被确认为是法的内部体系中心地位是一致的。在这种扩展中，出现了优先考虑原则。

然而，对所有人、所有民族颁布法律时所使用的表达方式既要谨慎又要包容，还应当意识到依赖于其他政治共同体（politeíai）所存在的困难。

一般性、普遍性的表述逐渐转化为精准的介入，以满足特定情况下的具体需求，正如我们前面所述，开始是将主要交易物作为中心，其后涉及超越国界但与作为其保护者的帝国有关的人。[1]

法有其特征，它实际上是所有人共同的法，其力量超越了机构和裁判官的效力范围。[2]"市民"作为构成性和推动性的因素，以其结构上的包容性将其他希望汇聚于市民地位的人均纳入城邦，这意味着作为城邦的共同体之扩大和对等性。法学家对此做出了贡献，他们的法科学包容了所有的人，他们对构成主体的永久多元性进行了思考，从原则上对正在进行的体系编纂进行了阐述，而这就是法的体系之基本组成部分[3]，其中包括全部的时效内容。

此外，统一性的最大化与平等的新维度相结合，差异亦包括在内：强调法律的统一性，实际上是以一种涉及自治的新方式关注文化的多样性，以适应新的环境。基于团体自有身份的平等，不再强

---

① 参见《优士丁尼法典》中的 C. 1, 3, 51（52），2。

② 参见《学说汇纂》第 1 卷中的 D. 1, 2, 2, 12 和 D. 1, 2, 2, 13。

③ 参见《学说汇纂》第 1 卷中的 D. 1, 2, 1。另参见 S. Schipani, Principia iuris. Potissima pars principium est. *Principi generali del diritto* (*Schede sulla formazione del concetto*)；*La codificazione giustinianea del ius Romanum commune*, in *La codificazione del diritto romano comune*, rist. ed. 1999 *con Note aggiuntive*, Torino, 2011。

调对特定法律或习俗的适用。这些法律或习俗在一定程度上仍然存在，但在优士丁尼的编纂工作中，已经通过使用自己的语言令这一做法变得成熟。人们渴望通过语言获得罗马共同法，同时也希望将子孙后代们更充分地获取的现代法律内容融入该共同法中，并在其中展示自己的贡献。

法律语言的问题是这种设计的象征。罗马法是用拉丁文构思的，几乎所有文本都使用了这种语言。

法学家们用拉丁文撰写了《国法大全》的大部分，但双语敕令则规定要翻译成希腊文。

如同讲授法律编纂一样，翻译也被认为是法编纂活动的组成部分。翻译是法编纂的延伸。

罗马帝国的东方和西方法律之间实现了平等，因为一部法律有两种语言。因此，人们设计了字面翻译、寻求诠释更为自由的意译、"索引"式翻译（即摘要式的自由翻译），以及用希腊语进行"总结标题式的注释"翻译，其中包括对解释性的题外话、问题和答案、评论说明的翻译，有时还包括对业已存在的部分资料的翻译。

这是一个新的自治维度，即是"利用自己的法律"（suis legibus uti），是尊重不同的市民秩序（politeumáta）。与《安东尼敕令》和以往的经验相比较，这一正在编纂的罗马共同法在不同层次和新的层面上有所增加，它也被理解为实现平等自由和人民在法律上的自治与认同，我们认为这是一种强化统一性的平等方式。共同法和以自己的语言制定的自有法并存。多种语言用于一个法上。这意味着一种开放包容的态度。

桑德罗·斯奇巴尼教授序

感谢参与本译丛翻译的中国同仁！感谢参与其他罗马法原始文献翻译和参与我们正在进行中的《学说汇纂》单卷本翻译工作的中国同仁！感谢将法典化国家的法典翻译为中文的中国同仁！再次感谢中国人民，感谢中国的法学家们，更要特别感谢中国的《民法典》，其所具有的宏观体系、宏观类型和全部民法典的主题均值得我们进行深入研究！愿所有这些渊源能够成为全人类共同法的相遇及成长之地！

桑德罗·斯奇巴尼

意大利罗马"智慧"大学荣休教授

2021 年 2 月 26 日

（费安玲　译）

阿尔多·贝特鲁奇教授序

    每个人的命运都受到机遇的强烈影响。这同样也发生在我身上。1989年2月，我是罗马托尔·维尔卡塔（Tor Vergata）大学，即罗马第二大学法学院的一名罗马法研究人员，当时我正与担任罗马法教席的桑德罗·斯奇巴尼教授进行合作。其间北京的中国政法大学校长江平教授前来访问，在江平教授的一次重要演讲中，他不仅向我们介绍了中国罗马法研究的情况，还阐述了中国法学在当时构建起适应20世纪末中国社会和经济新需求的民法体系的重要性。

    江平教授特别指出："由于中国目前正在发展市场经济，罗马法对我们是有用的，因为罗马法为市场经济社会提供了丰富的经验和法律解决方案。"他指出，正是由于其内在合理性，罗马法具有普遍的社会价值。[①]不过他也认为，对于中国学者而言，应当通过分析《国法大全》编纂中收集的罗马法原始文献直接了解罗马法，而不应以经过翻译的现代语言（主要是英语）为中介，也不宜加入西方罗马法学家的诠释。换言之，中国法学家希望了解"罗马人的

---

① 参见 Jiang Ping, Il diritto romano nella Repubblica Popolare Cinese, in *Index*. Quaderni camerti di studi romanistici, 16, 1988, p. 367。

阿尔多·贝特鲁奇教授序

罗马法"，而不是通过其他国家（甚至是具有悠久罗马法学传统的国家）的语言和意识形态的过滤器来了解。这正是江平教授在 1989 年结束意大利访问时与斯奇巴尼教授签署合作协议所依据的精神。一个新的挑战由此产生：将罗马法原始文献或至少其中一部分从拉丁文翻译成中文，以便中国法学家们能够立即研究它们，并以他们认为最方便的方式使用它们。在当时的中国，《民法通则》和《婚姻法》《继承法》《经济合同法》已经颁行，而是否以及如何设计和实施一部《民法典》也正在讨论之中。

在此，我走近了我的机遇。作为一名大学研究人员，按照当时的学术习惯，我必须"听从"与我合作的教授的安排。这使我得以在江平教授访问意大利的每个阶段，即从他到达的那一刻直到离开，都能够伴其左右。我去罗马机场接他并最终把他送至罗马机场，参加了他的讲座，参加了关于中意双方未来合作的会谈。为了实现这一合作并使之具体化，合作计划设计了让年轻的中国学者在意大利停留较长时间（一年半至两年）的模式，他们将在斯奇巴尼教授的指导下致力于罗马法学习和原始文献的翻译工作。如果说指导和管理的工作由斯奇巴尼教授来决定，那么就需要有人每天跟随并帮助年轻的中国学者进行学习和翻译活动。这个人就是我。斯奇巴尼教授在众多可供选择的人中选择了我，另外还选择了朱赛佩·德拉奇纳，他是一位汉学家和完美的中文鉴赏家，我们共同开始了工作。

因此，从 1989 年底开始，在大约十年的时间里，年轻的中国学者与朱赛佩·德拉奇纳和我每周见面一到两次，讨论罗马法的内容并校对原始文献的中译本。工作方案在理论上安排如下：到达罗马后的六个月内，这位由中国政法大学派往意大利的年轻学者要提升其意大利语水平（其已在北京开设意大利语课程的大学学习过意大利语），并开始学习拉丁语的基础知识；六个月后至回国之前，该学者要深化对罗马法的学习研究，并进行罗马法原始文献的翻译。我根据斯奇巴尼教授的指示，亲自安排了翻译前的各阶段活动，斯奇巴尼教授则仔细指导年轻的中国学者完成向罗马法学者的转变。在罗马法原始文献的翻译中，斯奇巴尼教授从优士丁尼《国法大全》里最重要的文本中根据不同主题进行内容筛选，或者审查由我选择并提交给他的文本；其后，我们翻译小组，即朱赛佩·德拉奇纳、我和进行翻译的中国学者对译稿进行讨论与修改；终审和存疑的最后解决都留给斯奇巴尼教授，他通常是邀请中国学者到他当时居住的位于撒丁岛萨萨里的家中待上几日来完成这件事。

因此，"民法大全选译"（中国政法大学出版社版）的各册出版计划得以实现。该计划和出版的总体安排如下：I. 1.《正义与法》（黄风译，1992 年）；I. 2.《人法》（黄风译，1995 年）；I. 3.《法律行为》（徐国栋译，1998 年）；I. 4.《司法管辖　审判　诉讼》（黄风译，1992 年）；II.《婚姻　家庭》（费安玲译，1995 年）；III.《物与物权》（范怀俊译，1993 年）；IV. 1.《债　契约之债 I》（丁玫译，1992 年）；IV. 1B.《债　契约之债 II》（丁玫译，1994 年）；IV. 2A.《阿奎利亚法》（米健译，1992 年）；IV. 2B《债　私犯之债（II）和犯罪》（徐国栋译，1998 年）；V.《遗产继承》（费安玲译，1995 年）；VI.《公法》（张礼洪译，2000 年）。

根据这个计划的实施，我们可以做一番思考。

首先，我们意识到，第一次将罗马法原始文献的文本直接翻译成中文，不可能将优士丁尼法典化的全部内容包括于内。这是一个新的尝试（肯定与已在中国流传的一些优士丁尼《法学阶梯》英译本不同），它可能是成功的（事实确实如此），也可能失败。正是由于这一计划的成功，2000年后才进行了罗马法原始文献《学说汇纂》的完整翻译。此外，通过对罗马法原始文献文本的选择，才能够确定那些在后世罗马法传统影响最大的文本，从而为中国法学进行更富有成效的研究与思考提供基础。通过这种方式，人们能够立即看到罗马法渊源的内容，以及中世纪尤其是在19世纪和20世纪法典编纂时代的现代法律体系对这些渊源的使用方式。

　　我们可以看到，这套丛书所选择的体系并未遵循已有计划，其既非古代亦非现代，而是按照每个年轻的中国学者的兴趣且与其在意大利学习研究的时间相吻合，这也解释了为什么这套丛书的出版时间与计划中的主题顺序不一致。当然，我们可以说已经确定了总论部分，它包括了1992年出版的《正义与法》《司法管辖 审判 诉讼》《债 契约之债Ⅰ》和《阿奎利亚法》，但其具有与众不同的特点，因为一方面，其代表了盖尤斯《法学阶梯》和优士丁尼《法学阶梯》的模式（有关于司法和法的规范，以及有关人的规范）与德国的潘德克吞模式（有关法律行为的规范）之间的融合，另一方面，它包括了原始文献中有关民事诉讼的内容，在上述两种模式中均没有该体系设计，故而它更接近于《学说汇纂》（因此也是罗马裁判官告示）的体系方案。该丛书的分论部分也采用了一种混合顺序，即按顺序处理家庭法、物与物权、契约和不法行为之债，基本上是盖尤斯《法学阶梯》及优士丁尼《法学阶梯》的体系。通过在典型合同之前嵌入债的一般规则和契约制度，该体系使得现代民法典（例如，法国、意大利、瑞士、西班牙的《民法典》）受到很大启发。遗产继承放置在最后的位置，即最后一册（第Ⅴ册）中，则体现出《德国民法典》的潘德克吞体系的特点。

将这套丛书对私法以外的罗马法分支领域开放的决定，在今天看来，我认为依然非常重要。其包括《债 契约之债Ⅱ》中所提及的"商法"、《债 私犯之债（Ⅱ）和犯罪》所涉及的刑法内容以及《公法》中从广义上讲包含的行政法的各种表述（财政、军事、教会以及与官僚机构和行业组织等有关的行政法内容）。这是一个大胆的行动，它超越了编纂民法典的目标，并伴随着其后若干年内对罗马公法著作和教材的翻译而取得了相当大的成功。

如果说我上述描述的是我们通过出版这套丛书而取得的具体成果，那么在这些成果的背后则是人，是克服了工作中许多困难的团队精神。现在，这套丛书通过商务印书馆又以崭新的面貌问世，再一次发挥了这一团队精神的作用，它诠释了这一完美的组合。

其一，人。这些来自中国大学的年轻学者们，他们来到罗马，在经过与我们相互认识的最初时刻后，便立即集中精力，非常认真地投入他们的学习和研究中，并展示出了伟大的人格魅力。我们小组成员之间建立起了伟大的友谊，这种友谊在他们返回中国后依然延续着，他们每个人分别在北京、上海和厦门的大学执教并获得了耀眼的成就。在多年的合作中，我们分享了个人和家庭的生活经历，学会了理解对方、尊重对方不同的思维方式和文化传统。我记得我们初识黄风，他是乘坐沿西伯利亚铁路运行的列车抵达罗马的；初识米健和丁玫，他们下飞机时身着颇具中国风格的制服；初识费安玲和徐国栋时，他们汲取了之前到达罗马的学者们的经验，

阿尔多·贝特鲁奇教授序

已经显得不那么迷茫了；初识张礼洪时，他当时看起来像一个少年，比他 24 岁的实际年龄要年轻得多。即使在二十多年后的今天，我们的感情和友谊依然很牢固，尽管彼此见面变得愈加困难。

其二，团队精神。为了实施如此雄心勃勃的翻译计划，我们必须要在团队中形成强大的凝聚力。这需要通过我们之间的不断互动来实现。在每次讨论中，我都能了解到年轻的中国学者的文化和思维方式的许多方面，而他们对意大利的看法也是如此。通过这种方式，我们成功地营造了恰当的合作氛围，同时尊重了我们每个人的个性。这是我生命中的快乐时刻，我非常怀念这些时刻。

其三，工作困难。从理论上讲，这个翻译计划的构思非常好，但在操作中，其实施方法、语言和术语方面的许多障碍都需要我们去克服。

首先是方法。在年轻的中国学者自己做罗马法原始文献的拉丁文文本翻译的情况下，我们是仅讨论其遇到的疑惑，还是要校对所有的内容？我们的选择是：不管有什么疑问，都要校对全部翻译内容。

其次是语言。从拉丁文直接翻译成中文，无法使用英语甚至意大利语作为媒介，因此我们更倾向于借助朱赛佩·德拉奇纳不可替代的语言天赋（中国人也很钦佩他），逐字逐句地校对拉丁文与中文的对应关系的准确性。

最后是术语。罗马法中有着大量的词汇和术语表达（在罗马法传统国家而且不限于这些国家的民法中几乎都出现），由于有多重意思，所以缺少或没有整合出与之对应的中文是常见情况。因此，我们的努力是逐步建立一个具有最大统一性的拉丁文-中文法律词汇表，以 20 世纪 20 年代和 30 年代最重要的中国罗马法学家们的选择为基础，在必要时进行创新。在没有可供选择的情况下，新词被创造出来。当然，研究台湾地区和澳门地区的术语翻译经验也是必要的，因为其民法术语是从罗马法继受过来的，或者是引入全新的术语。遗憾的是，我们没有时间将我们的这份词汇表作为这套丛书的附录出版，但我们确信，它十分有助于中国的罗马法和民法术语的统一化。

这套丛书的初版自 1992 年问世以来，28 年的时光转眼即逝。在此期间发生了很多事情：越来越多重要的罗马法文本或与之相关的文献被翻译成中文；许多新的年轻中国学者来到意大利，通过攻读法学博士学位来完善他们的罗马法和民法研究，他们几乎都是上个世纪 90 年代来意大利的当时尚年轻的中国学者——现今已是著名学者——的学生（其中有的学生还是他们的子女）；朱赛佩·德拉奇纳现在担任重要的行政职务；我自己也离开了罗马托尔·维尔卡塔大学，在比萨大学法学院做了教授，在那里我找到了许多其他的兴趣点。

中国一直在迅速整合和更新其民法立法，并着手编纂《民法典》，该法典最终于 2020 年 5 月通过。在中国不少的法学院都开设了罗马法课程，许多学生都在学习罗马法。然而，近几年来，我有一种悲哀的感觉，罗马法被认为不那么重要了，而且好像在中国对未来法学家的培养中对罗马法不再有兴趣了。在我最近一次对一些中国大学做学术访问时，有人问我，现在研究罗马法有什么意义，因为了解现代法律制度要有用得多，我们为什么还要看过去的"死法"，当今世界，包括法律，都要面对未来和新技术。我认为这种思维方式完全受制于眼前的实际效用，这是很危险的。这种思维也会使他们远离我们以巨大奉献所形成的且给予其生命力的这套丛书。

　　如今，这套丛书新版的问世展示出罗马式教育对新生代法学家教育所赋予的生命力。对当代重要基本原则，如诚信、公平和效用等的历史渊源的理解，对基本术语，如物权、债、遗产继承等的理解，对大陆法系和英美法系许多规则和制度，如契约、遗嘱、侵权行为等渊源的分析，这套丛书不仅提供了考古学般的碎片，更是为获得分析和解决当今法律问题甚至是与网络发展紧密相关的问题的能力，提供了不可或缺的工具。与此同时，这套丛书也提醒我们，不要忽略法律体系的独特性和一致性。

阿尔多·贝特鲁奇

2020 年 10 月 20 日于比萨

（费安玲　译）

2001 年版序 ①

　　这是一个以罗马法《国法大全》原始文献中有关婚姻、家庭和遗产继承为主题的翻译作品。1995 年在北京出版的有关这些主题的第 II 册和第 V 册已经销售告罄。此次将这两个册子合并在一起出版。

　　将婚姻家庭与遗产继承这两部分置于一个体系化的结构之中，被 1900 年的《德国民法典》和 1942 年的《意大利民法典》所采用。在《德国民法典》中，分则的内容分为 4 个部分，而家庭法和遗产继承法被作为第 4 编和第 5 编加以规定，这使得这两部分内容被联系在一起，它体现出这两部分复杂规范之间的关联性。在《意大利民法典》中，这两部分同样被并列放置在一起，但是，它们一部分被置于"人和家庭"一编中，另一部分被置于"遗产继承"一编中。这一体系化的设置传递出十分明确的信息：家庭关系对遗产继承有着如此重要的影响，以至于在《民法典》的规定中必须要尊重

---

①　本文系《婚姻·家庭和遗产继承》(中国政法大学出版社 2001 年版) 一书序言。本书系《婚姻·家庭和遗产继承》的第一部分"婚姻家庭编"；第 6 卷《遗产继承》系其第二部分"遗产继承编"。为了便于读者更好地了解"婚姻家庭"与"遗产继承"这两部分内容之间的关联，本书仍沿用 2001 年版序言。

这一关系存在的状态。其古老的渊源是罗马法。在罗马法中，遗嘱
继承是对抗无遗嘱继承的抗辩理由之一，家子变为家父并继承已故
者的家父之权，从而对其财产享有支配权。在遗嘱中，人们同样还
可以在继承人的基本制度中寻觅到其实质性要素。在这些继承人的
关系中，"自权人"有着成为继承人的优先权，而他权人则有着表
明成为继承人愿望的可能（这一意思表示对于他权人而言是一个十
分重要的旨在追求的结果），同时在遗嘱变更特许权方面，自由权
的行使被加以限制。

在盖尤斯《法学阶梯》和优士丁尼《法学阶梯》中，有关人法
的论述与我们今天称之为家庭法的论述是一致的。它涉及"自由"
和"支配权"（在《人法》中的 I. 1, 3—7、I. 1, 8—26、D. 1, 5 和
D. 1, 6—7）中可看到之外，在 I. 1, 8、D. 1, 6, 1—2 中也能寻觅到
"自权人"和"他权人"之间的差异；另一方面，"自由"是"支配
权"不可逾越的界限，有关这个问题可在 C. 8, 46, 10 中发现它的踪
迹。它使人们记起："对于我们的祖先而言，自由远比父权更为重
要，从前，家父被允许有对他的子女进行生杀之权，但剥夺他们的
自由是不合法的。"

在优士丁尼《法学阶梯》中，遗产继承权被认为是"无体物"
（incorporale）（参阅 I. 2, 2, 2）；在有关物的列举中，遗产继承权是
其中一项（I. 2 和 I. 3），并在物权和债权中被加以阐述（I. 2, 10—I.
3, 12）。在该《法学阶梯》中，这些问题又被从遗产继承的角度加
以考虑，也就是说，不仅从遗产构成的复杂性上，而且从财产法律
关系的变更上对这些问题进行分析，使得财产从已故者处转让给他
的继承人。它强调了所有的财产关系都因为去世这一具有唯一性的

事实而发生概括继承。这种阐述顺序和考虑问题的角度在《法国民法典》中得到体现，该法典将遗产继承作为法律关系产生的一种方式放在物权和债权之中，即作为第三章的开篇进行规定（《法国民法典》第718条等）。在德国学说汇纂学派的论述体系中，继承问题被作为四个专题之一而得到专门的阐述。这四个专题的顺序是：强调遗产继承与家庭关系紧密相联，以便在最大的限度内满足家庭的需要；遗产继承最为核心的问题是遗产的界定、支配和继受；《学说汇纂》在婚姻、嫁资、监护和保佐之后，随即便是有关遗产继承的内容（D. 29—38）。我们也可以看到这样一种顺序，也就是将遗产继承放在物权和债权的论述之后，因为遗产继承既涉及物权，又涉及债权（《阿根廷民法典》第3279条等就是这样规定的）。

支配权的概念十分古老。支配权的初始还很有可能包括"物的关系"在内，为此，人们确认"东西是我的"（所有权的概念是通过"物之归属"的交换在经济方面的专门化而得以发展）。支配权的概念还历史性地揭示出公法与私法的区别，并且该词既被用于表述"家父权"，又被用于表述"民众权"，这两种权力不存在对他人的隶属。支配权的基本含义在于"自给自足""自治"，例如，一个人既被称为"家父"，又被称作"自权人"。仅从上述基本含义中便引申出"对人之权"和"对物之权"。不能成为"自权人"而处于"自权人"的支配之下的人是"他权人"。因此，支配权的概念被用于将人区分为"自权人"或者"他权人"两种类型并被用于规定改变身份和终止成为"他权人"的方式，鉴于此，它被用于界定家庭的概念。法律上的家庭被定义为"处于一个支配权下的多个人"（D. 50, 16, 195, 2）。人的复数性是他们结为整体的特征，它构成了一个联合体被得以确认的核心，一个家庭的核心。在这些人中，有该家庭的家父，他不是处于支配权之上，而是要依靠家庭其他成员的帮助从事保障和加强这一联合体的活动。

罗马家庭的职能是广泛的（宗教祭祀、政治、经济、繁殖、抚养和教育后代以使他们成为国家的真正的市民等职能）。这些职能永远给古代史学家们以深刻印象［有兴趣的话请阅读一下公元前 1 世纪的希腊历史学家蒂奥尼基·迪·阿里卡尔那索（Dionigi di Alicarnasso）对希腊家庭和罗马家庭进行的比较］，也给近现代史学家们以深刻印象（了解彭梵得和格罗索指出的家庭与政治组织的相似性和富有特征性的自治问题的分析以及对家庭单一性私人经济或者个体经济概念的比较是极其重要的）。但是，在《法学阶梯》《学说汇纂》或《法典》中，罗马人的家庭概念没有被作为一个给主题研究以顺序的系统化范畴。鉴于此，近现代民法典或者学术作品的系统顺序以不同的方式发展着：有的如同优士丁尼《法学阶梯》，家庭被置于人法的范围内且其中不包括家庭财产关系的论述（例如，《法国民法典》《奥地利民法典》《智利民法典》《阿根廷民法典》）；有的将家庭与人并置而论，其中包括家庭财产关系（例如，《意大利民法典》《巴拉圭民法典》）；有的在包含人身关系和财产关系的专门部分中论述，但将法律主体的人身权区分开（例如，德国学说汇纂派的体系和《德国民法典》《巴西民法典》《秘鲁民法典》）。此外，有的作为法的不同部分且自成一个法典（例如，《波兰家庭法典》《古巴家庭法典》《哥斯达黎加家庭法典》《玻利维亚家庭法典》）。

但是，还需要强调指出，尤其对于家庭这一主题而言，调整家庭基本制度的法律规定大量来自于优士丁尼《法学阶梯》，这些法律规定在家庭内部通过约束性手段被遵守。城邦一方面干预历经数世纪的家庭的一些原始性职能并弱化之，而另一方面，通过共和国时期的监察官和皇帝设立的为维护法律及对遵守和执行法律进行监察的官职，使监护被强化，它不排除一些重要干预的再现［例如，哈德良皇帝将父权中依规则对犯罪行为进行惩处之权重新启用，"它应当具有公正性而非残暴"。（D. 48, 95）］。许多家庭生活和"善良市民"家庭教育的原则和规范在法学家们的作品中或者在法律原始文献内记载的其他法律活动中没有被表述出来；在能够给法官以指导的旨在解决疑难的基本概念的表述中亦未涉及之，因为人们并不希望将上述问题提交给法官，而是最大限度地在家庭内部和它的自治范围内给予解决。

在该原始文献的选辑中，力求在《国法大全》的阐述顺序与反映家庭法特性的阐述顺序之间架起一座桥梁。为了体现这一设想，本书涉及了家庭法的三个题目：婚姻（I. 1, 9—10、D. 23—25、C. 5, 1—27）；监护和保佐（I. 1, 13—26、D. 26—27、C. 528—75）；他权人的财产关系（D. 14—15、C. 4, 25—29、I. 29、I. 3, 28、I. 4, 7—8）。如同人们所看到的那样，前两个题目的顺序已非常接近《国法大全》的顺序；相反，第三个题目大部分被优士丁尼置于债的主题之下。

婚姻的主题内涵十分丰富："男女间的结合，是终生的结合，是人法和神法的结合"（D. 23, 2, 1），这就是婚姻的含义所在。从中人们可以领悟到宗教的、伦理的、生衍的和经济的多重意思和效力。因此，它涉及嫁资、共同财产的构成及与婚姻有关的一些其他问题；涉及子女的确认、保护及相互扶养的义务。所有这些都通过夫妻之间的终身相伴不分离的生活方式（I. 1, 9, 1）表现出基本的自由权和相互之爱。

支配权还是一个系统化的概念，它将监护与婚姻衔接在一起。婚姻是生育处于家父权下子女的途径；在家父权下的子女还有婚生子女和养子女（I. 1, 9pr.、I. 1, 10, 13、I. 1, 11pr. 和《人法》中的 D. 1, 7）；但是，那些"因年龄而不能自我保护的人"和基于不同的原因未处于父权之下的人，被设立监护所形成的"力量与支配权"（D. 26, 1, 1pr.、I. 1, 13, 1）保护着。这一保护根据不同的原因亦适用于其他人。

罗马人最具独创性的做法是：对经济性活动任命一名总管并规定了特有产的制度，这些做法涉及了经济活动，尤其是众多的内部财产（全部家庭财产）活动的核心，并将他们划分为权利享有者、自治管理者、有限责任者等不同层次。该做法形成了一个十分有趣的模式：它同家父权的遗传性和教理性的关系并未妨碍它同法律性活动所产生的一般债的关系的关联性。将这一主题与其他家庭基本原理一起进行探讨以便了解家庭经济生活的不同侧面是十分重要的，但是，不应当将对这些基本原理与《国法大全》的关系的研究弃置一边。

遗产继承的核心是继承人的资格，首先是"自家继承人"，也就是作为支配权标的的子女，他们基于家父的去世而变成"自权人"，其次是依法有继承资格的那些人。从理性和历史性上讲，合法的继承是遗产继承的第一本质，没有"自家继承人"的家父可以通过遗嘱指命继承人，这最初是在作为支配权下的继承人的儿子去世后，家父为自己指命死后收养的一种方式。支配权的这一特殊功能在于可指定任何一名继承人（表现为通过收养，家父指命一名儿子；通过解放奴隶，家父指命一名奴隶为解放自由人和市民。它们都是性质相同的表述），还允许撤销继承权、剥夺继承权，指定其他一名继承人进行替补（表现为将儿子从支配权下和继承关系内的"自家继承人"地位中解脱出来的功能）。因此，遗嘱是市民个人自主地表达意志的一个机会，遗嘱继承则给法定继承人以帮助。据此，它们经常是相互协调的。解决协调的方法很多且非固定化，尤其是，如同给遗嘱继承人一定的限制一样，也要给法定继承人以界定。只要对所有的市民自治问题进行特别深入的研究，便会明白遗嘱继承不纯是一种意愿，而是将集中体现着家父权力的意志付诸实践，将家父权的行使转移给另一个人，共同利益的规则恰当地适用于现存的人身关系和财产关系；最好的规则是由法律规定的客观标准，它体现着法律的约束力。此外，只要对法律行为的意愿进行特别深入的研究，就会明白遗嘱所处的地位，在研究遗嘱人的意愿时，其目的在于正确地探究遗嘱人的行为比被指定为继承人的人和第三人的行为有着更多的自由。在法律行为的理论名著中，许多规则都针对遗嘱这一主题进行了详尽阐述。遗嘱的重要性同样影响着阐述的顺序，因此，尽管从理性和历史的角度讲，法定继承有着优先地位，但是，无论是在 I. 2, 10 还是在 D. 28 等内容中，遗嘱继承优于法定继承。

继承人继承已故者的支配权，对他们的可转让的法律关系的整体，继承人仅基于被继承人的法律地位这一单一事实就可进行继承，他们的继承是依关系的多重性而进行，它涉及奉祀礼仪、教育义务、人身关系和财产关系。继承人可以有多个，但是，他们从来都不是单一遗产物的继承人，而是全部遗产或者四分之一份额遗产的继承人。而将特定物交给特定人，则要通过遗赠进行。对遗赠的研究是该主题的一个十分重要的组成部分，并且，只要仔细研究有关的法律行为就会明白遗赠所处的地位。遗产信托复杂的历史变迁同优士丁尼巨作中有关遗赠变更的内容相互协调；那些历史的差异给人们以实质性的知识，使人们认识到了与遗产信托的信任基础相关联的一些规范的真正起源，并表明了它与遗赠的不同。

本书除了向人们展示了上述主题外，还与《人法》选择的内容相互补充。与所有的其他先编辑的册子一样，考虑到一些内容在优士丁尼《法学阶梯》中已被相当深入地进行了探讨（例如禁止性婚姻，参考 I. 1, 10, 1—10），故而本选辑较少涉及之。为此，本书与 I. 1 和 I. 2, 10—3, 12 相互补充。

拉丁文的翻译由中国政法大学学者、该大学罗马法研究中心成员费安玲教授完成，并经过由阿尔多·贝特鲁奇教授和朱赛佩·德拉奇纳博士组成的意大利工作组的校对。该项工作是根据中国政法大学同罗马法传播研究组达成的协议，由费安玲教授在罗马第二大学罗马法研究部进修期间进行的。随后，费安玲教授在北京、罗马和博罗尼亚对罗马继承法及其他专题进行了深入的研究。她撰写的《罗马继承法研究》一书是一本十分重要的著作。在该著作中，她以其善于独立思考的能力，对罗马法中有关遗产继承的原始文献进行了分析和研究。对此，我们曾在其他不少场合给予了称赞和评价。现在，她又独立地将罗马法原始文献的相关内容加以充实并再版。在该书中，她对原来的译文进行了进一步的完善，将选译的内容进行了合并，补充了新的十分有益的目录，尤其是完成了拉汉文本的对照工作。这些工作是十分重要的。无论是更好地介绍罗马法，还是作为一种更为有效的学习和研究的方法，拉丁文的目录和原始文献对于读者和研究者而言是十分必要的。术语是罗马人在他们的法律中完成其科学精品的第一工具，将其与中文术语进行比较，不仅是而且应当是科学对话的基础。

意大利罗马第二大学

桑德罗·斯奇巴尼

2001 年 10 月 30 日于罗马

目　　录

目　录

目　　录

目 录

目 录

目　录

目　录

目　录

目 录

遗 产 继 承

1. De hereditate et bonorum possessione

1. 1 Definitio
（D. 50. 16/17）

D. 50. 16. 24 Gaius 6 ad ed. provinc.

Nihil est aliud 'hereditas' quam successio in universum ius quod defunctus habuit.

D. 50. 17. 128. 1 Paulus 19 ad ed.

Hi, qui in universum ius succedunt, heredis loco habentur.

D. 50. 16. 208 Africanus 4 quaest.

'Bonorum' appellatio, sicut hereditatis, universitatem quandam ac ius successionis et non singulas res demonstrat.

D. 50. 16. 119 Pomponius 3 ad q. muc.

'Hereditatis' appellatio sine dubio continet etiam damnosam hereditatem: iuris enim nomen est sicuti bonorum possessio.

1. 遗产继承和遗产占有的概念

1.1 基本概念
（D. 50, 16/17）

D. 50, 16, 24[①] 盖尤斯:《行省告示评注》第 6 卷

"遗产继承"（hereditas）不是别的，而是对已故者的权利之概括承受（successio in universum ius）。

D. 50, 17, 128, 1 保罗:《告示评注》第 19 卷

对已故者的权利进行概括继承的人被称为继承人（heredes）。

D. 50, 16, 208 阿富里坎:《问题集》第 4 卷

如同遗产继承，"遗产占有"（bonorum possessio）是对继承权的概括承受而不是对被指定的单一财产的承受。

D. 50, 16, 119 彭波尼:《库伊特·穆齐评注》第 3 卷

无疑，"遗产"（hereditatis）一词中还包括无能力支付遗产[②]在内，因为该词类似于遗产占有，是一个法律术语。

---

① 在本书中，D. 代表优士丁尼《学说汇纂》，C. 代表《优士丁尼法典》，其后的阿拉伯数字依次代表卷、章、条款的编号，pr. 代表头款。——译者

② 也称"消极遗产"，即债务遗产。——译者

1. De hereditate et bonorum possessione

D. 50. 16. 178. 1   Ulpianus 49 ad sab.

'Hereditas' iuris nomen est, quod et accessionem et decessionem in se recipit: hereditas autem vel maxime fructibus augetur.

D. 50. 16. 151   Clementius 5 ad l. iul. et pap.

'Delata' hereditas intellegitur, quam quis possit adeundo consequi.

D. 50. 17. 7   Pomponius 3 ad sab.

Ius nostrum non patitur eundem in paganis et testato et intestato decessisse: earumque rerum naturaliter inter se pugna est 'testatus' et 'intestatus'.

D. 50. 17. 193   Celsus 38 dig.

Omnia fere iura heredum perinde habentur, ac si continuo sub tempus mortis heredes exstitissent.

D. 50. 17. 117   Paulus 11 ad ed.

Praetor bonorum possessorem heredis loco in omni causa habet.

1. 遗产继承和遗产占有的概念

D. 50, 16, 178, 1　乌尔比安:《萨宾评注》第 49 卷

"遗产"是一个法律术语，遗产自身包括着增加与减少的状态。它尤其是通过孳息而得到充实。

D. 50, 16, 151　克勒门斯:《尤流斯和帕皮流斯法评注》第 5 卷

遗产继承的"指命"（delata）是指有人能够通过接受继承而获得遗产。①

D. 50, 17, 7　彭波尼:《萨宾评注》第 3 卷

我们的法律不允许一个非在役的人既是立遗嘱而亡，又是无遗嘱而亡。显然，"立遗嘱"和"无遗嘱"两个术语之间有着天然的自相矛盾。

D. 50, 17, 193　杰尔苏:《学说汇纂》第 38 卷

任何继承人的权利都是大致相同的，这些权利通常被认为自遗嘱人去世时起即［由继承人］②享有。

D. 50, 17, 117　保罗:《告示评注》第 11 卷

在任何情况下，裁判官都将遗产继承与遗产占有等同起来。

---

① 在罗马法中，继承指命是取得继承人资格并获得遗产的前提条件。——译者

② 方括号内的文字系译者为使译文清晰通畅而增加的内容。——译者

2. Hereditas testamentaria

2. 1   De testamenti factione activa et testamenti factione passiva
(D. 28. 1 ; C. 3. 28 ; C. 6. 22)

2. 1. 1   Condiciones generales

D. 28. 1. 4   Gaius 2 inst.

Si quaeramus, an valeat testamentum, in primis animadvertere debemus, an is qui fecerit testamentum habuerit testamenti factionem, deinde, si habuerit, requiremus, an secundum regulas iuris civilis testatus sit.

D. 28. 1. 3   Papinianus 14 quaest.

Testamenti factio non privati, sed publici iuris est.

2. 1. 2   Aetas

D. 28. 1. 5   Ulpianus 6 ad sab.

A qua aetate testamentum vel masculi vel feminae facere possunt, videamus. Verius est in masculis quidem quartum decimum annum spectandum, in feminis vero duodecimum completum. Utrum autem excessisse debeat quis quartum decimum annum, ut

2. 遗嘱继承

2.1 立遗嘱能力和依遗嘱接受继承的能力
（D. 28, 1；C. 3, 28；C. 6, 22）

2.1.1 一般原则

D. 28, 1, 4 盖尤斯：《法学阶梯》第 2 卷

如果我们考察一个遗嘱是否有效，首先应当注意遗嘱人是否有立遗嘱能力；其次，如果他有能力立遗嘱，则我们将进一步考察他是否是依市民法的规则立的遗嘱。

D. 28, 1, 3 帕比尼安：《问题集》第 14 卷

遗嘱能力（testamenti factio）不是私法的议题而是公法的议题。

2.1.2 年龄

D. 28, 1, 5 乌尔比安：《萨宾评注》第 6 卷

我们要考虑立遗嘱的年龄，无论其是男性还是女性。我们认为：男性满 14 岁，女性满 12 岁显然更为恰当。问题是，就立遗嘱而言，男性应当超过 14 岁还是刚满 14 岁即可立遗嘱？例如，出生于 1 月 1 日的男性，在他 14 岁生日这一天立了遗嘱，那么该遗嘱是否有效？我认为该遗嘱有效。进一步而言，我认为，

testamentum facere possit, an sufficit complesse? Propone aliquem Kalendis Januariis natum testamentum ipso natali suo fecisse quarto decimo anno: an valeat testamentum? Dico valere. Plus arbitror, etiamsi pridie kalendarum fecerit post sextam horam noctis, valere testamentum: iam enim complesse videtur annum quartum decimum, ut Marciano videtur.

2. 1. 3 Filii familias

D. 28. 1. 6pr. Gaius 17 ad ed. provinc.

Qui in potestate parentis est, testamenti faciendi ius non habet, adeo ut, quamvis pater ei permittat, nihilo magis tamen iure testari possit.

C. 6. 22. 11. 1 Imperator Iustinianus

Nullo etenim modo hoc eis permittimus, sed antiqua lex per omnia conservetur, quae filiis familias nisi in casibus certis testamenta facere nullo concedit modo, et in his personis, quae huiusmodi facultatem habere iam concessae sunt.

Iust. A. Iohanni pp. 〈 *a 531 D. IIII k. Aug. Constantinopoli post consulatum Lampadii et Orestis vv. cc.* 〉

C. 3. 28. 37. 1f Imperator Iustinianus

In his itaque omnibus sancimus, quia ad imitationem peculii castrensis quasi castrense peculium supervenit, omnibus, qui tale peculium possident, super ipsis tantummodo rebus, quae quasi castrensis peculii sunt, ultima condere (secundum leges tamen) posse elogia: hoc nihilo minus eis addito privilegio, ut neque eorum testamenta de inofficioso querella expugnentur.

如果他是在生日之前的一天至午夜 12 点立了遗嘱，该遗嘱有效。事实上，这如同马尔西安所认为的那样，遗嘱人被认为已满 14 岁。

2.1.3 家子

D. 28, 1, 6pr. 盖尤斯：《行省告示评注》第 17 卷
处于父权之下的人没有遗嘱权。因此，即使家父允许他立遗嘱，他也不能合法地为之。

C. 6, 22, 11, 1 优士丁尼皇帝致大区长官乔万尼
我们在任何情况下都不允许任何一个处于父权之下的人立遗嘱。但是，纵观有关家子的旧法，如果并非特殊情况，不允许他们以任何方式立遗嘱的原则同样适用于已依法被赋予了遗嘱能力的人。

（531 年，于君士坦丁堡，兰巴蒂和奥莱斯蒂斯执政之后）

C. 3, 28, 37, 1f 优士丁尼皇帝致大区长官乔万尼
基于这些规则，我们规定：就军役特有产和准军役特有产而言，占有这些特有产的人可以依法立遗嘱，但是，仅限于在军役特有产和准军役特有产范围内的财产。他们又被依法赋予了一项特权：他们的遗嘱不因为不合义务遗嘱之诉而失效。

2. Hereditas testamentaria

Iust. A. Iohanni pp. ⟨ *a 531 D. k. Sept. Constantinopoli post consulatum Lampadii et Orestis vv. cc.* ⟩

2. 1. 4   Surdi et muti

D. 28. 1. 6. 1   Gaius 17 ad ed. provinc.

Surdus mutus testamentum facere non possunt: sed si quis post testamentum factum valetudine aut quolibet alio casu mutus aut surdus esse coeperit, ratum nihilo minus permanet testamentum.

2. 1. 5   Captivi

D. 28. 1. 8pr.   Gaius 17 ad ed. provinc.

Eius qui apud hostes est testamentum quod ibi fecit non valet, quamvis redierit.

D. 28. 1. 12   Iulianus 42 dig.

Lege Cornelia testamenta eorum, qui in hostium potestate decesserint, perinde confirmantur, ac si hi qui ea fecissent in hostium potestatem non pervenissent, et hereditas ex his eodem modo ad unumquemque pertinet. quare servus heres scriptus ab eo, qui in hostium potestate decesserit, liber et heres erit seu velit seu nolit, licet minus proprie necessarius heres dicatur: nam et filius eius, qui in hostium potestate decessit, invitus hereditati obligatur, quamvis suus heres dici non possit, qui in potestate morientis non fuit.

（531年，于君士坦丁堡，兰巴蒂和奥莱斯蒂斯执政之后）

2.1.4　聋者与哑巴

D. 28, 1, 6, 1　盖尤斯：《行省告示评注》第 17 卷

聋者与哑巴不能立遗嘱，但是，如果在立遗嘱之后，由于疾病或者由于任何其他特殊原因使他们变成了哑巴与聋者，该遗嘱有效。

2.1.5　被敌人俘虏的人

D. 28, 1, 8pr.　盖尤斯：《行省告示评注》第 17 卷

被敌人俘虏的人在敌人处立了遗嘱，尽管他已返回家园，但是，该遗嘱无效。

D. 28, 1, 12　尤里安：《学说汇纂》第 42 卷

根据《科尔内流斯法》，在敌人处去世的人立的遗嘱，如同他没有被敌人俘虏时一样要被确认是有效的。所以，遗嘱人的遗产要依各自的方式［如果继承人被解放］归于各个继承人。因此，奴隶被死于敌人处的人以遗嘱的形式指定为继承人，无论他是否愿意，他都成为解放自由人和继承人。尽管他在这种情况下被不恰当地称为必然继承人（heredes necessarii）。在敌人处去世之人的儿子即使不愿意也要强迫他继承遗产。尽管我们不能将他们称为自家继承人（heredes sui）[①]，因为当在敌人处的人去世时，该继承人不处在他的父权之下。

---

① "自家继承人"是指在已故者去世时处于他的父权之下的继承人。——译者

2. 1. 6   Damnati

D. 28. 1. 8. 1   Gaius 17 ad ed. provinc.

Si cui aqua et igni interdictum sit, eius nec illud testamentum valet quod ante fecit nec id quod postea fecerit: bona quoque, quae tunc habuit cum damnaretur, publicabuntur aut, si non videantur lucrosa, creditoribus concedentur.

D. 28. 1. 8. 4   Gaius 17 ad ed. provinc.

Hi vero, qui ad ferrum aut ad bestias aut in metallum damnantur, libertatem perdunt bonaque eorum publicantur: unde apparet amittere eos testamenti factionem.

2. 1. 7   Status incertus

D. 28. 1. 15   Ulpianus 12 ad ed.

De statu suo dubitantes vel errantes testamentum facere non possunt, ut divus Pius rescripsit.

2. 1. 8   Furiosus

C. 6. 22. 9pr.   Imperator Iustinianus

Furiosum in suis indutiis ultimum condere elogium posse, licet ab antiquis dubitabatur, tamen et retro principibus et nobis placuit: nunc autem hoc decidendum est, quod simili modo antiquos animos movit, si coepto testamento furor eum invasit.

2.1.6 被处刑罚的人

D. 28, 1, 8, 1 盖尤斯:《行省告示评注》第 17 卷

如果某人被放逐,他在被放逐之前和之后所立的遗嘱无效,而且在被判处放逐时他的财产也要被没收;或者,如果这些财产不产生收益,则被给予债权人。

D. 28, 1, 8, 4 盖尤斯:《行省告示评注》第 17 卷

被判处监禁或者斗兽者或者采矿劳役之人将丧失自由而且其财产充公。因此,他们显然要丧失立遗嘱的能力。

2.1.7 身份不明确者

D. 28, 1, 15 乌尔比安:《告示评注》第 12 卷

如同皮乌斯皇帝 ① 批复的那样,对自己的身份有疑问或者有误解的人不能立遗嘱。

2.1.8 精神病人

C. 6, 22, 9pr. 优士丁尼皇帝致大区长官尤里安

尽管先人们对精神病人在其头脑清醒时是否可以决定其最终意愿存有疑虑,但是,我和过去的皇帝认为是可以的。现在,我们应当就另一个使古人疑虑的问题,即遗嘱人开始立遗嘱时变为

---

① 指艾里乌斯·哈德里亚努斯·安东尼努斯·皮乌斯(T. Aellius Hadrianus Antoninus Pius)皇帝(138—161 年在位)。——译者

C. 6. 22. 9. 1   Imperator Iustinianus

Sancimus itaque tale testamentum hominis, qui in ipso actu testamenti adversa valetudine tentus est, pro nihilo esse. sin vero voluerit in dilucidis intervallis aliquod condere testamentum vel ultimam voluntatem et hoc sana mente et inceperit facere et consummaverit nullo tali morbo interveniente, stare testamentum sive quamcumque ultimam voluntatem censemus, si et alia omnia accesserint, quae in huiusmodi actibus legitima observatio sequitur.

Iust. A. Iuliano pp. ⟨ *a 530 D. k. Sept. Constantinopoli Lampadii et Orestis VV. CC. conss.* ⟩

2. 1. 9   De testamenti factione passiva

D. 28. 1. 16pr.   Pomponius l. S. reg.

Filius familias et servus alienus et postumus et surdus testamenti factionem habere dicuntur: licet enim testamentum facere non possunt, attamen ex testamento vel sibi vel aliis adquirere possunt.

2. 2   De testamenti definitione et de formae condicionibus
(D. 28. 1 ; C. 6. 22/23)

2. 2. 1   Definitio

D. 28. 1. 1   Modestinus 2 pand.

Testamentum est voluntatis nostrae iusta sententia de eo, quod quis

精神病人的情况，做出规定。

C. 6, 22, 9, 1　优士丁尼皇帝致大区长官尤里安

我们规定：一名遗嘱人在其实施立遗嘱行为时变为精神病人，其所立的遗嘱无效。但是，如果他是在头脑清醒时立了遗嘱或者表达了最终意愿，或者上述行为他是在头脑清醒的时间内开始所为而行为结束时他的精神病状态尚未治愈，我们认为他的遗嘱或者最终意愿之表达应当有效。当然，他要遵守法律规定的立遗嘱的规则。

（530年，于君士坦丁堡，兰巴蒂和奥莱斯蒂斯执政）

2.1.9　依遗嘱获得的继承能力

D. 28, 1, 16pr.　彭波尼：《规则集》单卷本

可以肯定：家子、他人的奴隶、遗腹子和聋者都有继承的能力。尽管他们不能够立遗嘱，但是，他们能够通过遗嘱为自己或者为他人获得遗产。

2.2　遗嘱的概念和形式要件
（D. 28, 1；C. 6, 22/23）

2.2.1　概念

D. 28, 1, 1　莫德斯丁：《学说汇纂》第2卷

遗嘱（testamentum）是我们对希望在自己死后做的事情的

2. Hereditas testamentaria

post mortem suam fieri velit.

2. 2. 2   Voluntas testatoris

D. 28. 1. 2   Labeo 1 post. a iav. epit.

In eo qui testatur eius temporis, quo testamentum facit, integritas mentis, non corporis sanitas exigenda est.

C. 6. 22. 3pr.   Imperatores Diocletianus et Maximianus

Senium quidem aetatis vel aegritudinem corporis sinceritatem mentis tenentibus testamenti factionem certum est non auferre.

Diocl. et Maxim. AA. et CC. Licinio. ⟨ *a 294 S. IIII non. April. Sirmi CC. conss.* ⟩

D. 50. 16. 120   Pomponius 5 ad q. muc.

Verbis legis duodecim tabularum his 'uti legassit suae rei, ita ius esto' latissima potestas tributa videtur et heredis instituendi et legata et libertates dandi, tutelas quoque constituendi. sed id interpretatione coangustatum est vel legum vel auctoritate iura constituentium.

C. 6. 23. 24   Imperator Iustinianus

Ambiguitates, quae vel imperitia vel desidia testamenta conscribentium oriuntur, resecandas esse censemus et, sive institutio heredum post legatorum dationes scripta sit vel alia praetermissa sit observatio non et mente testatoris, sed vitio tabellionis vel alterius qui testamentum scribit, nulli licentiam concedimus per eam occasionem testatoris voluntatem subvertere vel minuere.

Iust. A. Menae pp. ⟨ *a 528 D. k. Ian. dn. Iustiniano A. pp. II cons.* ⟩

任何意愿之合法表示（iusta sententia）。

2.2.2 遗嘱人的意愿

D. 28, 1, 2 拉贝奥：《由雅沃伦整理的拉贝奥遗作》第 1 卷

遗嘱人设立遗嘱时需要的是大脑思维的完整性而非身体的健康。

C. 6, 22, 3pr. 戴克里先皇帝和马克西米安皇帝致利奇尼奥

当大脑保持健康状态时，遗嘱人不因为年迈或者身体的疾病而丧失立遗嘱的能力。

（294 年，于西尔米奥，上述皇帝执政）

D. 50, 16, 120 彭波尼：《库伊特·穆齐评注》第 5 卷

在《十二表法》中有一段话："以遗嘱处分自己财产的，具有法律上的效力。"这句话被认为要做广义的解释，它包括：在遗嘱中对继承人进行指定，给予遗赠和给奴隶以解放以及对监护人的指定。但是，根据法律，根据立法人的权威解释，这句话又被认为要做狭义的解释。

C. 6, 23, 24 优士丁尼皇帝致大区长官梅纳

我们规定：无论是因为没有经验还是粗心大意而使遗嘱的部分内容写得含糊不清，对这一部分都要给予删除。因此，如果在写明是遗赠之后又指定了继承人，或者疏忽了其他应遵守的规则，而这一情况的发生不是因为遗嘱人的思维问题，而是由于遗嘱公证人 ① 或者其他遗嘱书写人的过错，我们认为：不允许因为这一情况将遗嘱人的意愿全部推翻或者给予限制。

（528 年，优士丁尼皇帝第 2 次执政）

---

① 指进行代书及在遗嘱上签名的人。——译者

2. 2. 3 Testes: capacitas et exclusiones

D. 28. 1. 20pr. Ulpianus 1 ad sab.

Qui testamento heres instituitur, in eodem testamento testis esse non potest. quod in legatario et in eo qui tutor scriptus est contra habetur: hi enim testes possunt adhiberi, si aliud eos nihil impediat, ut puta si impubes, si in potestate sit testatoris.

D. 28. 1. 20. 2 Ulpianus 1 ad sab.

Per contrarium quaeri potest, an pater eius, qui de castrensi peculio potest testari, adhiberi ab eo ad testamentum testis possit. et Marcellus libro decimo digestorum scribit posse: et frater ergo poterit.

D. 28. 1. 20. 4 Ulpianus 1 ad sab.

Ne furiosus quidem testis adhiberi potest, cum compos mentis non sit: sed si habet intermissionem, eo tempore adhiberi potest: testamentum quoque, quod ante furorem consummavit valebit et bonorum possessio ex eo testamento competit.

D. 28. 1. 20. 6 Ulpianus 1 ad sab.

Mulier testimonium dicere in testamento quidem non poterit, alias autem posse testem esse mulierem argumento est lex Iulia de adulteriis, quae adulterii damnatam testem produci vel dicere testimonium vetat.

D. 28. 1. 20. 7 Ulpianus 1 ad sab.

Servus quoque merito ad sollemnia adhiberi non potest, cum iuris civilis communionem non habeat in totum, ne praetoris quidem edicti.

2.2.3 证人：资格和例外

D. 28, 1, 20pr.　乌尔比安：《萨宾评注》第 1 卷

谁在遗嘱中被指定为继承人，谁就不能成为同一遗嘱的证人。相反，受遗赠人或者被写明是监护人的人可成为证人，除非他们有诸如是未适婚人、是处于遗嘱人支配权下的人的障碍。

D. 28, 1, 20, 2　乌尔比安:《萨宾评注》第 1 卷

相反，人们可以问道：可以对军役特有产立遗嘱的人的父亲是否能够被遗嘱人指定为遗嘱的证人。马尔切勒[①]在《学说汇纂》第 10 卷中写道：他可以这样做。他的兄弟也可以被指定为遗嘱证人。

D. 28, 1, 20, 4　乌尔比安:《萨宾评注》第 1 卷

精神病人在其精神状态不正常时不能作证。但是，当他头脑清醒时他可以作证。在他患精神病之前作过证的遗嘱有效，并且依该遗嘱发生遗产占有。

D. 28, 1, 20, 6　乌尔比安:《萨宾评注》第 1 卷

女性不能为遗嘱作证。但是，从有关通奸的《尤流斯法》的规定中又可以推断出女性能够作为证人，因为该法禁止因通奸而被判刑的女性被指定为证人或者进行作证。

D. 28, 1, 20, 7　乌尔比安:《萨宾评注》第 1 卷

奴隶未经庄严的仪式，被认为不能作证，因为奴隶不能与自由人共同适用市民法或者裁判官告示。

---

① 2 世纪法学家。——译者

2. Hereditas testamentaria

D. 28. 1. 22pr.   Ulpianus 39 ad ed.

Ad testium numerum simul adhiberi possumus ut ego et pater et plures, qui fuimus in eiusdem potestate.

D. 28. 1. 22. 1   Ulpianus 39 ad ed.

Condicionem testium tunc inspicere debemus, cum signarent, non mortis tempore: si igitur cum signarent, tales fuerint, ut adhiberi possint, nihil nocet, si quid postea eis contigerit.

2. 2. 4   De officio testium

D. 28. 1. 21. 2   Ulpianus 2 ad sab.

In testamentis, in quibus testes rogati adesse debent, ut testamentum fiat, alterius rei causa forte rogatos ad testandum non esse idoneos placet. quod sic accipiendum est, ut, licet ad aliam rem sint rogati vel collecti, si tamen ante testimonium certiorentur ad testamentum se adhibitos, posse eos testimonium suum recte perhib.

C. 6. 23. 9   Imperatores Diocletianus et Maximianus

Si non speciali privilegio patriae tuae iuris observatio relaxata est et testes non in conspectu testatoris testimoniorum officio functi sunt, nullo iure testamentum valet.

Diocl. et Maxim. AA. Patrocliae.⟨ *a 290 PP. k. Iul. ipsis IIII et III AA. conss.* ⟩

2. 2. 5   De sigillis testium

D. 28. 1. 22. 2   Ulpianus 39 ad ed.

Si ab ipso testatore anulum accepero et signavero, testamentum

D. 28, 1, 22pr.　乌尔比安:《告示评注》第 39 卷

我们可以有数个证人，其中可以包括诸如我和我的父亲以及处于同一支配权下的其他人。

D. 28, 1, 22, 1　乌尔比安:《告示评注》第 39 卷

我们应当分析证人在签字时而不是在遗嘱人去世时的身份和资格。他在遗嘱上签字时有资格作证人，而后丧失了证人的资格，这对他已签过字的遗嘱之效力没有影响。

2.2.4　证人的职责

D. 28, 1, 21, 2　乌尔比安:《萨宾评注》第 2 卷

在遗嘱中，被指定为证人的人不能被要求对非遗嘱行为作证。对这一原则应这样理解：如果证人被要求对立遗嘱之外的行为作证，而后他们又被告知要为立遗嘱的行为作证，那么，他们只能对立遗嘱的行为作证。

C. 6, 23, 9　戴克里先皇帝和马克西米安皇帝致巴特罗克莉娅

如果未经你的祖国授予特权而不遵守有关立遗嘱的规则，以及证人们在遗嘱人缺席的情况下履行自己的证明职责，该遗嘱没有任何效力。

（290 年，戴克里先皇帝第 4 次执政和马克西米安皇帝第 3 次执政）

2.2.5　证人的封印

D. 28, 1, 22, 2　乌尔比安:《告示评注》第 39 卷

当从同一个遗嘱人处得到封印并对遗嘱加以蜡封后，如同用

2. Hereditas testamentaria

valet, quasi alieno signaverim.

D. 28. 1. 22. 3   Ulpianus 39 ad ed.

Si signa turbata sint ab ipso testatore, non videtur signatum.

D. 28. 1. 22. 4   Ulpianus 39 ad ed.

Si quis ex testibus nomen suum non adscripserit, verumtamen signaverit, pro eo est atque si adhibitus non esset: et si, ut multi faciunt, adscripserit se, non tamen signaverit, adhuc idem dicemus.

D. 28. 1. 22. 5   Ulpianus 39 ad ed.

Signum autem utrum anulo tantum impressum adhibemus, an vero et si non anulo, verum alio quodam impresso? varie enim homines signant. et magis est, ut tantum anulo quis possit signare, dum tamen habeat xapaktipa.

D. 28. 1. 23   Ulpianus 4 disp.

Si testamentum, quod resignaverit testator, iterum signatum fuerit septem testium signis, non erit imperfectum, sed utroque iure valebit tam civili quam praetorio.

C. 6. 23. 12pr.   Imperatores Diocletianus et Maximianus

Si unus de septem testibus defuerit vel coram testatore omnes eodem loco testes suo vel alieno anulo non signaverint, iure deficiat testamentum.

Diocl. et Maxim. AA. et CC. Matroniae. ⟨ *a 293 S. prid. non. Iul. Philippopoli AA. conss.* ⟩

他人的封印进行蜡封一样，遗嘱有效。

D. 28, 1, 22, 3　乌尔比安:《告示评注》第 39 卷

如果蜡封被遗嘱人损坏，不认为实施了蜡封。

D. 28, 1, 22, 4　乌尔比安:《告示评注》第 39 卷

如果证人中有一名证人未签字，而是以封印盖了章，则他不再是证人。如同许多人经常做的那样，证人签了字但未盖印，同样不认为他是证人。

D. 28, 1, 22, 5　乌尔比安:《告示评注》第 39 卷

就蜡封而言，我们是应当只用环形印章进行蜡封还是当没有环形印章时可以用其他的东西压印？人们可以用不同的方式压印，但是最好是只用希腊人所讲的那种刻有字符的环形印章。

D. 28, 1, 23　乌尔比安:《争辩集》第 4 卷

当被遗嘱人启封的遗嘱重新蜡封好且七名证人在上面加盖了封印后该遗嘱并非不完善，相反，无论是根据市民法还是根据裁判官法，它都是有效的。

C. 6, 23, 12pr.　戴克里先皇帝和马克西米安皇帝致马特洛尼娅

如果七名证人中有一名证人未出席，或者当着遗嘱人的面，全体证人们没有用自己或他人的封印蜡封遗嘱，则依法该遗嘱无效。

〈293 年，于菲利波波利，上述皇帝执政〉

2. 2. 6 De testamentis olographis et secretis

C. 6. 23. 21pr. Imperatores Theodosius et Valentinianus

Hac consultissima lege sancimus licere per scripturam conficientibus testamentum, si nullum scire volunt quae in eo scripta sunt, signatam vel ligatam vel tantum clausulam involutamque proferre scripturam vel ipsius testatoris vel cuiuslibet alterius manu conscriptam, eamque rogatis testibus septem numero civibus romanis puberibus omnibus simul offerre signandam et subscribendam, dum tamen testibus praesentibus testator suum esse testamentum dixerit quod offertur eique ipse coram testibus sua manu in reliqua parte testamenti subscripserit: quo facto et testibus uno eodemque die ac tempore subscribentibus et consignantibus valere testamentum nec ideo infirmari, quod testes nesciant quae in eo scripta sunt testamento.

C. 6. 23. 21. 1 Imperatores Theodosius et Valentinianus

Quod si litteras testator ignoret vel subscribere nequeat, octavo subscriptore pro eo adhibito eadem servari decernimus.

2. 2. 7 De testamentis non scriptis

C. 6. 23. 21. 4 Imperatores Theodosius et Valentinianus

Per nuncupationem quoque, hoc est sine scriptura, testamenta non alias valere sancimus, nisi septem testes, ut supra dictum est, simul uno eodemque tempore collecti testatoris voluntatem ut testamentum sine scriptura facientis audierint.

2.2.6　自书遗嘱和保密

C. 6, 23, 21pr.　狄奥多西皇帝和瓦伦丁尼安[①]皇帝致大区长官佛罗兰迪奥

通过这项极为深思熟虑的谕令，我们规定：如果被允许以书面形式（per scripturam）立遗嘱的人不希望任何人知道遗嘱的内容，他出示给证人们的可以是封好的，或是被束好的，或仅是被合上卷好的遗嘱。遗嘱由遗嘱人本人或者其他人手书而成。遗嘱文本交给七名具有罗马市民身份的、全部都是适婚人的证人以便封印盖章和签字。但是，遗嘱人要当着证人们的面申明该已有的文书是他的遗嘱，要当着证人们的面在已卷好的遗嘱的空白处签字。证人们随即进行签字和盖章，遗嘱生效。不能因为证人们不知道遗嘱中的内容而废除遗嘱。

C. 6, 23, 21, 1　狄奥多西皇帝和瓦伦丁尼安皇帝致大区长官佛罗兰迪奥

如果遗嘱人不会写字或者不能签字，为此，我们规定由第 8 名证人代为签字。

2.2.7　非书面遗嘱

C. 6, 23, 21, 4　狄奥多西皇帝和瓦伦丁尼安皇帝致大区长官佛罗兰迪奥

同样，我们对非书面遗嘱做出规定：除非在同一时刻有七名

---

① 亦称瓦伦丁尼亚努斯。——译者

2. Hereditas testamentaria

Theodos. et Valentin. AA. Florentio pp. 〈 *a 439 D. prid. id. Sept. Constantinopoli Theodosio A. XVII et Festo conss.* 〉

C. 6. 23. 26   Imperator Iustinianus

In testamentis sine scriptis faciendis omnem formalem observationem penitus amputamus, ut, postquam septem testes convenerint, satis sit voluntatem testatoris vel testatricis simul omnibus manifestari significantis, ad quos substantiam suam pervenire vellet vel quibus legata vel fideicommissa vel libertates disponeret, etiamsi non ante huiusmodi dispositionem praedixerit testator vel testatrix illa formalia verba: ideo eosdem testes convenisse, quod sine scriptis suam voluntatem vel testamentum componere censuit.

Iust. A. Menae pp. 〈 *a 528 S. d. IIII id. Dec. Constantinopoli dn. Iustiniano A. pp. II cons.* 〉

2. 2. 8   De pluribus descriptionibus testamenti

D. 28. 1. 24   Florentinus 10 inst.

Unum testamentum pluribus exemplis consignare quis potest idque interdum necessarium est, forte si navigaturus et secum ferre et relinquere iudiciorum suorum testationem velit.

2. 2. 9   Hereditas testamentaria

C. 6. 23. 27pr.   Imperator Iustinianus

Sancimus, si quis legitimo modo condidit testamentum et post eius confectionem decennium profluxit, si quidem nulla innovatio vel contraria voluntas testatoris apparuit, hoc esse firmum. quod enim non

证人共同听取不愿以书面形式立遗嘱的人的意愿，否则，该遗嘱没有法律效力。

（439年，于君士坦丁堡，狄奥多西皇帝第17次执政和执政官菲斯托执政）

C. 6, 23, 26　优士丁尼皇帝致大区长官梅纳

对于以非书面形式立的遗嘱，我们取消所有的形式规则。这样，七名证人作证之后，只要能够得知男女遗嘱人就指定他的继承人，抑或就遗赠，抑或就遗产信托，抑或就他要解放的奴隶做出的意思表达即足矣。尽管遗嘱人做出上述安排没有遵守格式语言，但是他将证人们聚集在一起，让他们听取了他的意愿和他的非书面形式遗嘱。

（528年，于君士坦丁堡，优士丁尼皇帝第2次执政）

2.2.8　多个遗嘱副本

D. 28, 1, 24　佛罗伦汀：《法学阶梯》第10卷

一个人可以有多份同样内容的遗嘱，有时这样做是必要的。例如，当遗嘱人外出航海时，他带走一份遗嘱，其余的副本留在家中。

2.2.9　遗嘱的持续有效性

C. 6, 23, 27pr.　优士丁尼皇帝致大区长官尤里安

我们规定：如果一个人依合法的方式立了一份遗嘱，十年过后如果他没有任何新的表示，或者没有任何不同于他过去的安排

2. Hereditas testamentaria

mutatur, quare stare prohibetur? quemadmodum enim, qui testamentum fecit et nihil voluit contrarium, intestatus efficitur?

C. 6. 23. 27. 1   Imperator Iustinianus

Sin autem in medio tempore contraria voluntas ostenditur, si quidem perfectissima est secundi testamenti confectio, ipso iure prius tollitur testamentum.

Iust. A. Iulianno pp. ⟨ *a 530 D. XV k. April. Constantinopoli Lampadii et Orestis VV. CC. conss.* ⟩

C. 6. 23. 30   Imperator Iustinianus

Nostram provisionem, maxime circa ultima elogia defunctorum, nunc etiam extendi properamus. unde cum invenimus quasdam controversias veteribus iuris interpretatoribus exortas propter testamentum, quod legitimo modo conditum est septemque testium signa habens, postea fortuito casu vel per ipsius testatoris operam lino toto vel plurima eius parte incisa in ambiguitatem inciderit, solitum ei praebemus remedium sancientes, si quidem testator linum vel signacula inciderit vel abstulerit utpote voluntate eius mutata, testamentum non valere: sin autem ex alia quacumque causa hoc contigerit, durante testamento scriptos ad hereditatem vocari, maxime cum nostra constitutio, quam super tuitione testamentorum promulgavimus, testatorem disposuit vel sua manu nomen heredis scribere vel, si imper itia litterarum vel adversa valitudine seu alio modo hoc facere non potest, testes ipsos audito nomine heredis sub praesentia ipsius testatoris nomen heredis suis subscriptionibus declarare.

Iust. A. Iohanni pp. ⟨ *a 531 D. XV k. Nov. Constantinopoli post consulatum Lampadii et Orestis vv. cc.* ⟩

的想法，该遗嘱有效。为什么要因为不改变遗嘱内容而要使之无效呢？为什么在遗嘱人没有表达相反意愿的情况下要将其变成无遗嘱继承呢？

C. 6, 23, 27, 1　优士丁尼皇帝致大区长官尤里安

但是，如果遗嘱人表达了一个与第一个遗嘱的意愿截然不同的想法，在第二个遗嘱很完善的情况下，第一个遗嘱依法被撤销。

（530年，于君士坦丁堡，兰巴蒂和奥莱斯蒂斯执政）

C. 6, 23, 30　优士丁尼皇帝致大区长官乔万尼

我们将有关已故者表达最后意愿行为的规定适用于下列情况：因为我们发现古代法学家们关于一些遗嘱的法律解释有冲突。这些遗嘱以合法形式设立并有七名证人的封印，但是，或者由于意外事件，或者由于遗嘱人的行为而损坏了遗嘱，使遗嘱模糊不清。作为一般原则，我们规定：如果遗嘱人故意以损坏遗嘱蜡封的方式来表示要修改遗嘱的意愿，那么该遗嘱没有生效。但是，如果因任何其他理由而出现该情况，则遗嘱应当保持有效，且所涉继承人应当被要求继承遗产。正如我们颁布的保护遗嘱的谕令所规定的那样，遗嘱人应当亲手书写继承人的名字，如果他因无书写能力或者因生病或者因其他原因不能书写，则证人们在听到继承人的名字后，应当当着遗嘱人的面写出继承人的名字，且证人们要在遗嘱上签名。

（531年，于君士坦丁堡，兰巴蒂和奥莱斯蒂斯执政之后）

2. 3 Testamentum militis
(D. 29. 1 ; C. 6. 21)

D. 29. 1. 1pr. Ulpianus 45 ad ed.

Militibus liberam testamenti factionem primus quidem divus Iulius Caesar concessit: sed ea concessio temporalis erat. postea vero primus divus Titus dedit: post hoc Domitianus: postea divus Nerva plenissimam indulgentiam in milites contulit: eamque Traianus secutus est et exinde mandatis inseri coepit caput tale. Caput ex mandatis: 'cum in notitiam meam prolatum sit subinde testamenta a commilitonibus relicta proferri, quae possint in controversiam deduci, si ad diligentiam legum revocentur et observantiam: secutus animi mei integritudinem erga optimos fidelissimosque commilitones simplicitati eorum consulendum existimavi, ut quoquomodo testati fuissent, rata esset eorum voluntas. faciant igitur testamenta quo modo volent, faciant quo modo poterint sufficiatque ad bonorum suorum divisionem faciendam nuda voluntas testatoris. '

D. 29. 1. 6 Ulpianus 5 ad sab.

Si miles imum ex fundo heredem scripserit, creditum quantum ad residuum patrimonium intestatus decessisset: miles enim pro parte testatus potest decedere, pro parte intestatus.

2.3　军人遗嘱
（D. 29, 1；C. 6, 21）

D. 29, 1, 1pr.　乌尔比安：《告示评注》第 45 卷

尤里·恺撒皇帝第一个允许军人自由地立遗嘱。但是，这一允许是临时性的。而后，狄图斯皇帝第一个就此给予了规定。在多米提亚努斯（也称图密善）皇帝也做出同样的规定之后，内尔瓦皇帝扩大了对军人的照顾。而图拉真皇帝确认了这一规定。因此，他将这一规定放入了《训示集》中。《训示集》的主要内容是："许多人向我提出了有关军人遗嘱的问题，因为，如果严格地遵循法律规定会引起不少的冲突。本着帮助我的非常忠诚的和非常善良的士兵们的精神，我允许他们的遗嘱遵守简单的程序即可。无论他们以何种方式立遗嘱，他们的意愿应得到尊重。因此，他们按自己的意愿立遗嘱；他们以能够用的方式立遗嘱；只要对遗产的分配确实是遗嘱人的想法即足矣。"

D. 29, 1, 6　乌尔比安：《萨宾评注》第 5 卷

如果一名军人仅就一座田宅写了一名继承人，至于其他财产，人们认为已故者对之未立遗嘱，因为军人在已故时可以就一部分遗产立遗嘱，而对另一部分遗产不立遗嘱。

2. Hereditas testamentaria

D. 29. 1. 42   Ulpianus 45 ad ed.

Ex eo tempore quis iure militari incipit posse testari, ex quo in numeros relatus est, ante non: proinde qui nondum in numeris sunt, licet etiam lecti tirones sint et publicis expensis iter faciunt, nondum milites sunt: debent enim in numeros referri.

D. 29. 1. 44   Ulpianus 45 ad ed.

Rescripta principum ostendunt omnes omnino, qui eius sunt gradus, ut iure militari testari non possint, si in hostico deprehendantur et illic decedant, quomodo velint et quomodo possint, testari, sive praeses sit provinciae sive quis alius, qui iure militari testari non potest.

D. 29. 1. 9. 1   Ulpianus 9 ad sab.

Ut est rescriptum a divo Pio in eo qui cum esset paganus, fecit testamentum, mox militare coepit: nam hoc quoque iure militari incipiet valere, si hoc maluit miles.

C. 6. 21. 17   Imperator Iustinianus

Ne quidam putarent in omni tempore licere militibus testamenta quomodo voluerint componere, sancimus his solis, qui in expeditionibus occupati sunt, memoratum indulgeri circa ultimas voluntates conficiendas beneficium.

Iust. A. Menae pp. ⟨ *a 529 D. IIII id. April. Constantinopoli Decio VC. cons.* ⟩

D. 29. 1. 21   Africanus 4 quaest.

Quod constitutum est, ut testamentum militiae tempore factum etiam intra annum post missionem valeret, quantum ad verba eius ad eos dumtaxat qui mitti solent id beneficium pertinere existimavit: secundum quod neque praefectos neque tribunos aut ceteros, qui successoribus acceptis militare desinunt, hoc privilegium habituros.

D. 29, 1, 42 乌尔比安：《告示评注》第 45 卷

一名军人能够依兵役法立遗嘱，这始于他被列入军队的职业军人花名册时而不是在此之前。因此，那些没有被列入军队职业军人花名册的人，即使是新兵以及是领取国家薪禄的人，都不是职业军人。因为职业军人必须被列入名单中。

D. 29, 1, 44 乌尔比安：《告示评注》第 45 卷

皇帝的谕令表明：所有依兵役法不能立遗嘱的人，无论是行省总督还是其他任何人，如果被敌人捕获并且死于敌人处，他临死前可以根据自己的意思以可能的方式立遗嘱。

D. 29, 1, 9, 1 乌尔比安：《萨宾评注》第 9 卷

正如皮乌斯皇帝为一名先立遗嘱而后成为职业军人的人批复的那样，如果军人愿意，这个遗嘱依兵役法有效。

C. 6, 21, 17 优士丁尼皇帝致大区长官梅纳

为了使人们不会认为军人在任何时候都能够以他们喜欢的方式立遗嘱，我们规定：上述照顾只涉及军人作战期间的最后意愿。

（529 年，于君士坦丁堡，德其执政）

D. 29, 1, 21 阿富里坎：《问题集》第 4 卷

服役期间内所立的遗嘱，在遗嘱人退役一年内有效。我认为这一照顾通常仅适用于退役的人们。因此，就军队的高级军官而言，当他们因职位被他人替代而退役时，没有这个照顾。

2. 4　Testamenti substantia: institutio heredis
(D. 28. 1/4/5/6 ; D. 29. 7 ; C. 6. 23)

2. 4. 1　De sententia imperatoris

D. 28. 4. 3pr.　Marcellus 29 dig.

Proxime in cognitione Principis cum quidam heredum nomina induxisset et bona eius ut caduca a fisco vindicarentur, diu de legatis dubitatum est et maxime de his legatis, quae adscripta erant his, quorum institutio fuerat inducta. plerique etiam legatarios excludendos existimabant. quod sane sequendum aiebam, si omnem scripturam testamenti cancellasset: nonullos opinari id iure ipso peremi quod inductum sit, cetera omnia valitura. quid ergo? non et illud interdum credi potest eum, qui heredum nomina induxerat, satis se consecuturum putasse, ut intestati exitum faceret? sed in re dubia benigniorem interpretationem sequi non minus iustius est quam tutius. sententia Imperatoris Antonini Augusti, Pudente et Pollione Consulibus. 'Cum Valerius Nepos mutata voluntate et inciderit testamentum suum et heredum nomina induxerit, hereditas eius secundum Divi patris mei constitutionem ad eos qui scripti fuerint pertinere non videtur'. Et Advocatis fisci dixit: 'Vos habetis iudices vestros.' Vibius Zeno dixit: 'Rogo, domine Imperator, audias me patienter: de legatis quid statues?'

2.4 遗嘱：内容；继承人的指定
（D. 28, 1 / 4 / 5 / 6；D. 29, 7；C. 6, 23）

2.4.1 皇帝谕令的评注 [①]

D. 28, 4, 3pr. 马尔切勒：《学说汇纂》第 29 卷

最近，有一个正在审理期间的案件引起了皇帝的关注，一个遗嘱人抹去了继承人的名字且其财产作为无主财产被收归国库。对遗赠尤其是对那些曾经被列入遗嘱又被删除掉的继承人该如何处理，人们有很长时间的争论。［皇帝的顾问成员中］多数人认为应当将受遗赠人排除在外。如果［遗嘱人］撤销了他在遗嘱中写的全部内容，我赞同这一主张。另一些人则认为，如果［遗嘱人］删除的是被法律废除的内容而非删除全部所写内容，则［未删除的］其余内容有效。那么应该如何理解？或许需要考虑一个抹去继承人姓名的遗嘱人有可能知道他这样的处理将其处于与他去世时没有留下遗嘱一样的处境吗？不过，在存在疑问的情况下，遵循更宽容的解释是更为正当的和安全的。在执政官布丹斯和波里尤执政时，安东尼皇帝有一个谕令[②]曰："由于瓦莱里乌斯·内波斯改变了想法而将他的遗嘱部分变更，并且拭去了继承

---

① 这是对安东尼·皮乌斯皇帝（即艾里乌斯·哈德里亚努斯·安东尼努斯·皮乌斯皇帝）有关没有继承人名字的遗嘱效力的谕令进行的评注。——译者

② 指 166 年的谕令。——译者

2. Hereditas testamentaria

Antoninus Caesar dixit: 'Videtur tibi voluisse testamentum valere, qui nomina heredum induxit?' Cornelius Priscianus advocatus leonis dixit: 'Nomina heredum tantum induxit'. Calpurnius Longinus Advocatus fisci dixit: 'Non potest ullum testamentum valere, quod heredem non habet'. Priscianus dixit: 'Manumisit quosdam et legata dedit'. Antoninus Caesar remotis omnibus cum deliberasset et admitti rursus eodem iussisset, dixit: 'Causa praesens admittere videtur humaniorem interpretationem, ut ea dumtaxat existimemus nepotem irrita esse voluisse, quae induxit'.

D. 28. 6. 1. 3   Modestinus 2 pand.

Substituere liberis pater non potest nisi si heredem sibi instituerit: nam sine heredis institutione nihil in testamento scriptum valet.

D. 29. 7. 10   Papinianus 15 quaest.

Quod per manus traditum est codicillis hereditatem dari non posse rationem illam habet, ne per codicillos, qui ex testamento valerent, ipsum testamentum, quod vires per institutionem heredum accipit, confirmari videretur.

2. 4. 2   Definitio generalis

D. 28. 5. 1pr.   Ulpianus 1 ad sab.

Qui testatur ab heredis institutione plerumque debet initium facere testamenti. licet etiam ab exheredatione, quam nominatim facit: nam divus Traianus rescripsit posse nominatim etiam ante heredis institutionem filium exheredare.

人的名字，那么，根据我父皇的谕令，不认为遗产归于那些曾被写为继承人的人。"他对国库的代表人讲道："你们表述你们的看法。"芝诺讲道："皇帝，我请求你耐心地听我讲。关于遗赠，你做出了什么规定？"安东尼皇帝反问道："你认为拭去继承人名字的遗嘱是有效的吗？"芝诺的律师科尔内里乌斯·布里夏努斯讲道："仅仅是拭去了继承人的名字。"国库代表人卡尔布尼乌斯·伦基努斯认为："没有继承人的遗嘱不能有效。"布里夏努斯讲道："遗嘱人释放了一些奴隶并给予了遗赠。"让所有人退下以便进行思考的安东尼皇帝重新召回了众人，发出谕令道："这个案件被认为要有更符合人道的解释，因此，我们认为内波斯仅是想使拭去了继承人名字的那一部分遗嘱内容无效。"

D. 28, 6, 1, 3 莫德斯丁：《学说汇纂》第 2 卷

父亲不能给儿子指定替补继承人（substituere），除非他将儿子指定为继承人。因为，如果在遗嘱中没有指定任何继承人，该遗嘱不存在任何效力。

D. 29, 7, 10 帕比尼安：《问题集》第 15 卷

依惯例，不能根据遗嘱附书（codicilli）对遗产进行继承的依据是：由于遗嘱附书的效力来源于遗嘱本身，并且遗嘱只有指定了继承人方有效。故而，遗嘱附书不能给遗嘱以效力。

2.4.2 一般概念

D. 28, 5, 1pr. 乌尔比安：《萨宾评注》第 1 卷

遗嘱人设立遗嘱通常应当从指定继承人入手，但是也可以从指名地剥夺继承权（exheredatio）开始立遗嘱。因为，图拉真皇帝曾批复道：在指定继承人之前，还可以指名地剥夺儿子的继承权。

2. Hereditas testamentaria

D. 28. 5. 1. 1   Ulpianus 1 ad sab.

Institutum autem heredem eum quoque dicimus, qui scriptus non est, sed solummodo nuncupatus.

D. 28. 1. 21pr.   Ulpianus 2 ad sab.

Heredes palam ita, ut exaudiri possunt, nuncupandi sint: licebit ergo testanti vel nuncupare heredes vel scribere: sed si nuncupat, palam debet. quid est palam? non utique in publicum, sed ut exaudiri possit: exaudiri autem non ab omnibus, sed a testibus: et si plures fuerint testes adhibiti, sufficit sollemnem numerum exaudire.

2. 4. 3   Modi institutionis

D. 28. 5. 49 (48) pr.   Marcianus 4 inst.

His verbis: 'Titius hereditatis meae dominus esto', recte institutio fit.

D. 28. 5. 1. 5   Ulpianus 1 ad sab.

Si autem sic scribat: 'Lucius heres', licet non adiecerit 'esto', credimus plus nuncupatum, minus scriptum: et si ita: 'Lucius esto', tantundem dicimus: ergo et si ita: 'Lucius' solummodo. Marcellus non insuptiliter non putat hodie hoc procedere. divus autem Pius, cum quidam portiones inter heredes distribuisset ita: 'ille ex parte tota, ille ex tota' nec adiecisset 'heres esto', rescripsit valere institutionem: quod et Iulianus scripsit.

D. 28, 5, 1, 1　乌尔比安:《萨宾评注》第 1 卷

但是,他没有以书面形式而是以口头形式确定了继承人,我们同样认为这是指定继承人。

D. 28, 1, 21pr.　乌尔比安:《萨宾评注》第 2 卷

显然,遗嘱人以口头形式指定继承人应当有证人听见。指定继承人无论是以口头形式还是以书面形式均可为之。但是,如果以口头形式指定继承人应当明确地（palam）为之。何为"明确地"? 显然不是要他当众表达,而是要求他大声地说,以使其他人能够听清楚,不是让所有的人听见而是只要是证人们听见即可。当有数个证人时,只要有足够法定人数的证人听见即可。

2.4.3　指定的形成

D. 28, 5, 49 (48) pr.　马尔西安:《法学阶梯》第 4 卷

"提裘斯是我的遗产的所有人",指定基于这样的言词而成立,是正确的。

D. 28, 5, 1, 5　乌尔比安:《萨宾评注》第 1 卷

但是,如果写"鲁丘斯继承人"（Lucius heres）而没有补充"是"（esto）,我们认为这种情形多发生于口头指定而少见于书面指定。如果这样写:"鲁丘斯是"（Lucius esto）,或者只写"鲁丘斯"（Lucius）,我们认为同样有效。马尔切勒则谨慎地认为上述形式无效。但是,皮乌斯皇帝批复曰:"有人这样将遗产分配给继承人:一部分给他;其他部分给另一个人。"他没有增加"是继承人"的言词。这种指定有效。尤里安 ① 也这样认为。

---

① 2 世纪法学家。——译者

2. Hereditas testamentaria

C. 6. 23. 15pr. Imperator Constantinus

Quoniam indignum est ob inanem observationem irritas fieri tabulas et iudicia mortuorum, placuit ademptis his, quorum imaginarius usas est, institutioni heredis verborum non esse necessariam observantiam, utrum imperativis et directis verbis fiat an inflexa.

C. 6. 23. 15. 1 Imperator Constantinus

Nec enim interest, si dicatur 'heredem facio' vel 'instituo' vel 'volo' vel 'mando' vel 'cupio' vel 'esto' vel 'erit', sed quibuslibet confecta sententiis, quolibet loquendi genere formata institutio valeat, si modo per eam liquebit voluntatis intentio, nec necessaria sint momenta verborum, quae forte seminecis et balbutiens lingua profudit.

Const. A. ad Pop. ⟨ *a 339 s. D. k. Febr. Laodiceae Constantio A. II et Constante A. conss.* ⟩

2. 4. 4   De pluribus heredibus institutis

D. 28. 5. 9. 12   Ulpianus 5 ad sab.

Heredes iuris successores sunt et, si plures instituantur, dividi inter eos a testatore ius oportet: quod si non fiat, omnes aequaliter heredes sunt.

D. 28. 5. 9pr.   Ulpianus 5 ad sab.

Quotiens volens alium heredem scribere alium scripserit in corpore

C. 6, 23, 15pr. 君士坦丁皇帝致民众

因为过分拘泥于对形式规则的遵守而导致已故者的遗嘱和最终遗愿变成无效是不公道的。我们规定：当以直接命令式语句或者间接的形式指定继承人时，要消除这些不切实际的、对指定继承人没有必要遵循的特殊言词。

C. 6, 23, 15, 1 君士坦丁皇帝致民众

如果有人说"我指定继承人"（heredem facio），或者"我指定"（istituo），或者"我想"（volo），或者"我委托"（mando），或者"我渴望"（cupio），或者"他是"（esto），或者"他将是"（erit），这些都不重要。因为，当他决定继承人时，无论以何种语言及以何种表达方式进行表述都将有效，只要通过该方式得以明确地表达出遗嘱人的意愿即可。至于语言的格式以及运用的是强有力的语言，还是软弱无力和不连贯的语言，这都不是必要条件。

（339年，于拉奥迪切阿，君士坦丁和君士坦斯执政）

2.4.4 多个继承人的指定

D. 28, 5, 9, 12 乌尔比安：《萨宾评注》第5卷

继承人是权利的继受者（iuris successores）。如果指定了多个继承人，则遗嘱人要将权利分配给他们，如果未进行权利分配，则所有继承人的份额都是均等的。

D. 28, 5, 9pr. 乌尔比安：《萨宾评注》第5卷

每当遗嘱人想要写上一个继承人的名字，但是由于他写错了

2. Hereditas testamentaria

hominis errans, veluti 'frater meus' 'patronus meus', placet neque eum heredem esse qui scriptus est, quoniam voluntate deficitur, neque eum quem voluit, quoniam scriptus non est.

D. 28. 5. 64 (63)   Iavolenus 1 ex cass.

Heredes sine partibus utrum coniunctim an separatim scribantur, hoc interest, quod, si quis ex coniunctis decessit, non ad omnes, sed ad reliquos qui coniuncti erant pertinet, sin autem ex separatis, ad omnes, qui testamento eodem scripti sunt heredes, portio eius pertinet.

2. 4. 5   Institutio de re singulari aut partibus eius

D. 28. 5. 75 (74)   Licinius 2 reg.

Si ita quis heres institutus fuerit: 'excepto fundo, excepto usu fructu heres esto', perinde erit iure civili atque si sine ea re heres institutus esset, idque auctoritate Galli Aquilii factum est.

D. 28. 5. 1. 4   Ulpianus 1 ad sab.

Si ex fundo fuisset aliquis solus institutus, valet institutio detracta fundi mentione.

D. 28. 5. 9. 13   Ulpianus 5 ad sab.

Si duo sint heredes instituti, unus ex parte tertia fundi Corneliani,

人，例如，他想写"我的兄弟""我的保护人"，却写成了另一个继承人时，则被认为他写的这个人不是继承人，因为缺乏指定的意愿；他想指定的那个人也不是继承人，因为遗嘱人没有写出他的名字。

D. 28, 5, 64 (63)　雅沃伦：《论卡修斯》第 1 卷

没有份额的继承人是共同地被指定为继承人还是分别地被指定为继承人，了解这一点是十分重要的。因为，如果共同被指定者中的一人去世，他的份额不是转给所有的继承人，而仅涉及被共同指定为继承人的其他人；但是，如果分别被指定者中的一人去世，他的份额则归属于在同一遗嘱中被指定为继承人的所有的人。

2.4.5　特定财产或特定财产之部分的继承人的指定

D. 28, 5, 75 (74)　李锡尼：《规则集》第 2 卷

如果一个人这样被指定为继承人："他是除了那个田宅和那个用益权之外的财产的继承人。"同样，依市民法的规定，如同没有上述条件似的，该人也被认为是继承人。加鲁斯·阿奎流斯 ① 的权威学说也是这样认为的。

D. 28, 5, 1, 4　乌尔比安：《萨宾评注》第 1 卷

如果一个人就田宅指定了继承人，但是，要将涉及田宅分割的这部分内容拭去，该指定方有效。

D. 28, 5, 9, 13　乌尔比安：《萨宾评注》第 5 卷

如果有两个被指定的继承人：一个被指定为科尔内里亚尼庄

---

①　公元前 1 世纪法学家。——译者

alter ex besse eiusdem fundi, Celsus expeditissimam Sabini sententiam sequitur, ut detracta fundi mentione quasi sine partibus heredes scripti hereditate potirentur, si modo voluntas patris familias manifestissime non refragatur.

2. 4. 6 Institutio pro portionibus

D. 28. 5. 13pr. Ulpianus 7 ad sab.

Interdum haec adiectio 'Aeque heredes sunto' testatoris voluntatem exprimit, ut puta 'Primus et fratris mei filii aeque heredes sunto' : nam haec adiectio declarat omnes ex virilibus partibus institutos, ut et Labeo scripsit, qua detracta semissem fratris filii, semissem Primus haberet.

D. 28. 5. 13. 1 Ulpianus 7 ad sab.

Pater familias distribuere hereditatem in tot partes potest quot voluerit: sed sollemnis assis distributio in duodecim uncias fit.

D. 28. 5. 13. 2 Ulpianus 7 ad sab.

Denique si minus distribuit, potestate iuris in hoc revolvitur: ut puta si duos heredes ex quadrante scripserit: nam hereditas eius residua accedit, ut ex semissibus videantur scripti.

D. 28. 5. 13. 4 Ulpianus 7 ad sab.

Sed si excesserit in divisione duodecim uncias, aeque pro rata

园的三分之一份额的继承人；另一个被指定为同一个庄园的一半份额的继承人。杰尔苏按照萨宾 ① 很恰当的观点提出：要撤销提到的庄园分割，如同被指定的继承人占有的遗产没有各自的份额一样，只要这样做没有显而易见地违背遗嘱人的意愿即可。

2.4.6　份额的指定

D. 28, 5, 13pr.　乌尔比安:《萨宾评注》第 7 卷

有时遗嘱人的意愿表达有这样一个补充内容："继承人的份额是均等的。"例如，"布里莫和我兄弟的儿子是同等份额遗产的继承人"。这个补充表明，每个继承人都是同等份额遗产的被指定者。因此，如同拉贝奥 ② 写的那样，在进行遗产分割时，兄弟的儿子有一半遗产，布里莫有另一半遗产。

D. 28, 5, 13, 1　乌尔比安:《萨宾评注》第 7 卷

家父可以根据自己的意愿将遗产分为若干份。但是，通常遗产被分为十二等份（duodecim uncias）。

D. 28, 5, 13, 2　乌尔比安:《萨宾评注》第 7 卷

如果［遗产人］对分配的比例少于他的遗产，则根据法律要重新考虑整个遗产的分配。例如，当遗嘱人写明两个继承人继承三分之一份额时即发生重新考虑的问题。因为他的遗产了发生剩余，鉴于此，要写成他们各继承一半遗产。

D. 28, 5, 13, 4　乌尔比安:《萨宾评注》第 7 卷

但是，如果划分的遗产超过十二份，则要按比例均等地缩

---

① 1 世纪法学家。——译者

② 同上。

decrescet: ut puta me ex duodecim unciis heredem, te ex sex scripsit: ego hereditatis habeo bessem, tu trientem.

2. 5   Institutio conditionalis
(D. 28. 3/7 ; C. 6. 25)

D. 28. 3. 16   Pomponius 2 ad q. muc.

Cum in secundo testamento heredem eum qui vivit instituimus sive pure sive sub condicione (si tamen condicio existere potuit, licet non exstiterit), superius testamentum erit ruptum. multum autem interest, qualis condicio posita fuerit: nam aut in praeteritum concepta ponitur aut in praesens aut in futurum: in praeteritum concepta ponitur veluti 'si Titius consul fuit' : quae condicio si vera est, id est si Titius consul fuit, ita est institutus heres, ut superius testamentum rumpatar: tum enim ex hoc heres esset. si vero Titius consul non fuit, superius testamentum non est ruptum. quod si ad praesens tempus condicio adscripta est herede instituto, veluti 'Si Ttitius consul est' , eundem exitum habet, ut, si sit, possit heres esse et superius testamentum rumpatur, si non sit, nec possit heres esse nec superius testamentum rumpatur. in futurum autem collatae condiciones si possibiles sunt, existere potuerunt, licet non exstiterint, efficiunt, ut superius testamentum rumpatur, etiamsi non extiterint: si vero impossibiles sunt, veluti ' Titius si digito caelum tetigerit, heres esto' , placet perinde esse, quasi condicio adscripts non sit, quae est impossibilis.

小。例如：有人写由我继承十二份，由你继承十二分之六份，则我有三分之二的遗产，你有三分之一的遗产。

2.5　附条件的指定
（D. 28, 3/7；C. 6, 25）

D. 28, 3, 16　彭波尼:《库伊特·穆齐评注》第 2 卷

当我们在第二个遗嘱中写的是一个尚生存的继承人时，无论是无条件的还是附条件的（sub condicione），只要该条件能够成就，第一个遗嘱无效。但重要的是：设置的是什么条件。因为，他设置的条件要涉及过去的条件、现在的条件或者将来的条件。我们就过去的条件举一例："如果提裘斯曾是执政官"。如果这个条件是真实的，也就是说如果提裘斯曾经当过执政官，则指定他为继承人将使第一个遗嘱终止效力，因为，他依第二个遗嘱成为继承人；如果提裘斯确实不曾是执政官，则第一个遗嘱有效。如果指定继承人附加的是现在条件，例如"如果提裘斯现在是执政官"，其结果是一样的，即如果他是执政官，他可以是继承人且第一个遗嘱无效，如果他不是执政官，则他不是继承人且第一个遗嘱有效。当设置的条件是将来的，如果该条件是可能的、能够存在的，即使条件尚未发生，第一个遗嘱仍然无效。如果设置的条件是不可能的，例如"如果提裘斯用手触到天，他就是继承人"，人们均认为该条件如同未设立一样，因为它是不可能实现的。

2. Hereditas testamentaria

D. 28. 7. 1   Ulpianus 5 ad sab.

Sub impossibili condicione vel alio mendo factam institutionem placet non vitiari.

D. 28. 7. 3   Paulus 1 ad sab.

Si ita heres institutus sim, si decem dedero, et accipere nolit cui dare iussus sum, pro impleta condicione habetur.

D. 28. 7. 5   Paulus 2 ad sab.

Si heredi plures condiciones coniunctim datae sint, omnibus parendum est, quia unius loco habentur, si disiunctim sint, cuilibet.

D. 28. 7. 14   Marcianus 4 inst.

Condiciones contra edicta imperatorum aut contra leges aut quae legis vicem optinent scriptae vel quae contra bonos mores vel derisoriae sunt aut huiusmodi quas praetores improbaverunt pro non scriptis habentur et perinde, ac si condicio hereditati sive legato adiecta non esset, capitur hereditas legatumve.

D. 28. 7. 10pr.   Ulpianus 8 disp.

Institutio talis: 'Si codicillis Seium heredem scripsero, heres esto' non est inutilis in quovis herede instituto praeter filium: est enim condicionalis institutio. nec videtur hereditas codicillis data, quod interdictum est, verum condicionalis est haec institutio, quae testamento data esset. proinde et si ita scripserit: 'Cuius nomen codicillis scripsero, ille mihi heres esto' , pari ratione dicendum erit institutionem valere nullo iure impediente.

D. 28, 7, 1 乌尔比安:《萨宾评注》第 5 卷

在条件为不可能或者有其他的缺陷时,已进行的指定被认为是无效(non vitiari)。

D. 28, 7, 3 保罗:《萨宾评注》第 1 卷

假如我被这样指定为继承人——"如果我将给某人 10 元钱"——但是该某人拒绝了我给的钱,那么,所附的条件被认为成就。

D. 28, 7, 5 保罗:《萨宾评注》第 2 卷

如果继承人被设定了若干个都要遵循的条件,则每一个条件都要被遵守。因为它们被认为是一个整体。如果它们是可替换的条件,则继承人遵守其中一个条件即可。

D. 28, 7, 14 马尔西安:《法学阶梯》第 4 卷

遗嘱所写的条件如果是对抗皇帝谕令、违反法律,或者违反具有法律效力的规范,或者违背良俗,或者戏弄或对抗裁判官告示,则视同未曾写过。因此,如果将上述条件之一者作为补充写入了有关继承或者遗赠的内容中,则所写的内容如同未写一样,继承或者遗赠的进行要按未曾补充过条件的内容进行。

D. 28, 7, 10pr. 乌尔比安:《争辩集》第 8 卷

有一个指定是这样的:如果在遗嘱附书中我写上继承人塞伊乌斯,那么他就是继承人。除了儿子以外,在任何的继承人指定中,这种指定都是有效的。因为指定是附条件的,它不被认为是通过遗嘱附书给予遗产,这是被禁止的。事实上,这个被置于遗嘱之中的指定是附条件指定。因此,如果这样写——"我在遗嘱附书中写到他的名字的那个人是我的继承人"——,根据同样的原因,应当认为这一指定是有效的。没有任何法律能够禁止该指定的有效。

C. 6. 25. 1 Imperatores Severus et Antoninus

Cum avum maternum ea condicione filiam tuam heredem instituisse proponas, si Anthylli filio nupsisset, non prius eam heredem existere, quam condicioni paruerit aut Anthylli filio recusante matrimonium impeditum fuerit, manifestum est.

Sev. et Ant. AA. Alexandro. ⟨ *a 199 PP. k. Oct. Anullino et Frontone conss.* ⟩

C. 6. 25. 8 (7) pr. Imperator Iustinianus

Si quis heredem scripserit sub tali condicione: 'Si ille consul fuerit factus' vel 'praetor', vel ita filiam suam heredem instituerit: 'Si nupta erit', vivo autem testatore vel ille consul processerit vel praetor fuerit factus vel filia eius nupta fuerit et adhuc vivo testatore consulatum quidem vel praeturam illi deposuerint, filia autem eius diverterit, omni dubitatione veterum explosa sancimus, quandocumque impleta fuerit condicio, sive vivo eo sive mortis tempore sive post mortem, condicionem videri esse completam.

Iust. A. Iohanni pp. ⟨ *a 531 D. VIIII k. Aug. Constantinopoli post Consulatum Lampadii et Orestis vv. cc.* ⟩

2. 6   Institutio filiorum
(D. 28. 2/5 ; C. 6. 25/28)

D. 28. 2. 30   Gaius 17 ad ed. provinc.

Inter cetera, quae ad ordinanda testamenta necessario desiderantur,

C. 6, 25, 1　塞维鲁皇帝和安东尼皇帝致亚历山大

因为你说道，外祖父指定你的女儿为继承人所附的条件是如果她嫁给安迪鲁斯的儿子。那么，无论是她履行了这一条件或者由于安迪鲁斯的儿子的拒绝致使婚姻受挫，她都成为继承人。这是很显然的事情。

（199 年，阿努利努斯和佛伦托执政）

C. 6, 25, 8 (7) pr.　优士丁尼皇帝致大区长官乔万尼

如果有人指定继承人附的条件是"若他将成为执政官或者裁判官"，或者有人这样指定他的女儿为继承人——"如果她结婚"——那么，在遗嘱人活着的时候，被指定的继承人成为了执政官或者裁判官，抑或女儿结了婚；或者在遗嘱人活着的时候，他又辞去了执政官或者裁判官的职位，女儿与丈夫离了婚，面对古人的每一个疑问，我们规定：无论是遗嘱人活着，还是他去世之前，或者是他死去之后，在任何时间内所设立的条件出现都被认为是条件成就。

（531 年，于君士坦丁堡，兰巴蒂和奥莱斯蒂斯执政之后）

2.6　儿子的指定
（D. 28, 2/5；C. 6, 25/28）

D. 28, 2, 30　盖尤斯:《行省告示评注》第 17 卷

在设立遗嘱所必须要求的其他规则中，主要是有关儿子的规

2. Hereditas testamentaria

principale ius est de liberis heredibus instituendis vel exheredandis, ne praeteritis istis rumpatur testamentum: namque filio qui in potestate est praeterito inutile est testamentum.

D. 28. 2. 31   Paulus 2 ad sab.

Dum apud hostes est filius, pater iure fecit testamentum et recte eum praeterit, cum, si in potestate esset filius, nihil valiturum esset testamentum.

D. 28. 2. 32   Marcianus 2 reg.

Si filio emancipato exheredato is qui in potestate est praeteritus sit, ipse quidem emancipatus si contra tabulas petat, nihil agit, ab intestato autem et suus et emancipatus venient.

D. 28. 2. 29. 10   Scaevola 6 quaest.

In omnibus his speciebus illud servandum est, ut filius dumtaxat, qui est in potestate, ex aliqua parte sit heres institutus: nam frustra exheredabitur post mortem suam: quod non esse necessario in eo filio, qui apud hostes est, si ibi decedat et in nepote certe et pronepote, quorum si liberi heredes instituantur, institutionem numquam exigemus, quia possunt praeteriri.

D. 28. 2. 21   Pomponius 2 ad q. muc.

Si filium nominatim exheredavero et eum postea heredem instituero, heres erit.

C. 6. 28. 2   Imperator Alexander Severus

Si avus tuus, qui patrem tuum et novercam aequis portionibus heredes instituit, cum te quoque haberet in potestate, testamento nominatim non exheredavit, mortuo patre tuo vivo avo sine impedimento legis Vellaeae succedendo in patris tui locum rupisti avi testamentum et

则。为了避免因疏漏了儿子致使遗嘱失效，他们被指定为继承人或者被剥夺继承权。因为，疏漏了处于父权之下的儿子的遗嘱是无效的。

D. 28, 2, 31 保罗：《萨宾评注》第 2 卷

如果儿子被敌人俘获，父亲立遗嘱将儿子疏漏掉是合法的。如果儿子处于父权之下，则疏漏掉儿子的遗嘱无效。

D. 28, 2, 32 马尔西安：《规则集》第 2 卷

如果脱离了父权的儿子被剥夺了继承权，而另一个处于父权之下的儿子在父亲立遗嘱时被疏漏，那么，脱离父权的儿子要否定遗嘱的效力，并要求遗产占有，这一要求没有法律效力。因为这两个儿子可进行无遗嘱继承（ab intestato）。

D. 28, 2, 29, 10 斯凯沃拉：《问题集》第 6 卷

在所有这些特殊情况中，被考虑的仅仅是处于父权之下的儿子被指定为某一特定部分继承人。因为在儿子死后剥夺他的继承权是徒劳的。对于被敌人俘获的儿子而言，如果他在敌人处去世了，指定他为继承人并无必要；对于被敌人俘获的孙子和曾孙子而言，如果被继承人的儿子被指定为继承人，则对他们的指定也是不必要的，因为他们可以被忽略掉。

D. 28, 2, 21 彭波尼：《库伊特·穆齐评注》第 2 卷

如果我曾指名地剥夺一个儿子的继承权，而后又指定他为继承人，那么他仍然是继承人。

C. 6, 28, 2 亚历山大·塞维鲁皇帝致埃拉克利达

如果你祖父指定你的父亲和你的继母为等额继承人，而你尚处于祖父的父权之下，显然，依照遗嘱，你未被指名地剥夺了继承权。如果你的父亲死亡而祖父活着，在没有任何障碍的情况下，依照《韦雷乌斯法》的规定，你接替你父亲的位置，而祖父的遗嘱无

2. Hereditas testamentaria

ad te hereditas eius tota pertinuit.

Alex. A. Heraclidae. 〈 *a 225 PP. VI id. April. Fusco II et Dextro conss.* 〉

2. 6. 1   Filii milites

D. 28. 2. 26   Paulus 3 sent.

Filius familias si militet, ut paganus nominatim a patre aut heres scribi aut exheredari debet, iam sublato edicto divi Augusti, quo cautum fuerat, ne pater filium militem exheredet.

2. 6. 2   Institutio conditionalis filiorum

D. 28. 2. 28pr.   Tryphonus 20 disp.

Filius a patre, cuius in potestate est, sub condicione, quae non est in ipsius potestate, heres institutus et in defectum condicionis exheredatus decessit pendente etiam tunc condicione tam institutionis quam exheredationis. dixi heredem eum ab intestato mortuum esse, quia dum vivit, neque ex testamento heres neque exheredatus fuit. herede autem scripto ex parte filio coheres post mortem filii institui potest.

D. 28. 7. 15   Papinianus 16 quaest.

Filius, qui fuit in potestate, sub condicione scriptus heres, quam senatus aut princeps improbant, testamentum infirmet patris, ac si condicio non esset in eius potestate: nam quae facta laedunt pietatem existimationem verecundiam nostram et, ut generaliter dixerim, contra bonos mores fiunt, nec facere nos posse credendum est.

效，他所有的遗产都归于你。

（225 年，执政官付斯克第 2 次执政和戴斯特罗执政）

2.6.1　服役的家子

D. 28, 2, 26　保罗:《判决集》第 3 卷

家子如果服兵役，如同一般人一样应当被父亲指定为继承人或者被剥夺继承权。因为奥古斯都皇帝关于家父不能剥夺正在服兵役的家子的继承权的谕令已被取消。

2.6.2　儿子的附条件指定

D. 28, 2, 28pr.　特里芬尼:《争辩集》第 20 卷

处于父权之下的儿子被父亲指定为继承人，如果附有下列条件，即"他不处于我支配权下。没有满足这一条件他就被剥夺继承权"，但是儿子去世，所设定的指定他为继承人和剥夺继承权的条件未成就。我认为儿子是作为无遗嘱继承人去世的，因为，根据遗嘱，他活着时尚不是指定的继承人也未被剥夺继承权。但是，我认为，当一个儿子被指定为部分遗产继承人时，在儿子死后可以指定其他继承人。

D. 28, 7, 15　帕比尼安:《问题集》第 16 卷

处于父权之下的儿子被指定为继承人附有的条件不是被元老院或者皇帝准许的条件，如所设定的条件不属于他的父权范围，那么，父亲的遗嘱无效。因为这些条件有损于我们的仁慈、荣誉和尊严，而且人们通常认为这些行为有悖于良俗。显然，我们不能准许设立这些条件。

D. 28. 5. 5   Marcellus not. ad iul. 29 dig.

Si eiusmodi sit condicio, sub qua filius heres institutus sit, ut ultimo vitae eius tempore certum sit eam existere non posse et pendente ea decedat, intestato patri heres erit, veluti 'si Alexandriam pervenerit, heres esto' : quod si etiam novissimo tempore impleri potest, veluti ' si decem Titio dederit, heres esto' , contra puto.

C. 6. 25. 3   Imperator Antoninus

Si mater vos sub condicione emancipationis heredes instituit et, priusquam voluntati defunctae pareretur, sententiam pater meruit vel aliter defunctus est, morte eius vel alio modo patria potestate liberati ius adeundae hereditatis cum sua causa quaesistis.

Ant. A. Maxentio et Aliis. 〈 *a 216 S. Prid. k. Mai. Sabino et Anullio conss.* 〉

2. 7   Institutio postumorum
(D. 28. 2/3/5 ; C. 6. 27/29)

D. 28. 3. 13   Gaius 2 inst.

Postumorum loco sunt et hi, qui in sui heredis loco succedendo quasi adgnascendo fiunt parentibus sui heredes. ut ecce si filium et ex eo nepotem neptemve in potestate habeam, quia filius gradu praecedit, is solus iura sui heredis habet, quamvis nepos quoque et neptis ex eo in eadem potestate sint: sed si fdius meus me vivo morietur aut qualibet ratione exeat de potestate mea, incipit nepos neptisve in eius

D. 28, 5, 5　马尔切勒对尤里安《学说汇纂》第 29 卷的注释

如果儿子被指定为继承人时附的条件在继承人生命的最后时刻肯定不能实现，则儿子是作为父亲的无遗嘱继承人去世的。例如，"如果他到了亚历山大城，他是继承人"。如果在继承人生命的最后时刻条件还能实现，则他是作为遗嘱指定的继承人去世的。例如，"如果给提裘斯 10 元钱，他是继承人"。

C. 6, 25, 3　安东尼皇帝致马塞茨友和其他人

如果母亲指定你们为继承人附有脱离父权的条件，在已故者的遗愿被遵循之前，父亲被判处刑罚或者去世，因此你们脱离了父权，那么，你们有权接受你们母亲的遗产。

（216 年，萨宾和阿努利努斯执政）

2.7　遗腹子的指定
（D. 28, 2 / 3 / 5；C. 6, 27 / 29）

D. 28, 3, 13　盖尤斯：《法学阶梯》第 2 卷

遗腹子（postumus）也是通过血亲关系而作为已故者去世时处于他的父权之下的继承人的继承人，即成为他父母的继承人。例如，如果我有一个处于支配权下的儿子和一个儿子所生的孙子或者孙女，由于儿子处于前一顺序，尽管儿子所生的孙子或者孙女都处于同一支配权下，但是，只要儿子具有已故者去世时处于他的父权下的继承人的身份，即会发生上述情形。然而，如果我的儿子去世了而我活着，或者由于任何一个原因儿子脱离了我的支配权，则孙子或者孙女开始接替他的位置。他们基于血亲关系

2. Hereditas testamentaria

loco succedere et eo modo iura suorum heredum quasi adgnatione nanciscuntur. ne ergo eo modo rumpat mihi testamentum, sicut ipsum filium vel heredem instituere vel exheredare nominatim debeo, ne non iure faciam testamentum, ita et nepotem neptemve ex eo necesse est mihi vel heredem instituere vel exheredare, ne forte me vivo filio mortuo succedendo in locum eius nepos neptisve quasi adgnatione rumpat testamentum: idque lege Iunia Vellea provisum est.

D. 28. 2. 4   Ulpianus 3 ad sab.

Placet omnem masculum posse postumum heredem scribere, sive iam maritus sit sive nondum uxorem duxerit: nam et maritus repudiare uxorem potest et qui non duxit uxorem, postea maritus effici. nam et cum maritus postumum heredem scribit, non utique is solus postumus scriptus videtur, qui ex ea quam habet uxorem ei natus est, vel is qui tunc in utero est, verum is quoque, qui ex quacumque uxore nascatur.

D. 28. 2. 9pr.   Paulus 1 ad sab.

Si quis postumos, quos per aetatem aut valetudinem habere forte non potest, heredes instituit, superius testamentum rumpitur, quod natura magis in homine generandi et consuetudo spectanda est quam temporale vitium aut valetudo, propter quam abducatur homo a generandi facultate.

D. 28. 2. 25. 1   Paulus 12 resp.

Lucius Titius cum suprema sua ordinaret in civitate et haberet neptem ex filia praegnatem rure agentem, scripsit id quod in utero haberet ex parte heredem: quaero, cum ipsa die, qua Titius ordinaret testamentum in civitate hora diei sexta, eodem die albescente caelo rure sit enixa Maevia masculum, an institutio heredis valeat, cum, quo tempore scriberetur testamentum, iam editus esset partus. Paulus

获得他们的已故者去世时处于他的父权下的继承人的身份。为了避免使我的遗嘱无效，如同我将儿子指名地指定为继承人或者指名地剥夺他的继承权一样，我也应当指定儿子所生的孙子或者孙女为继承人，抑或剥夺他们的继承权。这样做是为了避免我活着而儿子死了，孙子或者孙女会基于血亲关系继承父亲的遗产而致使我的遗嘱无效。这是《优纽斯·韦雷乌斯法》做出的规定。

D. 28, 2, 4　乌尔比安：《萨宾评注》第 3 卷

有一个规定：每一个男性都可以将遗腹子指定为继承人，无论该男性是已婚或者未婚。因为丈夫可以弃妻，或者该男性尚未结婚但随后将成为丈夫。在丈夫指定遗腹子为继承人的情况下，显然，这并不被认为仅限于妻子所生的遗腹子，或者限于尚在妻子腹中的胎儿，而且还包括任何怀有他的孩子的任何女人所生的遗腹子。

D. 28, 2, 9pr.　保罗：《萨宾评注》第 1 卷

当某人指定一个由于年龄或者疾病不可能有的遗腹子为继承人时，该遗嘱无效。因为，这与其说要考虑由于暂时的缺陷或者临时的疾病不能有儿子，不如说要考虑那个人的生殖功能的情况。

D. 28, 2, 25, 1　保罗：《解答集》第 12 卷

鲁丘斯·提裘斯在城市中立一个遗嘱时，他的正在怀孕的外孙女住在农村。遗嘱人写道，正在母腹中的孩子是按份继承人。我问：如果在同一天，提裘斯于城市内中午时分立了一个遗嘱，而他的外孙女梅微雅则于黎明时分在农村生产了一个男孩子，那么，当遗嘱正在书写时孩子已出生，继承人的指定是否有效呢？保罗[1] 答

---

① 3 世纪法学家。——译者

2. Hereditas testamentaria

respondit verba quidem testamenti ad eum pronepotem directa videri, qui post testamentum factum nasceretur: sed si, ut proponitur, eadem die qua testamentum factum est neptis testatoris antequam testamentum scriberetur enixa esset, licet ignorante testatore, tamen institutionem iure factum videri recte responderi.

C. 6. 29. 4pr. Imperator Iustinianus

Quidam, cum testamentum faciebat, his verbis usus est: 'Si filius vel filia intra decem mensuum spatium post mortem meam fuerint editi, heredes sunto' vel ita dixit: 'filius vel filia, qui intra decem menses proximos mortis meae nascentur, heredes sunto'. Iurgium antiquis interpretatoribus legum exortum est, an videantur non contineri testamento et hoc ruptum facere.

C. 6. 29. 4. 1 Imperator Iustinianus

Nobis itaque eorum sententias decidentibus, cum frequentissimas leges posuimus testatorum voluntates adiuvantes, ex neutra huiusmodi verborum positione ruptum fieri testamentum videtur, sed sive vivo testatore sive post mortem eius intra decem menses a morte testatoris numerandos filius vel filia fuerint progeniti, maneat testatoris voluntas immutilata, ne poenam patiatur praeteritionis, qui suos filios non praeteriit.

Iust. A. Iuliano pp. ⟨ *a 530 D. XII k. Dec. Constantinopoli Lampadii et Orestis VV. CC. conss.* ⟩

2. 7. 1 Postumi Aquiliani

D. 28. 2. 29pr. Scaevola 6 quaest.

Gallus sic posse institui postumos nepotes induxit: 'Si filius

曰：事实上，遗嘱的词句被认为直接涉及在立遗嘱后出生的曾孙。但是，如果正如你说过的那样，在遗嘱人立遗嘱时不知他的外孙女已在立遗嘱之前生下了孩子，那么，可以认为这一指定是合法的。

C. 6, 29, 4pr. 优士丁尼皇帝致大区长官尤里安

当某人立遗嘱时写下了这样的词句，即"如果在我去世的十个月内出生的孩子是继承人"；或者这样写道，即"在我死后的未来十个月内出生的儿子或者女儿是继承人"。这引起了古代法学家们对该词句是否不构成遗嘱内容以及是否导致遗嘱无效的法律解释的争论。

C. 6, 29, 4, 1 优士丁尼皇帝致大区长官尤里安

既然我们要解决古代法学家们解释的争论，既然我们已经颁布了许多有助于遗嘱人意愿的法律，为此，我们这样规定：上述任何言词都不导致遗嘱无效。但是，如果遗嘱人活着，或者儿子或女儿被认为是在遗嘱人死后的十个月之后出生，则遗嘱人的意愿不能改变，其目的在于使没有忽略子女的遗嘱人不遭受遗嘱无效的不利结果。

（530 年，于君士坦丁堡，兰巴蒂和奥莱斯蒂斯执政）

2. 7. 1 阿奎流斯遗腹子

D. 28, 2, 29pr. 斯凯沃拉：《问题集》第 6 卷

加鲁斯[①]认为遗腹孙子女可以这样被指定为继承人："如果我的儿子在我活着的时候去世，如果在我死亡后且在儿子去世的十个月

————

① 即阿奎流斯·加鲁斯。——译者

meus vivo me morietur, tunc si quis mihi ex eo nepos sive quae neptis post mortem meam in decem mensibus proximis, quibus filius meus moreretur, natus nata erit, heredes sunto.'

2. 7. 2　Postumi Vellaeani

D. 28. 2. 29. 11　Scaevola 6 quaest.

Nunc de lege vellaea videamus. voluit vivis nobis natos similiter non rumpere testamentum.

D. 28. 2. 29. 12　Scaevola 6 quaest.

Et videtur primum caput eos spectare, qui, cum nascerentur, sui heredes futuri essent. et rogo, si filium habeas et nepotem nondum natum tantum ex eo heredem institutis, filius decedat, mox vivo te nepos nascatur? ex verbis dicendum est non rumpi testamentum, ut non solum illud primo capite notaverit, si nepos, qui eo tempore instituatur, quo filius non sit, verum et si vivo patre nascatur: quid enim necesse est tempus testamenti faciendi respici, cum satis sit observari id tempus quo nascitur? nam etsi ita verba sunt: 'Qui testamentum faciet, is omnis virilis sexus, qui ei suus heres futurus erit' et cetera.

2. 8　Institutio servorum
(D. 28. 5 ; C. 6. 27)

D. 28. 5. 31pr.　Gaius 17 ad ed. provinc.

Non minus servos quam liberos heredes instituere possumus, si

内，儿子为我留下的孙子或者孙女问世，则他们是继承人。"

2.7.2 《韦雷乌斯法》的遗腹子

D. 28, 2, 29, 11　斯凯沃拉:《问题集》第 6 卷

现在我们讨论一下《韦雷乌斯法》，该法规定了当我们活着的时候遗腹子的出生不使遗嘱无效的一些情况。

D. 28, 2, 29, 12　斯凯沃拉:《问题集》第 6 卷

[《韦雷乌斯法》]第 1 编涉及了自家继承人的出生问题。我问：如果你有一个儿子，儿子所生的孙子被指定为继承人但尚未出生，而后，当儿子去世而你活着的时候，孙子出生了怎么办？根据法律的规定，遗嘱有效。在该法第 1 编中，不仅包括孙子在儿子去世时被指定为继承人的情况，而且还包括当孙子出生时他的父亲活着的情况。为什么既然认为考虑了出生的时间即足矣，还要去注意立遗嘱的时间呢？因为法律是这样写的:"谁就所有的男性卑亲属立下遗嘱，谁就要考虑到将要成为'自家继承人'的男性继承人和遗腹子。"

2.8　奴隶的指定
（D. 28, 5；C. 6, 27）

D. 28, 5, 31pr.　盖尤斯:《行省告示评注》第 17 卷

我们能够将奴隶指定为继承人不弱于对自由人的指定，只要他们是我们可以指定为继承人的奴隶。因为，奴隶接受继承的能

2. Hereditas testamentaria

modo eorum scilicet servi sint, quos ipsos heredes instituere possumus, cum testamenti factio cum servis ex persona dominorum introducta est.

D. 28. 5. 8pr. Iulianus 2 ad urs. ferocem.

Duo socii quendam servum communem testamento facto heredem et liberum esse iusserant: ruina simul oppressi perierant. plerique responderunt hoc casu duobus orcinum heredem existere, et id est verius.

D. 28. 5. 9. 14 Ulpianus 5 ad sab.

Si quis ita scripserit: 'Stichus liber esto et, posteaquam liber erit, heres esto', Labeo, Neratius et Aristo opinantur detracto verbo medio 'postea' simul ei et libertatem et hereditatem competere: quae sententia mihi quoque vera videtur.

D. 28. 5. 9. 17 Ulpianus 5 ad sab.

Si servus ex die libertatem acceperit et hereditatem pure, mox sit alienatus vel manumissus, videamus, an institutio valeat. et quidem si alienatus non esset, potest defendi institutionem valere, ut die veniente libertatis, quae hereditatem moratur, competente libertate et heres necessarius existat.

D. 28. 5. 9. 19 Ulpianus 5 ad sab.

Sed et si pure fuerit heres institutus libertate in diem data, si sit alienatus vel manumissus, dici debet heredem eum posse existere.

C. 6. 27. 2 (1) Imperator Antoninus

Cum vos servi constituti sub appellatione libertorum heredes scripti essetis, ea scriptura benigna interpretatione perinde habenda est, ac si

力源于奴隶的主人接受继承的能力。

D. 28, 5, 8pr.　尤里安:《乌尔塞伊·费罗克斯评注》第 2 卷

两个合伙人立遗嘱各自指定了一个他们共有的奴隶为解放自由人和继承人。两个合伙人在一次灾难中一同去世。不少法学家认为:在这种情况下,该奴隶是这两个人的继承人。这个观点是十分正确的。

D. 28, 5, 9, 14　乌尔比安:《萨宾评注》第 5 卷

如果一个人在遗嘱中这样写道:"斯迪库斯是解放自由人,在成为解放自由人之后,他是继承人。"拉贝奥、内拉蒂①、阿里斯托 ② 认为:要删除"之后"这两个字,自由和继承同时发生。我也认为这个观点是正确的。

D. 28, 5, 9, 17　乌尔比安:《萨宾评注》第 5 卷

如果一个奴隶获得自由是附期限的,而获得遗产未附期限,但是,该奴隶在获得自由之前被卖给他人或者被解放,我们要考虑这一指定是否有效。事实上,如果奴隶没有被卖掉,则能够断言:指定是有效的。因此,当奴隶获得自由时只要消除了获得遗产的障碍,他既是解放自由人又变成了必然继承人。

D. 28, 5, 9, 19　乌尔比安:《萨宾评注》第 5 卷

但是,如果奴隶被指定为附起始期限获得自由的继承人,即使他被卖掉或者被解放,也应当认为他能够成为继承人。

C. 6, 27, 2 (1)　安东尼皇帝致奥菲迪友

当作为奴隶的你们被以解放自由人的称呼指定为继承人时,对这一写法应当善意地解释为:你们既是被指定为解放自由人,

---

① 1 世纪法学家。——译者
② 同上。

2. Hereditas testamentaria

liberi et heredes instituti fuissetis. quod in legato locum non habet.

Ant. A. Aufidio. ⟨ *a 169 Accepta VII k. Mart. Prisco et Apollinari conss.* ⟩

C. 6. 27. 6 Imperator Iustinianus

Decisione nostra, quam fecimus sancientes eum, qui a domino suo sine libertate heres instituitur, videri libertatem accepisse, in propria firmitate durante, si quis servum suum pure quidem heredem instituit, libertatem autem sub condicione ei donavit, si quidem condicio talis sit, quae in potestate servi posita est: ille autem eam neglexerit minimeque compleverit, et libertate eum et hereditate sua culpa defraudari. sin autem casualis est condicio et ex fortunae insidiis defecerit, time humanitatis intuitu libertatem quidem ei omnimodo competere, hereditatem autem, si quidem solvendo sit, ad alios venire, quos leges vocabant, si non aliquis fuisset substitutus. sin autem solvendo non sit, ut necessarius he res constitutus simul et libertatem et hereditatem obtineat. tunc enim secundum definitionem tam veteris quam nostrae decisionis et liber et heres existat necessarius.

Iust. A. Iohanni PP. ⟨ *a 531 D. II k. Aug. Constantinopoli post Consulatum Lampadii et Orestis vv. cc.* ⟩

2. 8. 1 Istituzione vitiosa

D. 28. 5. 32pr. Gaius 1 de testam. ad ed. pu.

Illa institutio 'quos Titius voluerit' ideo vitiosa est, quod alieno arbitrio permissa est: nam satis constanter veteres decreverunt testamentorum iura ipsa per se firma esse oportere, non ex alieno arbitrio

又被指定为继承人。这个解释不适用于遗赠。

（169年，普里斯克和阿波里纳莱执政）

C. 6, 27, 6　优士丁尼皇帝致大区长官乔万尼

我们公布一项决定：被主人指定为继承人而没有被给予自由的奴隶，应被认为是获得了自由。对此，我们认为下列情况是合法的：如果一个人未附条件地指定了他的一个奴隶为遗产继承人，但给予奴隶以自由时附加的条件是：依奴隶的意愿。如果奴隶忽视了这个条件而没有履行之，则基于他的过错，既被剥夺了自由又被剥夺了遗产。不过，如果所附的条件是偶然性的，由于意外的不幸事件未履行之，那么，基于人道的观念，一定要给予其自由。然而，对于遗产而言，如果它是有支付能力的遗产，[①]则要向法定继承人支付之，只要没有替补继承人即可。如果它是无支付能力遗产，[②]奴隶作为被指定的必然继承人，同时拥有自由和遗产。因此，根据我们过去的许多规定，他成为解放自由人和必然继承人。

（531年，于君士坦丁堡，兰巴蒂和奥莱斯蒂斯执政之后）

2.8.1　有瑕疵的指定

D. 28, 5, 32pr.　盖尤斯：《论内事裁判官告示中的遗嘱部分》第1卷

"提裘斯希望的人"这一指定是有瑕疵的，因为它有其他判断的余地。因此，古代法学家们强调指出，遗嘱人对遗嘱指定有

---

① 又称为"增益遗产""积极遗产"。——译者

· ② 又称为"损益遗产""消极遗产"。——译者

2. Hereditas testamentaria

pendere.

D. 28. 5. 34   Papinianus 1 def.

Hereditas ex die vel ad diem non recte datur, sed vitio temporis sublato manet institutio.

D. 28. 5. 63 (62). 1   Modestinus 2 pand.

Quotiens non apparet, quis heres institutus sit, institutio non valet (quippe evenire potest, si testator complures amicos eodem nomine habeat et ad designationem singulari nomine utatur): nisi ex aliis apertissimis probationibus fuerit revelatum, pro qua persona testator senserit.

2. 9   Diseredazione di figli et postumi
(D. 28. 2/3)

D. 28. 2. 1   Ulpianus 1 ad sab.

Quid sit nominatim exheredari, videamus. nomen et praenomen et cognomen eius dicendum est an sufficit vel unum ex his? et constat sufficere.

D. 28. 2. 2   Ulpianus 6 reg.

Nominatim exheredatus filius et ita videtur 'filius meus exheres esto' , si nec nomen eius expressum sit, si modo unicus sit: nam si plures sunt filii, benigna interpretatione potius a plerisque respondetur nullum exheredatum esse.

确定之权而不能由其他人做出判断。

D. 28, 5, 34　帕比尼安:《定义集》第 1 卷

遗产不宜附起始给付期限，或者附终止给付期限，但是，消除了附加时间的瑕疵后，指定有效。

D. 28, 5, 63 (62), 1　莫德斯丁:《学说汇纂》第 2 卷

当不能看出被指定的继承人是何人时，指定无效。因为，可能会发生这样的情况：遗嘱人有许多同一名字的朋友，他指定的名字是大家共同使用的同一个名字。有其他非常明确的证据表明遗嘱人所决定的人选的情况除外。

2.9　剥夺儿子和遗腹子的继承权
（D. 28, 2/3）

D. 28, 2, 1　乌尔比安:《萨宾评注》第 1 卷

我们考虑：指名地剥夺继承权有着怎样特殊的含义。其含义是应当点明他的名字（nomen）、族姓（praenomen）和姓氏（cognomen）。有上述姓与名中的一个即可以吗？我认为有一个即可。

D. 28, 2, 2　乌尔比安:《规则集》第 6 卷

"我的儿子被剥夺了继承权"，这种情况也被认为是明确地剥夺了儿子的继承权，如果未写明儿子的名字，是因为他只有一个儿子。如果他有多个儿子，根据诸多法学家的仁慈解释，儿子们都不被剥夺继承权。

2. 9. 1 Exheredatio vitiosa

D. 28. 2. 3. 2   Ulpianus 1 ad sab.

Filius inter medias quoque heredum institutiones recte exheredatur et erit a toto gradu summotus, nisi forte ab unius persona eum testator exheredaverit: nam si hoc fecit, vitiosa erit exheredatio. quemadmodum si ita eum exheredaverit 'quisquis heres mihi erit, filius exheres esto' : nam, ut Iulianus scribit, huiusmodi exheredatio vitiosa est, quoniam post aditam hereditatem voluit eum summotum, quod est impossibile.

D. 28. 2. 3. 6   Ulpianus 1 ad sab.

Si ita testatus sit pater familias, ut a primo quidem gradu filium praeteriret, a secundo solo exheredaret, Sabinus et Cassius et Iulianus putant perempto primo gradu testamentum ab eo gradu exordium capere, unde filius exheredatus est: quae sententia comprobata est.

2. 9. 2 Exheredatio inter ceteros

D. 28. 2. 25pr.   Paulus 12 resp.

Titius testamento heredem instituit et filium habens sic exheredationem posuit: 'Ceteri omnes filii filiaeque meae exheredes sunto' . Paulus respondit filium recte exheredatum videri. postea consultus, an videatur exheredatus, quem pater putavit decessisse,

2.9.1 有瑕疵地剥夺继承权

D. 28, 2, 3, 2 乌尔比安:《萨宾评注》第 1 卷

在指定的继承人中，儿子被合法地剥夺继承权，在这种情况下，他被逐出所有的继承顺序（gradus），除非遗嘱人将该儿子的继承权剥夺掉的方式存在瑕疵，例如，如果这样写道——"无论谁是我的继承人，我儿子均不是继承人"——他剥夺继承权的行为则存在瑕疵。正如尤里安写的那样，这样剥夺继承权是有瑕疵的。因为，遗嘱人想在儿子获得遗产之后将其继承权剥夺掉，这是不可能的。

D. 28, 2, 3, 6 乌尔比安:《萨宾评注》第 1 卷

如果家父立遗嘱时在第一顺序中将儿子疏漏掉，在第二顺序中仅剥夺了他的继承权，萨宾、卡修斯①和尤里安认为：在第一顺序指定继承人无数的情况下，遗嘱指定的顺序始于儿子被剥夺继承权的［第二］顺序。这个观点值得赞同。

2.9.2 剥夺其他人的继承权

D. 28, 2, 25pr. 保罗:《解答集》第 12 卷

提裘斯用遗嘱指定继承人，为此，他的儿子被以这样的词句剥夺了继承权："我全部其他的儿子和女儿不是继承人。"对此保罗答曰：［尽管他仅有一个儿子］，应认为儿子是被正当地剥夺了

---

① 1 世纪法学家。——译者

2. Hereditas testamentaria

respondit filios et filias nominarim exheredatos proponi: de errore autem patris, qui intercessisse proponitur, apud iudicem agi oportere.

2. 9. 3 Exhaeredtio postumorum

D. 28. 3. 3pr. Ulpianus 3 ad sab.

Postumi per virilem sexum descendentes ad similitudinem filiorum nominarim exheredandi sunt, ne testamentum adgnascendo rumpant.

D. 28. 3. 3. 1 Ulpianus 3 ad sab.

Postumos autem dicimus eos dumtaxat, qui post mortem parentis nascuntur, sed et hi, qui post testamentum factum in vita nascuntur, ita demum per legem velleam rumpere testamentum prohibentur, si nominatim sint exheredati.

D. 28. 3. 3. 5 Ulpianus 3 ad sab.

Nominatim autem exheredatus postumus videtur, sive ita dixerit: 'quicumque mihi nasceretur', sive ita: 'ex Seia', sive ita: 'venter exheres esto'. sed et si dixerit: 'postumus exheres esto', natus vel post mortem vel vivo testatore non rumpet.

继承权。而后，有人请教道：这是否应当认为父亲剥夺了他认为已去世的儿子的继承权。保罗答曰：应认为这是父亲在上述情况下明确剥夺了儿子和女儿的继承权。但是，如果父亲存在错误，子女可在裁判官处提出起诉。

2.9.3 剥夺遗腹子的继承权

D. 28, 3, 3pr. 乌尔比安:《萨宾评注》第 3 卷

直系男性卑亲属所生的遗腹子（postumi descendentes）应当与子女们一样要被指名地剥夺继承权，为的是不会由于他们的出生而使遗嘱无效。

D. 28, 3, 3, 1 乌尔比安:《萨宾评注》第 3 卷

我们认为，遗腹子是指父亲去世后出生的人。但是，对于那些父亲立过遗嘱之后尚活于人间之时出生的人，依《韦雷乌斯法》的规定，如果他们被指名地剥夺了继承权，遗嘱不因他们的出生而失效。

D. 28, 3, 3, 5 乌尔比安:《萨宾评注》第 3 卷

遗嘱人无论是说"我生的孩子"（quicumque mihi nasceretur），或者说"由塞伊娅生的孩子"（ex Seia），抑或说"胎儿被剥夺继承权"（venter exheres esto），遗腹子都被认为是被指名地剥夺了继承权。既然说道"剥夺遗腹子的继承权"，那么，在遗嘱人死后或者遗嘱人尚未去世时孩子出生，遗嘱均有效。

2. 10   De testamentaria substitutione
(D. 28. 6 ; C. 6. 26)

2. 10. 1   De vulgari substitutione

D. 28. 6. 1pr.   Modestinus 2 pand.

Heredes aut instituti dicuntur aut substituti: instituti primo gradu, substituti secundo vel tertio.

D. 28. 6. 1. 1   Modestinus 2 pand.

Heredis substitutio duplex est aut simplex, veluti: 'Lucius Titius heres esto: si mihi Lucius Titius heres non erit, tunc Seius heres mihi esto' : 'si heres non erit, sive erit et intra pubertatem decesserit, tunc Gaius Seius heres mihi esto' .

D. 28. 6. 1. 2   Modestinus 2 pand.

Substituere liberis tam heredibus institutis quam exheredatis possumus et tam eum, quem heredem nobis instituimus, quam alterum.

D. 28. 6. 4. 2   Modestinus 1. S. de heuremat.

Sed si alter pubes, alter impubes hoc communi verbo 'eosque invicem substituo' sibi fuerint substituti, in vulgarem tantummodo casum factam videri substitutionem Severus et Antoninus constituit: incongruens enim videbatur, ut in altero duplex esset substitutio, in altero sola vulgaris. Hoc itaque casu singulis separatim pater substituere debebit, ut, si pubes heres non exstiterit, impubes ei substituatur, si autem impubes heres exstiterit et

2.10　遗嘱替补
（D. 28, 6 ; C. 6, 26）

2.10.1　一般替补

D. 28, 6, 1pr.　莫德斯丁:《学说汇纂》第 2 卷

继承人，或是指定的（instituti），或是替补的（substituti）。指定的继承人是在第一顺序中（primus gradus），替补的继承人则属于第二顺序或者第三顺序。

D. 28, 6, 1, 1　莫德斯丁:《学说汇纂》第 2 卷

替补继承人可以是两个或者一个，例如，"鲁丘斯·提裘斯是继承人；如果他没有成为我的继承人，则塞伊乌斯是我的继承人；如果他没有成为我的继承人或者他是我的继承人但在适婚期之前去世，则盖尤斯·塞伊乌斯是我的继承人"。

D. 28, 6, 1, 2　莫德斯丁:《学说汇纂》第 2 卷

我们可以给被指定为继承人的儿子和被剥夺继承权的儿子指定替补继承人。我们可以将指定为继承人的人或者将其他人作为儿子的替补继承人。

D. 28, 6, 4, 2　莫德斯丁:《案件集》单卷本

如果一名适婚男性和一名未适婚男性共同根据"我指定你们相互继承"这一词句而成为相互替补继承人，塞维鲁皇帝和安东尼皇帝规定道：在这种情况下只产生一般替补。因为在一个人

2. Hereditas testamentaria

intra pubertatem decesserit, pubes frater in portionem coheredis substituatur: quo casu in utrumque eventum substitutus videbitur, ne, si vulgari modo impuberi quoque substituat, voluntatis quaestionem relinquat, utrum de una vulgari tantummodo substitutione in utriusque persona sensisse intellegatur: ita enim in altero utraque substitutio intellegitur, si voluntas parentis non refragetur. vel certe evitandae quaestionis gratia specialiter in utrumque casum impuberi substituat fratrem: 'sive heres non erit sive erit et intra pubertatis annos decesserit'.

D. 28. 6. 17   Pomponius 4 ad sab.

Substitui liberis is etiam potest, qui post mortem eius natus fuerit, cui substitutus heres fuerit.

2. 10. 2   De pluribus substitutis

D. 28. 6. 23   Papinianus 6 resp.

Qui plures heredes instituit, ita scripsit: 'eosque omnes invicem substituo'. post aditam a quibusdam ex his hereditatem uno eorum defuncto, si condicio substitutionis exstitit alio herede partem suam repudiante, ad superstites tota portio pertinebit, quoniam invicem in omnem causam singuli substitui videbuntur: ubi enim quis heredes instituit et ita scribit: 'eosque invicem substituo', hi substitui videbuntur, qui heredes exstiterunt.

处有双重替补，^①而在另一个人处只是一般替补，这被认为是不合理的。在这种情况下，父亲应当给每个人分别地指定替补。这样，如果适婚人没有成为继承人，则未适婚人替补之。如果被指定的继承人是未适婚人，在其适婚之前去世，他的适婚的兄弟按照他拥有的共同继承人的份额进行替补。在该情况下，需要避免［未适婚人］被认为有双重替补的可能性。如果［父亲］也为未适婚人安排替补，要考虑父亲是否有该意愿以及他是否理解自己仅是为每个儿子安排了一个替补。因为，在没有明确违背父亲意愿的情况下，该替补被认为是他们之中的一个人［即未适婚人］有双重替补的情况。为了避免这个问题，在任何情况下，父亲都应当以适婚的兄弟来替补作为未适婚人的儿子，其表述为"无论他是否成为我的继承人，也无论他是继承人但在适婚之前去世"。

D. 28, 6, 17 彭波尼:《萨宾评注》第 4 卷

在被指定为继承人的儿子去世之后出生的人，也能够替补儿子。

2.10.2 替补继承人之复数性

D. 28, 6, 23 帕比尼安:《解答集》第 6 卷

指定多个继承人的人这样写道——"你们所有的人都相互替补继承"——当他们之中的一些人接受遗产后，其中一个人去世，而替补已故者的继承人中有一个人放弃了他的继承份额，那么，他所拥有的份额归属于其余的继承人。因为，人们认为每一个相互替补都适合于所有的情况，由于指定者指定了多个继承人并且

---

① 即有两个替补继承人。——译者

2. Hereditas testamentaria

D. 28. 6. 24   Ulpianus 4 disp.

Si plures sint instituti ex diversis partibus et omnes invicem substituti, plerumque credendum et ex isdem partibus substitutos, ex quibus instituti sint, ut, si forte unus ex uncia, secundus ex octo, tertius ex quadrante sit institutus, repudiante tertio in novem partes dividatur quadrans feratque octo partes qui ex besse institutus fuerat, unam partem qui ex uncia scriptus est: nisi forte alia mens fuerit testatoris: quod vix credendum est, nisi evidenter fuerit expressum.

C. 6. 26. 1   Imperator t. ael. ant.

Cum heredes ex disparibus partibus instituti et invicem substituti sunt nec in substitutione facta est ullarum partium mentio, verum est non alias partes testatorem substitutioni tacite inseruisse, quam quae manifeste in institutione expressae sunt.

T. Ael. Ant. A. Secundo. ⟨ *a 146 D. Claro II et Severo conss.* ⟩

C. 6. 26. 5   Imperatores Diocletianus et Maximianus

Post aditam hereditatem directae substitutiones non impuberibus filiis factae expirare solent.

Diocl. et Maxim. AA. Hadriano. ⟨ *a 290 PP. XK. Iun. Ipsis IIII et AA. conss.* ⟩

D. 28. 5. 28   Ulpianus 5 ad sab.

Si ita quis institutus sit: 'Titius heres esto, si Secundus heres non erit', deinde: 'Secundus heres esto' : placet primo gradu Secundum esse institutum.

D. 28. 5. 74 (73)   Gaius 12 ad l. iul. et pap.

Sub condicione herede instituto si substituamus, nisi eandem condicionem repetemus, pure eum heredem substituere intellegimur.

写道"他们相互替补",故而认为他们要替补那些是继承人的人。

D. 28, 6, 24　乌尔比安:《争辩集》第 4 卷

如果就不同的遗产部分指定了多个继承人,并且都是相互替补,通常认为是在上述被指定的部分内进行替补。

C. 6, 26, 1　安东尼皇帝致塞贡杜斯

当继承人被指定为对不同部分进行继承且相互替补时,并没有指明替补是在哪部分内进行。事实上,遗产人默示地(tacite)表明替补要在明确指定的给继承人的部分中进行。

(146 年,克拉洛第 2 次执政和塞维洛执政)

C. 6, 26, 5　戴克里先皇帝和马克西米安皇帝致阿德里亚努斯

在接受遗产之后,通常终止对不是未适婚人的儿子的直接替补。

(290 年,戴克里先皇帝第 4 次执政和马克西米安皇帝第 4 次执政)

D. 28, 5, 28　乌尔比安:《萨宾评注》第 5 卷

如果一个人这样指定:"假如塞贡杜斯不是继承人,提裘斯是继承人",而后,又指定"塞贡杜斯是继承人"。那么,应当认为塞贡杜斯是第一位的继承人。

D. 28, 5, 74 (73)　盖尤斯:《尤流斯和帕皮流斯法评注》第 13 卷

一名继承人被附条件地指定,如果我们要替补他但没有重复这一条件,那么,替补继承人被认为是未附条件地替补。

2. 10. 3   De pupillari substitutione

D. 28. 6. 2pr.   Ulpianus 6 ad sab.

Moribus introductum est, ut quis liberis impuberibus testamentum facere possit, donec masculi ad quattuordecim annos perveniant, feminae ad duodecim. quod sic erit accipiendum, si sint in potestate. ceterum emancipatis non possumus. postumis plane possumus. nepotibus etiam possumus et deinceps, si qui non recasuri sunt in patris potestate. sed si eos patres praecedant, ita demum substitui eis potest, si heredes instituti sint vel exheredati: ita enim post legem Velleam succedendo non rumpunt testamentum: nam si principale ruptum sit testamentum, et pupillare evanuit. sed si extraneum quis impuberem heredem scripserit, poterit ei substituere, si modo eum in locum nepotis adoptaverit vel adrogaverit filio praecedente.

D. 28. 6. 2. 1   Ulpianus 6 ad sab.

Quisquis autem impuberi testamentum facit, sibi quoque debet facere: ceterum soli filio non poterit, nisi forte miles sit. adeo autem, nisi sibi quoque fecerit, non valet, ut, nisi adita quoque patris hereditas sit, pupillare testamentum evanescat. plane si omissa causa principalis testamenti ab intestato possideatur hereditas, dicendum est et pupillo substitutum servandum.

D. 28. 6. 2. 4   Ulpianus 6 ad sab.

Prius autem sibi quis debet heredem scribere, deinde filio substituere et non convertere ordinem scripturae: et hoc Iulianus putat prius sibi debere, deinde filio heredem scribere: ceterum si ante filio,

2.10.3　未适婚人的替补

D. 28, 6, 2pr.　乌尔比安:《萨宾评注》第 6 卷

有一项规定是依惯例而做出的,即一个人可以为未适婚子女立遗嘱,男孩直至满 14 岁,女孩直至满 12 岁。对该规定应当理解为:未适婚子女处于父权之下。相反,我们不能将该规定适用于脱离父权的子女。但是,我们可以将其适用于遗腹子,我们还可以将其适用于孙子女及其后续的卑亲属﹝遗腹子﹞,只要这些人将不再处于父权之下。不过,如果他们的父亲被指定为继承人或者被剥夺了继承权,则他们可以被指定为替补继承人。因为在《韦雷乌斯法》之后,这样的继承被允许发生且遗嘱有效。通常,主遗嘱无效,则未适婚人的替补亦消失。但是,如果某人指定一个非家庭内的未适婚人为继承人,这个继承人可以被替补,只要将他作为孙子收养,或者将他的父亲作为儿子进行自权人收养即可。

D. 28, 6, 2, 1　乌尔比安:《萨宾评注》第 6 卷

给未适婚人立遗嘱也应当给自己立遗嘱。除遗嘱人是军人外,不得仅仅给未适婚的儿子立遗嘱。特别是遗嘱人如果没有给自己立遗嘱,那么,他给未适婚人立的遗嘱无效。如果父亲的遗产没有被继承人接受,则给未适婚人立的遗嘱之效力亦消失。显然,如果疏漏了主遗嘱的主要内容,则要通过无遗嘱继承占有遗产。应当认为,在这种情况下未适婚人也要被替补。

D. 28, 6, 2, 4　乌尔比安:《萨宾评注》第 6 卷

首先应当写明自己的继承人,而后给未适婚的儿子指定替补继承人,而且不得颠倒书写顺序。尤里安也认为:首先应当为自

2. Hereditas testamentaria

deinde sibi testamentum faciat, non valere. quae sententia rescripto imperatoris nostri ad Virium Lupum Brittanniae praesidem comprobata est, et merito: constat enim unum esse testamentum, licet duae sint hereditates, usque adeo, ut quos quis sibi facit necessarios, eosdem etiam filio faciat et postumum suum filio impuberi possit quis substituere.

D. 28. 6. 20pr.　Ulpianus 16 ad sab.

Patris et filii testamentum pro uno habetur etiam in iure praetorio: nam, ut Marcellus libro digestorum nono scribit, sufficit tabulas esse patris signatas, etsi resignatae sint filii, et septem signa patris sufficiunt.

D. 28. 6. 20. 1　Ulpianus 16 ad sab.

Si pater sibi per scripturam, filio per nuncupationem vel contra fecerit testamentum, valebit.

D. 28. 6. 10. 5　Ulpianus 4 ad sab.

Ad substitutos pupillares pertinent et si quae postea pupillis obvenerint: neque enim suis bonis testator substituit, sed impuberis, cum et exheredato substituere quis possit: nisi mihi proponas militem esse, qui substituit heredem hac mente, ut ea sola velit ad substitutum pertinere, quae a se ad institutum pervenerunt.

D. 28. 6. 14　Pomponius 2 ad sab.

In pupillari substitutione licet longius tempus comprehensum fuerit, tamen finietur substitutio pubertate.

己指定继承人，而后为未适婚的儿子指定替补继承人。相反，如果先给儿子立遗嘱，而后为自己立遗嘱，那么，这两个遗嘱均无效。我们的皇帝在给不列颠岛的地方长官威里乌斯·鲁普斯的批复中赞成这一观点，我也认为该观点是正确的。故而无疑，尽管有两种不同的继承，但仅存在一个遗嘱。这样，遗嘱人的必然继承人，同时也是未适婚的儿子的继承人。遗嘱人的遗腹子可以替补未适婚的儿子。

D. 28, 6, 20pr. 乌尔比安:《萨宾评注》第 16 卷

父亲给自己立的遗嘱和给未适婚的儿子立的遗嘱被认为是一个遗嘱，这个原则也被荣誉法所承认。因为，正如马尔切勒在《学说汇纂》第 9 卷中写的那样：即使给儿子的遗嘱被启封，只要父亲给自己立的遗嘱被证人的封印所封盖，并且他的遗嘱上有着七名证人的封印即足以有效。

D. 28, 6, 20, 1 乌尔比安:《萨宾评注》第 16 卷

如果父亲以书面形式为自己立遗嘱，以口头形式为未适婚的儿子立遗嘱指定替补继承人，或者与之相反，遗嘱有效。

D. 28, 6, 10, 5 乌尔比安:《萨宾评注》第 4 卷

未适婚人替补的情况还要涉及未适婚人在立遗嘱之后获得的其他财产。因为，遗嘱人不是要给自己的财产指定替补，而是要给未适婚人的财产指定替补。被剥夺继承权的未适婚人也可被指定一个替补继承人。除非说明你是个军人，否则，依指定替补的遗嘱人的意愿，属于被指定继承人的财产将归属于替补继承人。

D. 28, 6, 14 彭波尼:《萨宾评注》第 2 卷

就未适婚人替补而言，即使［距届满适婚年龄的］时间很长，但在未适婚人适婚时，其替补即告终止。

2. Hereditas testamentaria

D. 28. 6. 16. 1   Pomponius 3 ad sab.

Si suo testamento perfecto alia rursus hora pater filio testamentum fecerit adhibitis legitimis testibus, nihilo minus id valebit et tamen patris testamentum ratum manebit. nam et si sibi et filio pater testamentum fecisset, deinde sibi tantum, utrumque superius rumpetur. sed si secundum testamentum ita fecerit pater, ut sibi heredem instituat, si vivo se filius decedat, potest dici non rumpi superius testamentum, quia secundum non valet, in quo filius praeteritus sit.

2. 10. 4   De conditionali substitutione

D. 28. 6. 8pr.   Ulpianus 4 ad sab.

Qui liberis impuberibus substituit, aut pure aut sub condicione solet substituere. pure sic: 'si filius meus intra pubertatem decesserit, Seius heres esto' : sive Seius iste heres institutus sit et impuberi substitutus, nullam habet condicionem, sive solum substitutus. sub condicione autem institutum si substituat, id est 'si mihi heres erit', non alias existet heres ex substitutione, nisi et ex institutione heres fuerit. cui similis est et haec substitutio: 'quisquis mihi ex supra scriptis heres erit' : habet enim in se eandem condicionem similem superiori.

2. 10. 5   Pupilli mentecapti

C. 6. 26. 9pr.   Imperator Iustinianus

Humanitatis intuitu parentibus indulgemus, ut, si filium vel nepotem vel pronepotem cuiuscumque sexus habeant nec alia proles

D. 28, 6, 16, 1　彭波尼:《萨宾评注》第 3 卷

如果在父亲为自己立遗嘱前的一小时内，当着合法证人的面，父亲给儿子立了一个遗嘱，则不仅父亲为自己立的遗嘱有效，而且给儿子立的遗嘱亦有效。但是，如果父亲为自己和为儿子立一个遗嘱，而后又仅为自己另立了一个遗嘱，那么这两个遗嘱都被废止。然而，如果父亲立第二个遗嘱是针对他活着而他的儿子去世的情况为自己指定了一个继承人，那么，可以认为第一个遗嘱没有被撤销，因为疏漏了儿子的第二个遗嘱无效。

2.10.4　附条件的替补

D. 28, 6, 8pr.　乌尔比安:《萨宾评注》第 4 卷

给未适婚的儿子指定替补，通常或是单纯的替补，或是附条件的替补。单纯的替补是这样发生的:"如果我的儿子在未适婚时去世，塞伊乌斯是继承人"。无论塞伊乌斯被指定为继承人和未适婚人的替补继承人，或是仅被指定为替补继承人，都没有附加条件。如果指定替补附有条件，即"如果是我的继承人"，那么在尚未指定继承人的情况下，不能指定替补继承人。还要一种情况类似上面提到的替补，即"在上面写到的人中的任何一个人都是我的继承人"，因为这种情况所含有的条件类似于前面的条件。

2.10.5　低能的未适婚人

C. 6, 26, 9pr.　优士丁尼皇帝致大区长官梅纳

基于人道，我们批准:如果父母有子女、孙子女或者曾孙子

2. Hereditas testamentaria

descendentium eis sit, iste tamen filius vel filia vel nepos vel neptis vel pronepos vel proneptis mente captus vel mente capta perpetuo sit, vel si duo vel plures isti fuerint, nullus vero eorum saperet, liceat isdem parentibus legitima portione ei vel eis relicta quos voluerint his substituere, ut occasione huiusmodi substitutionis ad exemplum pupillaris nulla querella contra testamentum eorum oriatur, ita tamen, ut, si postea resipuerit vel resipuerint, talis substitutio cesset, vel si filii aut alii descendentes ex huiusmodi mente capta persona sapientes sint, non liceat parenti qui vel quae testatur alios quam ex eo descendentes unum vel certos vel omnes substituere.

C. 6. 26. 9. 1 Imperator Iustinianus

Sin vero etiam alii liberi testatori vel testatrici sint sapientes, ex his vero personis quae mente captae sunt nullus descendat, ad fratres eorum unum vel certos vel omnes eandem fieri substitutionem oportet.

Iust. A. Menae pp. ⟨ *a 528 D. III id. Dec. Constantinopoli dn. Iustiniano A. pp. II cons.* ⟩

2. 11　Testamentum irritum
(D. 28. 3 ; D. 29. 3)

D. 28. 3. 1　Papinianus 1 def.

Testamentum aut non iure factum dicitur, ubi sollemnia iuris defuerunt: aut nullius esse momenti, cum filius qui fuit in patris potestate praeteritus est: aut rumpitur alio testamento, ex quo heres existere

女，而这些人没有卑亲属，如果该儿子或女儿、该孙子或孙女、该曾孙子或曾孙女是不可治愈性的低能，无论他们是两个或是更多，只要他们之中没有一个是大脑发育健全者，则允许父母对留给他的或者他们的合法份额指定任何一个人作为替补继承人。这些列举的替补被认为类似于未适婚人的替补，没有任何诉讼会使这样的遗嘱无效。但是，如果他或者他们后来获得了理智，则该指定替补终止。如果一个低能人的子女或者其他卑亲属是智力正常者，父亲不被允许在这些人中的一人或者若干人或者所有人之外指定替补。

C. 6, 26, 9, 1　优士丁尼皇帝致大区长官梅纳

如果男性和女性遗嘱人还有智力健全的其他子女，而那些低能的子女没有任何卑亲属，则男性和女性遗嘱人指定低能人的智力正常的一个或者若干个或者全部的兄弟进行替补。

（528年，于君士坦丁堡，优士丁尼皇帝第2次执政）

2.11　无效遗嘱
（D. 28, 3；D. 29, 3）

D. 28, 3, 1　帕比尼安：《定义》第1卷

一个遗嘱，或是由于缺少法定的形式而被认为不合法（non iure），或是由于疏漏了处于父权之下的儿子而没有任何效力（nullius），或是由于第二个遗嘱指定了不同的继承人抑或由于自

2. Hereditas testamentaria

poterit, vel adgnatione sui heredis: aut in irritum constituitur non adita hereditate.

D. 29. 3. 2. 1   Ulpianus 50 ad ed.

Testamentum autem proprie illud dicitur, quod iure perfectum est: sed abusive testamenta ea quoque appellamus, quae falsa sunt vel iniusta vel irrita vel rupta: itemque imperfecta solemus testamenta dicere.

D. 28. 3. 2   Ulpianus 2 ad sab.

Tunc autem prius testamentum rumpitur, cum posterius rite perfectum est, nisi forte posterius vel iure militari sit factum vel in eo scriptus est qui ab intestato venire potest: tunc enim et posteriore non perfecto superius rumpitur.

D. 28. 3. 6. 3   Ulpianus 10 ad sab.

Succedendo itaque sui non rumpunt, sive fuerint instituti vel exheredati ab eo gradu ad quem hereditas defertur, scilicet si gradus ille valeat.

D. 28. 3. 8pr.   Ulpianus 11 ad sab.

Verum est adoptione vel adrogatione filii filiaeve testamentum rumpi, quoniam sui heredis adgnatione solet rumpi.

D. 28. 3. 6. 5   Ulpianus 10 ad sab.

Irritum fit testamentum, quotiens ipsi testatori aliquid contigit, puta si civitatem amittat per subitam servitutem, ab hostibus verbi gratia captus, vel si maior annis viginti venum se dari passus sit ad actum gerendum pretiumve participandum.

D. 28. 3. 6. 6   Ulpianus 10 ad sab.

Sed et si quis fuerit capite damnatus vel ad bestias vel ad gladium vel alia poena quae vitam adimit, testamentum eius irritum fiet, et non tunc cum consumptus est, sed cum sententiam passus est: nam poenae

家继承人的宗亲关系而被撤销（rumpitur），或是由于遗产没有被接受而使遗嘱无效（in irritum）。

D. 29, 3, 2, 1 乌尔比安：《告示评注》第 50 卷

严格地讲，只有合法立的遗嘱才确实被认为是遗嘱。但是，那些虚假的或是不合法的或是失效的或是被撤销的遗嘱，我们认为也是遗嘱，不过，是不合乎规范地称它们为遗嘱。这样，不完全的遗嘱也被不合乎规范地称作遗嘱。

D. 28, 3, 2 乌尔比安：《萨宾评注》第 2 卷

当第二个遗嘱被合法地设立后，第一个遗嘱即变为无效，除非第二个遗嘱违背了兵役法，或者在第二个遗嘱中所写的继承人也是能在无遗嘱继承的情况下进行继承的人。因为，在该情况下，即使第二个遗嘱并不完善，但是第一个遗嘱依然无效。

D. 28, 3, 6, 3 乌尔比安：《萨宾评注》第 10 卷

自家继承人无论是被指定为继承人或者是被从给他遗产的正确有效的顺序中剥夺了继承权，则自家继承人的继承均不导致遗嘱无效。

D. 28, 3, 8pr. 乌尔比安：《萨宾评注》第 11 卷

显然，基于儿子或者女儿的收养，或者自权人收养，遗嘱变为无效。因为，由于自家继承人的宗亲关系的产生而导致遗嘱无效。

D. 28, 3, 6, 5 乌尔比安：《萨宾评注》第 10 卷

当遗嘱人本人遭遇不利之事时，遗嘱无效。例如，由于变为奴隶而丧失市民身份，或者被敌人俘获，或者超过 20 岁的成年人为了得到一些钱而允许将自己作为奴隶被出售。

D. 28, 3, 6, 6 乌尔比安：《萨宾评注》第 10 卷

当一个人被判处极刑，或者被判为斗兽者或角斗士，或者

2. Hereditas testamentaria

servus efficitur: nisi forte miles fuit ex militari delicto damnatus, nam huic permitti solet testari, ut divus Hadrianus rescripsit, et credo iure militari testabitur. qua ratione igitur damnato ei testari permittitur, numquid et, si quod ante habuit factum testamentum, si ei permissum sit testari, valeat? an vero poena irritum factum reficiendum est? et si militari iure ei testandum sit, dubitari non oportet, quin, si voluit id valere, fecisse id credatur.

D. 28. 3. 6. 8 Ulpianus 10 ad sab.

Hi autem omnes, quorum testamenta irrita damnatione fieri diximus, si provocaverint, capite non minuuntur atque ideo neque testamenta quae antea fecerunt irrita fient et tunc testari poterunt: hoc enim saepissime est constitutum nec videbuntur quasi de statu suo dubitantes non habere testamenti factionem: sunt enim certi status nec ipsi de se interim incerti.

D. 28. 3. 11 Ulpianus 46 ad ed.

Si binae tabulae proferantur diversis temporibus factae, unae prius, aliae ˆ alia ˆ postea, utraeque tamen septem testium signis signatae, et apertae posteriores vacuae inventae sint, id est nihil scriptum habentes omnino, superius testamentum non est ruptum, quia sequens nullum est.

被判处其他剥夺生命的刑罚时，他的遗嘱亦失效。那时，遗嘱的失效不是自被剥夺生命之时，而是自判决公布之时。因为，他由于被判刑罚而变成了奴隶。除非他是军人，由于违反了兵役法而被判刑。因为正如哈德良皇帝的谕令所批复的那样：通常允许该军人立遗嘱。我认为该军人是依兵役法立遗嘱。基于该理由，对那些被允许立遗嘱的人而言，即使其被判刑，他被判刑之前立的遗嘱是否有效即允许其立遗嘱吗？或者因其被判刑而导致遗嘱失效？根据兵役法，可以同意他立遗嘱，毫无疑问，如果他希望遗嘱有效，应当视为他重新立了一个遗嘱。

D. 28, 3, 6, 8　乌尔比安：《萨宾评注》第 10 卷

我们认为：所立遗嘱因其被判刑而失效的那些人，如果提出上诉并不因此导致人格减等。因此，在此之前立的遗嘱不失效，并且，在他尚未立遗嘱时还可以立遗嘱。因为，这是很常见的规定，不应当认为他们如同身份存有疑问的人那样没有立遗嘱的能力，因为他们在上诉过程中都是有着明确身份的人，而并非是身份不明确者。

D. 28, 3, 11　乌尔比安：《萨宾评注》第 46 卷

如果在不同时间之内立了两个遗嘱，一个先立，一个后立，两个遗嘱都有七名证人签字，而打开第二个遗嘱发现其是空的，即没有书写任何内容，那么，第一个遗嘱会变为无效，因为第二个遗嘱没有任何内容。

2. 12　De his quae in testamento delentur et inducuntur

(D. 28. 4)

D. 28. 4. 1pr.　Ulpianus 15 ad sab.

Quae in testamento legi possunt, ea inconsulta deleta et inducta nihilo minus valent, consulto non valent: id vero quod non iussu domini scriptum inductum deletumve est, pro nihilo est. 'legi' autem sic accipiendum non intellegi, sed oculis perspici quae sunt scripta: ceterum si extrinsecus intelleguntur, non videbuntur legi posse. sufficit autem, si legibilia sint inconsulto deleta sive ab ipso sive ab alio, sed nolentibus. 'inducta' accipiendum est et si perducta sint.

D. 28. 4. 2　Ulpianus 4 disp.

Cancellaverat quis testamentum vel induxerat et si propter unum heredem facere dixerat: id postea testamentum signatum est. quaerebatur de viribus testamenti deque portione eius, propter quem se cancellasse dixerat. dicebam, si quidem unius ex heredibus nomen induxerit, sine dubio ceteram partem testamenti valere et ipsi soli denegari actiones: sed legata ab eo nominarim relicta debebuntur, si voluntas ea fuit testantis, ut tantum heredis institutio improbetur. sed si instituti nomen induxit et substituti reliquit, institutus emolumentum hereditatis non habebit. sed si omnia nomina induxerit, ut proponitur, adscripserit autem idcirco se id fecisse, quia unum heredem offensum habuit, multum interesse arbitror,

2.12 删除和补充

（D. 28, 4）

D. 28, 4, 1pr. 乌尔比安:《萨宾评注》第 15 卷

在遗嘱中能够阅读的内容，因为不小心而被删除掉，则遗嘱的这部分依然有效。但是，经过深思熟虑后将其删除，那么这部分内容无效。事实上，不是依遗嘱人的吩咐而书写、删除遗嘱是无效的。"阅读"一词的意思不应被理解为是知道，而应理解为能用眼睛凝神细看。相反，如果能够从遗嘱的外边看到遗嘱的内容，不认为是阅读。不过，如果可阅读的内容被本人或他人不小心地删除掉，只要不违背遗嘱人的意愿，则适用上述规定。

D. 28, 4, 2 乌尔比安:《争辩集》第 4 卷

某人将继承人的名字从遗嘱中划掉或者删除，并且说明这样做是为了将继承人之一者排除在继承人之外，随后该遗嘱被证人们密封起来。那么，就需要考虑该遗嘱的效力和在遗嘱中被划掉或者删除的继承人的遗产份额问题。我认为：如果仅删除了继承人之一者的名字，无疑，遗嘱的其他部分依然有效，而且仅是否定了那个被指定的继承人的诉权。但是，如果遗嘱人的意愿被证实是要删除该人作为被指定的继承人，则以该人名义留下的遗赠依然归属于该人。不过，如果删除了被指定的继承人的名字而留下了替补继承人的名字，则该被指定的继承人对遗产丧失全部的权利。但是，如上所述，如果遗嘱人删除了所有继承人的名字并指出他这样做是因为一名继承人违背了他的意志，我认为判断他

2. Hereditas testamentaria

utrum illum tantum fraudare voluit hereditate an vero causa illius totum
testamentum infirmare, ut licet unus inductionis causam praebuerit,
verum omnibus offuerit. et si quidem soli ei ademptam voluit portionem,
ceteris nihil nocebit inductio, non magis quam si volens unum heredem
inducere invitus et alium induxerit. quod si putavit totum testamentum
delendum ob unius malum meritum, omnibus denegantur actiones:
sed an legatariis denegari actio debeat, quaestio est. in ambiguo tamen
interpretandum erit et legata deberi et coheredum institutionem non esse
infirmandam.

2. 13   De testamenti revocatione et eius condicionibus
(D. 28. 2 ; D. 29. 1 ; D. 34. 4)

D. 34. 4. 4   Ulpianus 33 ad sab.

Quod si iterum in amicitiam redierunt et paenituit testatorem
prioris offensae, legatum vel fideicommissum relictum redintegratur:
ambulatoria enim est voluntas defuncti usque ad vitae supremum exitum.

D. 29. 1. 17. 2   Gaius 15 ad ed. provinc.

Si eodem testamento miles eundem heredem, deinde exheredem
scripserit, adempta videtur hereditas, cum in paganorum testamento sola
hereditas exheredatione adimi non possit.

是否仅想剥夺那个继承人的继承权或者是否因为那个继承人而将遗嘱全部归于无效是十分重要的。由此可判断出，他仅想删除那个人的名字，还是要剥夺其他人的继承权。所以，如果仅是一个继承人造成删除的原因，但是，所有的人都会因此遭到损害。确实，如果遗嘱人仅想撤销留给其中一个人的份额，则该删除不损害其他继承人的份额。如果遗嘱人仅想剥夺继承人中的一个人的继承权，则不应涉及其他人的权利，就像他仅想拭去一个继承人的名字，因为不小心而拭去了一个其他继承人的名字一样。相反，如果遗嘱人认为因一个继承人的不配而应当删除整个遗嘱，则所有的继承人的诉权均将被剥夺。不过，问题是受遗赠人的诉权是否也应当被否认。就该疑问而言，解释应当是，既应当有遗嘱，也不应当使共同继承人的指定无效。

2.13 遗嘱的撤销和限制
（D. 28, 2 ; D. 29, 1 ; D. 34, 4 ）

D. 34, 4, 4　乌尔比安:《萨宾评注》第33卷

遗嘱人如果因为两个人的友情重新恢复而将以前所立的对朋友不利的遗嘱撤销，则过去给对方的遗赠或者遗产信托被重新恢复。因为，直至生命的最后时刻，遗嘱人的意愿都是在变化着的。

D. 29, 1, 17, 2　盖尤斯:《行省告示评注》第15卷

如果一名军人在同一个遗嘱中写了一个继承人的名字之后又剥夺了他的继承权，应当认为该继承人被剥夺了遗产。在非军人

2. Hereditas testamentaria

D. 28. 2. 13. 1   Iulianus 29 dig.

Regula est iuris civilis, qua constitutum est hereditatem adimi non posse: propter quam liber et heres esse iussus, quamvis dominus ademerit eodem testamento libertatem, nihilo minus et libertatem et hereditatem habebit.

2. 14   Testamenta quemadmodum aperiantur
(D. 29. 3 ; C. 6. 32)

D. 29. 3. 4   Ulpianus 50 ad ed.

Cum ab initio aperiendae sint tabulae, praetoris id officium est, ut cogat signatores convenire et sigilla sua recognoscere.

D. 29. 3. 5   Paulus 8 ad plaut.

Vel negare se signasse: publice enim expedit suprema hominum iudicia exitum habere.

D. 29. 3. 6   Ulpianus 50 ad ed.

Sed si maior pars signatorum fuerit inventa, poterit ipsis intervenientibus resignari testamentum et recitari.

D. 29. 3. 10pr.   Ulpianus 13 ad l. iul. et pap.

Si in duobus exemplariis scriptum sit testamentum, alterutro patefacto apertae tabulae sunt.

的遗嘱中，遗产通常不能仅基于剥夺继承权而被剥夺掉。

D. 28, 2, 13, 1　尤里安:《学说汇纂》第 29 卷

在市民法中有一项规则，其内容是：遗产不能被剥夺（hereditatem adimi non posse）。为此，在遗嘱中解放了一个奴隶并指定他为继承人之后，即使同一个遗嘱剥夺了他的自由，他仍然既有自由又有遗产。

2.14　遗嘱的启封
（D. 29, 3；C. 6, 32）

D. 29, 3, 4　乌尔比安:《告示评注》第 50 卷

当遗嘱开始启封时，裁判官的职责是督促参与签名的证人们聚集在一起，辨认自己的签名。

D. 29, 3, 5　保罗:《普劳提评注》第 8 卷

之所以要求参与签名的证人们聚集在一起辨认他们自己的签名或者否认他们的签名，是因为遗嘱要当着证人们的面启封。

D. 29, 3, 6　乌尔比安:《告示评注》第 50 卷

当参与签名的大部分证人出席时，便可以当着他们的面打开遗嘱并宣读之。

D. 29, 3, 10pr.　乌尔比安:《尤流斯和帕皮流斯法评注》第 13 卷

如果遗嘱有两个同样的原稿，那么，打开一个原稿即意味遗嘱的两个原稿都被启封。

D. 29. 3. 10. 1   Ulpianus 13 ad l. iul. et pap.

Si sui natura tabulae patefactae sunt, apertum videri testamentum non dubitatur: non enim quaeremus, a quo aperiantur.

C. 6. 32. 2   Imperatores Valer. et Gallien.

Testamenti tabulas ad hoc tibi a patre datas, ut in patria proferantur, adfirmans potes illic proferre, ut secundum leges moresque loconum insinuentur, ita scilicet, ut testibus non praesentibus adire prius vel pro tribunali vel per libellum rectorem provinciae procures ac permittente eo honestos viros adesse facias, quibus praesentibus aperiantur et ab his rursum obsignentur.

Valer. et Gallien. AA. Alexandro. 〈 *a 256 PP. XII k. Ian. Maximo II et Glabrione conss.* 〉

2. 15   Edictum de inspiciendis
vel describendis testamentis
(D. 29. 3)

D. 29. 3. 1pr.   Gaius 17 ad ed. provinc.

Omnibus, quicumque desiderant tabulas testamenti inspicere vel etiam describere, inspiciendi describendique potestatem facturum se praetor pollicetur: quod vel suo vel alieno nomine desideranti tribuere eum manifestum est.

D. 29. 3. 1. 1   Gaius 17 ad ed. provinc.

Ratio autem huius edicti manifesta est: neque enim sine iudice transigi neque apud iudicem exquiri veritas de his controversiis, quae

D. 29, 3, 10, 1　乌尔比安：《尤流斯和帕皮流斯法评注》第13卷
如果遗嘱是自动地打开，毫无疑问，应当认为遗嘱被启封了。因为，我们没有发现是谁打开了遗嘱。

C. 6, 32, 2　瓦莱里亚努斯皇帝和加里埃努斯皇帝致亚历山大
你说你的父亲将遗嘱交给你并让你带至他的家乡打开。那么，你可依据法律或者地方习惯在别的地方打开遗嘱。但是，当证人不在现场时，你首先要亲自向管辖该地方的法庭或者以格式书面形式向行省总督提出要求，请求允许你将那些有威望的人聚集在一起，打开遗嘱并在遗嘱的空白处重新签名。

（256年，马克西姆斯第2次执政和哥拉布里奥内执政）

2. 15　阅读或者抄写遗嘱之告示

（D. 29, 3）

D. 29, 3, 1pr.　盖尤斯：《行省告示评注》第17卷
对每一个希望阅读遗嘱或者抄写遗嘱的人，裁判官均给予允许。显然，裁判官允许他们以个人名义或者以他人名义阅读或者抄写遗嘱。

D. 29, 3, 1, 1　盖尤斯：《行省告示评注》第17卷
这个告示的理由是明确的。因为，在没有仔细地看到和了解

ex testamento proficiscerentur, aliter potest quam inspectis cognitisque verbis testamenti.

D. 29. 3. 2. 4a   Ulpianus 50 ad ed.

Inspici tabulas est, ut ipsam scripturam quis inspiciat et sigilla et quid aliud ex tabulis velit spectare.

D. 29. 3. 2. 5   Ulpianus 50 ad ed.

Inspectio tabularum etiam lectionem earum indicat.

2. 16   Interdictum de tabulis exhibendis
(D. 43. 5)

D. 43. 5. 1pr.   Ulpianus 68 ad ed.

Praetor ait: 'Quas tabulas Lucius Titius ad causam testamenti sui pertinentes reliquisse dicetur, si hae penes te sunt aut dolo malo tuo factum est, ut desinerent esse, ita eas illi exhibeas. item si libellus aliudve quid relictum esse dicetur, decreto comprehendam'.

D. 43. 5. 1. 1   Ulpianus 68 ad ed.

Si quis forte confiteatur penes se esse testamentum, iubendus est exhibere, et tempus ei dandum est, ut exhibeat, si non potest in praesentiarum exhibere. sed si neget se exhibere posse vel oportere, interdictum hoc competit.

D. 43. 5. 1. 3   Ulpianus 68 ad ed.

Sive autem valet testamentum sive non, vel quod ab initio inutiliter factum est, sive ruptum sit vel in quo alio vitio, sed etiam si falsum

遗嘱的内容之前，既不能进行没有法官在场的和解，也不能到法官那里就遗嘱引起的争议寻求公正的解决。

D. 29, 3, 2, 4a 乌尔比安：《告示评注》第 50 卷

阅读遗嘱是指对遗嘱文本、封印及其他任何希望观察的内容凝神细看。

D. 29, 3, 2, 5 乌尔比安：《告示评注》第 50 卷

遗嘱的阅读还涉及对遗嘱的宣读。

2. 16 出示遗嘱之令状
（D. 43, 5）

D. 43, 5, 1pr. 乌尔比安：《告示评注》第 68 卷

裁判官说道："鲁丘斯·提裘斯说的他遗留下的遗嘱文本，如果在你那里，或者由于你的恶意而不在你处，你都要出示遗嘱文本。同样，遗嘱人留在你处的一个遗嘱文本或者上面所述的其他遗嘱文本，都包括在我的裁决中。"

D. 43, 5, 1, 1 乌尔比安：《告示评注》第 68 卷

如果一个人声明他那里有一份遗嘱，则应当令其出示之。如果他不能马上出示之，则要给他规定出示的期限。但是，如果他拒绝出示可以或者应当出示的遗嘱文本，那么将适用该令状。

D. 43, 5, 1, 3 乌尔比安：《告示评注》第 68 卷

或是遗嘱有效，或是遗嘱自开始便无效，或是遗嘱被撤销，或是遗嘱有其他瑕疵而被认为是虚假的，或是遗嘱并非是有立

2. Hereditas testamentaria

esse dicatur vel ab eo factum qui testamenti factionem non habuerit: dicendum est interdictum valere.

D. 43. 5. 1. 10 Ulpianus 68 ad ed.

Hoc interdictum ad vivi tabulas non pertinet, quia verba praetoris 'reliquerit' fecerunt mentionem.

D. 43. 5. 3. 1 Ulpianus 68 ad ed.

Si tabulae in pluribus codicibus scriptae sint, omnes interdicto isto continentur, quia unum testamentum est.

D. 43. 5. 3. 2 Ulpianus 68 ad ed.

Si tabulae testamenti apud aliquem depositae sunt a Titio, hoc interdicto agendum est et cum eo qui detinet et cum eo qui deposuit.

D. 43. 5. 3. 9 Ulpianus 68 ad ed.

Exhibere autem apud praetorem oportet, ut ex auctoritate eius signatores admoniti venirent ad recognoscenda signa: et si forte non optemperent testes, Labeo scribit coerceri eos a praetore debere.

D. 43. 5. 3. 11 Ulpianus 68 ad ed.

Condemnatio autem huius iudicii quanti interfuit aestimari debet.

2. 17   Senatusconsultum Silanianum

(D. 29. 5 ; C. 6. 35)

D. 29. 5. 3. 18 Ulpianus 50 ad ed.

Quod ad causam testamenti pertinens relictum erit ab eo qui occisus esse dicetur, id ne quis sciens dolo malo aperiendum

遗嘱权的人所立，它们都适用该令状。

D. 43, 5, 1, 10　乌尔比安：《告示评注》第 68 卷

该令状不涉及活着的人立的遗嘱，因为，裁判官的表述是"遗留下的"。

D. 43, 5, 3, 1　乌尔比安：《告示评注》第 68 卷

如果遗嘱文本是由若干个草稿所构成，则它们都适用该令状，因为遗嘱是唯一的。

D. 43, 5, 3, 2　乌尔比安：《告示评注》第 68 卷

如果提裘斯将遗嘱文本交给某人保存，则该令状适用于拥有遗嘱文本的人和保存遗嘱文本的人。

D. 43, 5, 3, 9　乌尔比安：《告示评注》第 68 卷

遗嘱要当着裁判官的面进行展示，其目的在于通过裁判官的威望督促那些在遗嘱上签字的证人们来辨认他们的签字。如果证人们没有听从裁判官的指令，拉贝奥写道：裁判官要强迫他们到场。

D. 43, 5, 3, 11　乌尔比安：《告示评注》第 68 卷

该令状所产生的诉讼要对直至争讼时所受到的损失做出裁决。

2. 17　《希拉尼亚努斯元老院决议》
（D. 29, 5 ; C. 6, 35 ）

D. 29, 5, 3, 18　乌尔比安：《告示评注》第 50 卷

对于被杀害者留下的遗嘱，在裁判官告示中有这样的规定：在根据元老院决议对被杀害者的奴仆进行刑事诉讼结束之前以及

2. Hereditas testamentaria

recitandum describendumque curet, edicto cavetur, priusquam de ea familia quaestio ex senatus consulto habita suppliciumque de noxiis sumptum fuerit.

D. 29. 5. 3. 19   Ulpianus 50 ad ed.

Aperire autem hic ille videtur qui naturaliter aperit, sive sint signatae sive non sint legatae, sed tantum naturaliter clausae.

D. 29. 5. 25. 2   Gaius 17 ad ed. provinc.

Ex hoc edicto actio proficiscitur contra eum, qui adversus edictum praetoris tabulas testamenti aperuisse dicetur vel si quid aliud fecisse dicetur: nam ut ex supra dictis apparet, plura sunt, propter quae poena edicti constituta est. palam est autem popularem actionem esse, cuius poena in centum aureos ex bonis damnati extenditur: et inde partem dimidiam ei, cuius opera convictus erit, praemii nomine se daturum praetor pollicetur, partem in publicum redacturum.

D. 29. 5. 1pr.   Ulpianus 50 ad ed.

Cum aliter nulla domus tuta esse possit, nisi periculo capitis sui custodiam dominis tam ab domesticis quam ab extraneis praestare servi cogantur, ideo senatus consulta introducta sunt de publica quaestione a familia necatorum habenda.

D. 29. 5. 1. 7   Ulpianus 50 ad ed.

Domini appellatione et filius familias ceterique liberi, qui in potestate sunt, continentur: senatus consultum enim Silanianum non solum ad patres familias, verum ad liberos quoque pertinet.

C. 6. 35. 11. 1   Imperator Iustinianus

Ii enim, qui libertate fuerant in hoc testamento donati et si eam accepissent, lucrum, quod eis in medio accidit, poterant sibi adquirere,

给犯罪者以严惩之前，禁止任何人故意打开被杀害者的遗嘱，宣读之，抄写之。

D. 29, 5, 3, 19　乌尔比安：《告示评注》第 50 卷

当有人将遗嘱打开时，无论遗嘱是密封着的或是没有束上，只要遗嘱是自然地合上着的，通常认为遗嘱是被启封了。

D. 29, 5, 25, 2　盖尤斯：《行省告示评注》第 17 卷

根据该告示，要对被认为是违反裁判官告示打开遗嘱的人或者被认为对遗嘱实施了其他违反裁判官告示的行为的人提起诉讼。因为，从上述规定可以看出，告示规定的给予惩罚的行为之范围较为广泛。显然，依该告示将产生出一个民众诉讼，给其的处罚是从被处罚者财产中拿走 100 个金币。因此，裁判官允诺将一半的钱作为报酬给揭发者，另一半则归国库。

D. 29, 5, 1pr.　乌尔比安：《告示评注》第 50 卷

奴隶在被判处极刑的威胁下，被强制性地要求保护他们的主人免遭家内人和家外人所造成的生命之危险，因为，如果不这样做，则没有一个家庭是安全的。为此，元老院通过了对被害者的奴隶提起刑事诉讼的决议。

D. 29, 5, 1, 7　乌尔比安：《告示评注》第 50 卷

在主人一词中，还包括家子和其他处于父权之下的子女。因为，《希拉尼亚努斯元老院决议》不仅提到了家父，而且也提到了处于父权之下的子女。

C. 6, 35, 11, 1　优士丁尼皇帝致大区长官乔万尼

由于遗嘱人在遗嘱中给了奴隶们自由，如果他们得到了自由，他们便可以获得在此期间的利益。但是，在进行刑事诉讼

2. Hereditas testamentaria

interea autem procrastinatione propter necis vindictam habita hoc minime ad eos pervenit et postea in libertatem deducti periclitabantur. Iust. A. Iohanni pp. 〈 *a 531 D. II k. Mai. Constantinopoli post Consulatum Lampadii et Orestis vv. cc.* 〉

2. 18   Edictum causa testamenti omissa erit
(D. 29. 4 ; C. 6. 39)

D. 29. 4. 1pr.   Ulpianus 50 ad ed.

Praetor voluntates defunctorum tuetur et eorum calliditati occurrit, qui omissa causa testamenti ab intestato hereditatem partemve eius possident ad hoc, ut eos circumveniant, quibus quid ex iudicio defuncti deberi potuit, si non ab intestato possideretur hereditas, et in eos actionem pollicetur.

D. 29. 4. 1. 1   Ulpianus 50 ad ed.

Et parvi refert, utrum quis per semet ipsum an per alium adquirere potuit hereditatem: nam quomodocumque potuit, si non adquisiit hereditatem, in ea causa est, ut incidat in edictum praetoris.

D. 29. 4. 1. 6   Ulpianus 50 ad ed.

Praetermittere est causam testamenti, si quis repudiaverit hereditatem.

D. 29. 4. 1. 7   Ulpianus 50 ad ed.

Qui sunt in potestate statim heredes sunt ex testamento nec quod se abstinere possunt, quicquam facit. quod si postea miscuerunt, ex testamento videntur heredes: nisi si abstinuerint quidem se testamento, verum ab

的过程中，他们不能获得任何利益，而且他们的解放也面临着危险。

（531年，于君士坦丁堡，兰巴蒂和奥莱斯蒂斯执政以后）

2.18 忽视遗嘱意愿的告示
（D. 29, 4 ; C. 6, 39）

D. 29, 4, 1pr. 乌尔比安：《告示评注》第50卷

裁判官要保护已故者的意愿，对无视遗嘱意愿而通过无遗嘱继承取得遗产的狡诈行为，或者通过欺骗将根据已故者的决定应当获得部分遗产的人的遗产据为己有的狡诈行为，裁判官要给予对这些行为人提起诉讼的诉权。

D. 29, 4, 1, 1 乌尔比安：《告示评注》第50卷

人们是直接或是通过他人获得遗产并不重要，因为，如果由于违背裁判官告示而没有获得遗产的，无论是直接获得还是通过他人获得遗产均能获得裁判官告示的救济。

D. 29, 4, 1, 6 乌尔比安：《告示评注》第50卷

如果一个人拒绝接受遗产，他被认为是无视了遗嘱意愿。

D. 29, 4, 1, 7 乌尔比安：《告示评注》第50卷

处于父权之下的人依遗嘱立即变成遗嘱继承人。没有任何人能够禁止他们放弃继承权。而后，当他们开始介入遗产管理时，则他们依遗嘱成为继承人。如果他们没有放弃继承权却要求通过无遗嘱继承而取得遗产，那么，他们就违反了告示的规定。

2. Hereditas testamentaria

intestato petierint bonorum possessionem: hic enim incident in edictum.

D. 29. 4. 1. 9   Ulpianus 50 ad ed.

Non quaerimus, qui praetermissa causa testamenti ab intestato hereditatem possideant, utrum iure legitimo possideant an non: nam quoquo iure possideant hereditatem vel partem eius, conveniri ex edicto poterunt, utique si non ex alia causa possideant: ut puta si quis omisit quidem hereditatem, sed ex causa fideicommissi possidet missus in possessionem fideicommissorum servandorum causa: vel si proponas eum crediti servandi causa venisse in possessionem: nam nec ex hac causa legatariis respondere cogetur. totiens igitur edictum praetoris locum habebit, quotiens aut quasi heres legitimus possidet aut quia bonorum possessionem accipit ab intestato aut si forte quasi praedo possideat hereditatem fingens sibi aliquem titulum ab intestato possessionis: quocumque enim modo hereditatem lucrifacturus quis sit, legata praestabit, sane interveniente cautione 'evicta hereditate legata reddi'.

D. 29. 4. 6pr.   Ulpianus 50 ad ed.

Quia autem is qui ab intestato possidet hereditatem conveniri potest, si omittit causam testamenti, quaesitum est, si quasi ex voluntate testatoris videatur omisisse, an cogatur praestare. ut puta fratrem suum scripsit heredem et codicillos fecit ab intestato petitque a fratre, ut, si legitima hereditas ad eum pertinuerit, fideicommissa praestaret quibusdam: si igitur omissa causa testamenti ah intestato possideat hereditatem, videndum est, an legatariis cogatur respondere. et Iulianus libro trigesimo primo digestorum scribit cogendum primum legata praestare, mox dimissis legatis si quid superfuerit ex dodrante, tunc fideicommissa cogi praestare: ceterum si legata absumant dodrantem,

D. 29, 4, 1, 9　乌尔比安:《告示评注》第 50 卷

我们不考虑那些无视遗嘱意愿的人通过无遗嘱继承取得遗产是合法或者是不合法。因为，取得遗产或者遗产之一部分无论是否合法都能依裁判官告示被提起诉讼。但是，基于其他原因而取得遗产的除外，例如，如果一个人被疏漏了遗产，则他基于遗产信托目的而取得遗产；或者你说明这是为了保持涉及［第三人］债权的清偿能力而取得遗产。因为在这种情况下，甚至在受遗赠人提起的诉讼中，取得遗产的人也不能被强制做出回答。因此，在作为法定继承人而取得遗产，或者由于无遗嘱继承而获得遗产，或者偶然不诚信地取得遗产而假装是因无遗嘱继承而取得等任何情况下，裁判官告示均适用之。因为，无论取得遗产的人以何种方式从获得的遗产中取得经济利益，其都应当履行交付遗产［的义务］，显然，这是由担保要式口约的给付所形成的救济:"当继承是被禁止的时候，遗产应当返还。"

D. 29, 4, 6pr.　乌尔比安:《告示评注》第 50 卷

通过无遗嘱继承而取得遗产的人能够被确定是无视遗嘱意愿的，那么问题是，在该人似乎已经无视遗嘱人意愿的情况下，该人是否要被强制依［遗嘱人的其他意愿］而履行。例如，一个人在其遗嘱中指定他的兄弟作为继承人，而在［涉及遗产的］遗嘱附录中却要求其兄弟在根据法律取得遗产时要解除对一些人有利的遗产信托。因此，需要考虑的是，在他的兄弟已经放弃遗嘱所涉权利且以无遗嘱继承取得遗产的情况下，他的兄弟是否应就遗产被强制向受遗赠人承担义务。尤里安在《学说汇纂》第 31 卷中写道:首先应当认定要给予遗赠;而后分配遗赠物。如果在四

2. Hereditas testamentaria

tunc nihil fideicommissariis praestandum: habere enim integrum quadrantem legitimum heredem oportet. ordo igitur a Iuliano adhibetur, ut prius legata praestentur, deinde ex superfluo fideicommissa, dummodo quadrans non tangatur. ego puto Iuliani sententiam ita accipiendam, ut, si omissa causa testamenti ab intestato possideat hereditatem, cogatur omnimodo legata praestare: nec enim utique omittere ei hereditatem permisit, qui fideicommissa ab eo relinquit ab intestato.

2. 19   Bonorum possessio

(D. 37. 1)

D. 37. 1. 3. 2   Ulpianus 39 ad ed.

Bonorum igitur possessionem ita recte definiemus ius persequendi retinendique patrimonii sive rei, quae cuiusque cum moritur fuit.

D. 37. 1. 6. 1   Paulus 41 ad ed.

Bonorum possessionis beneficium multiplex est: nam quaedam bonorum possessiones competunt contra voluntatem, quaedam secundum voluntatem defunctorum, nec non ab intestato habentibus ius legitimum vel non habentibus propter capitis deminutionem. quamvis enim iure civili deficiant liberi, qui propter capitis deminutionem desierunt sui heredes esse,

分之三遗产中留有剩余，^① 则给予遗产信托；如果遗赠占据了四分之三，则不应给予遗产信托，因为法定继承人应当有其完整的四分之一份额的遗产。因此，尤里安设立了这样一个顺序：首先给予遗赠，其次才将剩余的遗产进行遗产信托，因为它不涉及四分之一份额。我认为，对尤里安的观点应当这样理解：如果一个人无视遗嘱意愿而通过无遗嘱继承取得遗产，则应当强迫其给予遗赠物。因为通过无遗嘱继承给予遗产信托的人没有被列入无视遗嘱意愿的人之中。

2.19 遗产信托

（D.37, 1）

D.37, 1, 3, 2 乌尔比安：《告示评注》第 39 卷

我们宜于这样给遗产占有下定义：取得或者保留已故者于去世时享有的财产的权利。

D.37, 1, 6, 1 保罗：《告示评注》第 41 卷

遗产占有的裨益在于其多重性。因为，有时对抗遗嘱人的意愿实行遗产占有；有时根据已故者的遗愿实行遗产占有；有时那些有着合法继承权的人或者因人格减等不享有继承权的人被准许实行无遗嘱继承之遗产占有。因为，根据市民法，子女们由

---

① 在古罗马时代，遗产通常被划分为十二等份，每一份都有其专有名称，即：assis=autto=12/12；dodiaus=dodiantis=8/12=3/4；semmisses=6/12=1/2；lessis=4/12=1/3；quarta=3/12=1/4。

2. Hereditas testamentaria

propter aequitatem tamen rescindit eorum capitis deminutionem praetor. legum quoque tuendarum causa dat bonorum possessionem.

D. 37. 1. 1   Ulpianus 39 ad ed.

Bonorum possessio admissa commoda et incommoda hereditaria itemque dominium rerum, quae in his bonis sunt, tribuit: nam haec omnia bonis sunt coniuncta.

D. 37. 1. 2   Ulpianus 14 ad ed.

In omnibus enim vice heredum bonorum possessores habentur.

D. 37. 1. 3. 1   Ulpianus 39 ad ed.

Hereditatis autem bonorumve possessio, ut Labeo scribit, non uti rerum possessio accipienda est: est enim iuris magis quam corporis possessio. denique etsi nihil corporale est in hereditate, attamen recte eius bonorum possessionem adgnitam Labeo ait.

D. 37. 1. 3. 7   Ulpianus 39 ad ed.

Adquirere quis bonorum possessionem potest vel per semetipsum vel per alium. quod si me non mandante bonorum possessio mihi petita sit, tunc competet, cum ratum habuero id quod actum est. denique si ante decessero quam ratum habeam, nulla dubitatio est quin non competet mihi bonorum possessio, quia neque ego ratum habui neque heres meus ratum habere potest, cum ad eum non transeat ius bonorum possessionis.

D. 37. 1. 3. 9   Ulpianus 39 ad ed.

In bonorum possessione sciendum est ius esse adcrescendi: proinde si plures sint, quibus bonorum possessio competit, quorum unus admisit bonorum possessionem, ceteri non admiserunt.

D. 37. 1. 5   Ulpianus 39 ad ed.

Ei, qui admisit, adcrescent etiam hae portiones, quae ceteris

于人格减等而不再是自家继承人。但是，出于衡平，裁判官可撤销他们的人格减等。有时，裁判官为了维护法律也可给予遗产占有。

D. 37, 1, 1 乌尔比安:《告示评注》第 39 卷

遗产占有包括债权遗产（commodum）和债务遗产（incommodum）以及遗产中的物之所有权（dominium rerum），因为，所有这些财产都与遗产相关联。

D. 37, 1, 2 乌尔比安:《告示评注》第 14 卷

遗产占有适用于每一个被视为是继承人的人。

D. 37, 1, 3, 1 乌尔比安:《告示评注》第 39 卷

正如拉贝奥所述的那样，遗产占有并非被理解为对物的占有，因为，与其说是对实体物的占有，不如说是对权利的占有，甚至，如拉贝奥所言，即使遗产没有实体物，同样可以要求遗产占有。

D. 37, 1, 3, 7 乌尔比安:《告示评注》第 39 卷

一个人无论是为自己，或是为他人都能获得遗产占有。如果没有我的委托，他人为我提出遗产占有，在我认可他的所为时，我便实行了遗产占有；如果在我认可之前，我离开了人世，无疑，遗产占有不适用于我，因为我不能认可，我的继承人也不能认可第三人的行为，那么，遗产占有的权利不能转让给我的继承人。

D. 37, 1, 3, 9 乌尔比安:《告示评注》第 39 卷

应当明白，在遗产占有中有一种增添权（ius adcrescendi）。在数个人有获得遗产占有权利的情况下，其中一个人实施了遗产占有，其他人则未要求遗产占有。

D. 37, 1, 5 乌尔比安:《告示评注》第 39 卷

那么，如果实施遗产占有的人要求占有那些未主张遗产占有

2. Hereditas testamentaria

competerent, si petissent bonorum possessionem.

D. 37. 1. 7pr.　Ulpianus 1 ad sab.

Servus bonorum possessionem recte admittere potest, si praetor de condicione eius certus sit: nam et absenti et non petenti dari bonorum possessio potest, si hoc ipsum praetor non ignoret. ergo et femina poterit alii bonorum possessionem petere.

D. 37. 1. 7. 1　Ulpianus 1 ad sab.

Impubes nec bonorum possessionem admittere nec iudicium sine tutoris auctoritate accipere potest.

D. 37. 1. 12. 1　Ulpianus 48 ad ed.

Ubicumque lex vel senatus vel constitutio capere hereditatem prohibet, et bonorum possessio cessat.

D. 37. 1. 13　Africanus 5 quaest.

Edicto praetoris bonorum possessio his denegatur, qui rei capitalis damnati sunt neque in integrum restituti sunt. rei autem capitalis damnatus intellegitur is, cui poena mors aut aquae et ignis interdictio sit. cum autem in relegationem quis erit, ad bonorum possessionem admittitur.

2. 20　Interdictum quorum bonorum

(D. 43. 2)

D. 43. 2. 1. 1　Ulpianus 67 ad ed.

Hoc interdictum restitutorium est et ad universitatem bonorum,

的人应得的部分，则该人被允许在其份额之外增添遗产额。

D. 37, 1, 7pr.　乌尔比安:《萨宾评注》第 1 卷

如果裁判官确实知道一个人具有奴隶身份，则该奴隶有资格遗产占有。因为，如果裁判官了解了这一点，他可以允许未参与遗产占有的人和没有主张遗产占有的人主张遗产占有。女性也可以对他人的遗产主张遗产占有。

D. 37, 1, 7, 1　乌尔比安:《萨宾评注》第 1 卷

未适婚人既不得遗产占有，也不能在没有监护人许可的情况下参与诉讼。

D. 37, 1, 12, 1　乌尔比安:《告示评注》第 48 卷

每当一项法律，或者一项元老院决议，或者一个皇帝的谕令禁止取得遗产时，同时也意味着不适用遗产占有。

D. 37, 1, 13　阿富里坎:《问题集》第 5 卷

根据裁判官告示，绝对否定被判处极刑且未恢复名誉者获得遗产占有。无论是被判处死刑或是被放逐 ① 都被认为是被判处了死刑。但是，如果被判处流放，② 则允许其遗产占有。

2.20　获得遗产占有之令状
（D. 43, 2）

D. 43, 2, 1, 1　乌尔比安:《告示评注》第 67 卷

这是一个有关救济的令状，它涉及的是概括性遗产占有而非

---

① 拉丁文是 esiliare，通常指被流放于境外且无期限。——译者

② 拉丁文是 esiliare temporaneo，通常指被流放于境内某地且有期限。——译者

2. Hereditas testamentaria

non ad singulas res pertinet et appellatur 'quorum bonorum' et est
apiscendae possessionis universorum bonorum.

2. 21 Bonorum possessio secundum tabulas
(D. 37. 11 ; C. 6. 11)

D. 37. 11. 1. 1 Ulpianus 39 ad ed.

Non autem omnes tabulas praetor sequitur hac parte edicti, sed
supremas, hoc est eas, quae novissimae ita factae sunt, post quas nullae
factae sunt: supremae enim hae sunt non quae sub ipso mortis tempore
factae sunt, sed post quas nullae factae sunt, licet hae veteres sint.

D. 37. 11. 1. 2 Ulpianus 39 ad ed.

Sufficit autem extare tabulas, etsi non proferantur, si certum sit eas
exstare. igitur etsi apud furem sint vel apud eum, apud quem depositae
sunt, dubitari non oportet admitti posse bonorum possessionem: nec
enim opus est aperire eas, ut bonorum possessio secundum tabulas
agnoscatur.

D. 37. 11. 1. 8 Ulpianus 39 ad ed.

Exigit praetor, ut is, cuius bonorum possessio datur, utroque
tempore ius testamenti faciendi habuerit, et cum facit testamentum et
cum moritur. proinde si impubes vel furiosus vel quis alius ex his qui
testamentum facere non possunt testamentum fecerit, deinde habens
testamenti factionem decesserit, peti bonorum possessio non poterit. sed
et si filius familias putans se patrem familias testamentum fecerit, deinde

单一之物的占有，它被称作"获得遗产占有"（quorum bonorum）的令状，根据该令状可直接获得概括性遗产占有。

2.21 依照遗嘱的遗产占有
（D. 37, 11 ; C. 6, 11）

D. 37, 11, 1, 1　乌尔比安：《告示评注》第 39 卷

在告示的这一部分中，裁判官并不考虑所有的遗嘱文本，而仅是确认最后的遗嘱，也就是说，这些遗嘱是遗嘱人在立完其他遗嘱之后立的最后一份遗嘱。不过，该遗嘱不是指遗嘱人弥留之际立的遗嘱，而是指在这一份遗嘱之后再也没有其他的遗嘱，即使这份遗嘱是在很久以前立的。

D. 37, 11, 1, 2　乌尔比安：《告示评注》第 39 卷

虽然没有出示遗嘱，但是，只要遗嘱确实存在即可。因此，即使遗嘱在小偷处，或者在被委托人手中，毫无疑问，应允许遗产占有，不需要根据打开的遗嘱获得遗产占有。

D. 37, 11, 1, 8　乌尔比安：《告示评注》第 39 卷

当裁判官允许一个人实施遗产占有时，这就要求遗嘱人在两个时间状态内，即立遗嘱时和弥留之际，都有立遗嘱权。因此，如果不能立遗嘱的未适婚人、精神病人或者类似之人立了遗嘱，而后，当他在弥留之际有了立遗嘱的能力，不能要求对他的遗产实施遗产占有。当家子自认为是家父而立了遗嘱，后在其去世时发现他确实是家父，同样不能根据遗嘱要求遗产占有。但是，如果作为职业军人的家子就军役特有产立了遗嘱，后脱离了父权或

2. Hereditas testamentaria

mortis tempore pater familias inveniatur, non potest bonorum possessio secundum tabulas peti. sed si filius familias veteranus de castrensi faciat, deinde emancipatus vel alias pater familias factus decedat, potest eius bonorum possessio peti. sed si quis utroque tempore testamenti factionem habuerit, medio tempore non habuerit, bonorum possessio secundum tabulas peti poterit.

D. 37. 11. 1. 9   Ulpianus 39 ad ed.

Si quis autem testamentum fecerit, deinde amiserit testamenti factionem vel furore vel quod ei bonis interdictum est, potest eius peti bonorum possessio, quia iure testamentum eius valet: et hoc generaliter de omnibus huiusmodi dicitur, qui amittant mortis tempore testamenti factionem, sed ante factum eorum testamentum valet.

D. 37. 11. 1. 10   Ulpianus 39 ad ed.

Si linum, quo ligatae sunt tabulae, incisum sit, si quidem alius contra voluntatem testatoris inciderit, bonorum possessio peti potest: quod si ipse testator id fecerit, non videntur signatae et ideo bonorum possessio peti non potest.

D. 37. 11. 2pr.   Ulpianus 41 ad ed.

Aequissimum ordinem praetor secutus est: voluit enim primo ad liberos bonorum possessionem contra tabulas pertinere, mox, si inde non sit occupata, iudicium defuncti sequendum. exspectandi igitur liberi erunt, quamdiu bonorum possessionem petere possunt: quod si tempus fuerit finitum aut ante decesserint vel repudiaverint vel ius petendae bonorum possessionis amiserint, tunc revertetur bonorum possessio ad scriptos.

D. 37. 11. 2. 4   Ulpianus 41 ad ed.

Defertur bonorum possessio secundum tabulas primo gradu scriptis

者成为家父，在他去世后，可以要求对他的遗产实施遗产占有。不过，如果某人在立遗嘱时和弥留之际有了立遗嘱的能力，但在这两个时间的时间差内，即自立遗嘱后至弥留之际前，丧失了立遗嘱的能力，可以依遗嘱要求遗产占有。

D. 37, 11, 1, 9　乌尔比安:《告示评注》第 39 卷

如果一个人立了遗嘱，其后或者由于精神失常，或者由于被禁止管理其财产 [①] 而丧失了立遗嘱能力，可以根据告示要求占有他的遗产。因为，根据法律，他的遗嘱有效。通常，这个原则也适用于遗嘱人在去世时丧失了立遗嘱资格，但是其以前立的遗嘱依然有效的情况。

D. 37, 11, 1, 10　乌尔比安:《告示评注》第 39 卷

如果束扎遗嘱的麻绳被割断，假如他人割断麻绳的行为不违背遗嘱人的意愿，可以对遗产要求遗产占有。如果是遗嘱人自己割断了麻绳，则不认为遗嘱被密封了，因此不能要求遗产占有。

D. 37, 11, 2pr.　乌尔比安:《告示评注》第 41 卷

裁判官在告示中遵守着一个十分公正的继承顺序，他希望:首先是给儿子的对抗遗嘱的遗嘱占有；其次，如果儿子没有要求该遗产占有，则根据已故者的意愿为之。因而，应当允许子女们要求遗产占有。但是，如果要求遗产占有的时效届满，或者子女在提出要求之前去世，或者放弃了遗产占有的权利，或者丧失了要求遗产占有的权利，则该遗产占有复归于遗嘱所指定的人。

D. 37, 11, 2, 4　乌尔比安:《告示评注》第 41 卷

根据遗嘱，遗产占有首先是给指定的继承人，如果他们没有要求遗产占有，才由替补继承人或是次替补继承人实施。我们允

---

① 即禁治产人。——译者

2. Hereditas testamentaria

heredibus, mox illis non petentibus sequentibus, non solum substitutis, verum substituti quoque substitutis, et per seriem substitutos admittimus. primo gradu autem scriptos accipere debemus omnes, qui primo loco scripti sunt: nam sicuti ad adeundam hereditatem proximi sunt, ita et ad bonorum possessionem admittendam.

D. 37. 11. 2. 2   Ulpianus 41 ad ed.

Pro qua quisque parte heres scriptus est, pro ea accipiet bonorum possessionem, sic tamen, ut, si non sit qui ei concurrat, habeat solus bonorum possessionem: quamdiu tamen ex heredibus unus deliberat, utrum admittat bonorum possessionem an non, portio bonorum possessionis eius coheredi non defertur.

D. 37. 11. 2. 9   Ulpianus 41 ad ed.

Si servus heres scriptus sit, ei domino defertur bonorum possessio, ad quem hereditas pertinebit: ambulat enim cum dominio bonorum possessio. quare si mortis tempore Stichus heres institutus fuit servus Sempronii nec Sempronius eum iussit adire, sed vel decessit vel etiam eum alienavit et coepit esse Septicii: evenit, ut, si Septicius eum iusserit, Septicio deferatur bonorum possessio: ad hunc enim hereditas pertinet. unde si per multos dominos transierit servus tres vel plures, novissimo dabimus bonorum possessionem.

D. 37. 11. 7   Iulianus 23 dig.

Cum tabulae testamenti plurium signis signatae essent et quaedam ex his non parent, septem tamen signa maneant, sufficit ad bonorum possessionem dandam septem testium signa comparere, licet non omnium qui signaverint maneant signa.

许按替补顺序转移遗产占有。我们应当明白，在遗嘱中被首先写出的人，被认为处于第一顺序。不过，在实施遗产占有时，他们也要像近宗亲属接受遗产占有的顺序一样来实施遗产占有。

D. 37, 11, 2, 2 乌尔比安：《告示评注》第 41 卷

被指定的继承人要求遗产占有的，应当根据给他的遗产份额比例进行之。但是，如果没有其他人要求遗产占有，则他可以单独实施遗产占有。然而，当继承人中的一人要求遗产占有时，另一个人被给予了一定的时间以便于考虑是否要求遗产占有，那么，正在考虑者的遗产占有份额不转移给他的共同继承人。

D. 37, 11, 2, 9 乌尔比安：《告示评注》第 41 卷

如果一名奴隶被指定为继承人，遗产占有将转移给有权接受遗产的主人，因为遗产占有与奴隶的所有权一同转移。因此，如果塞姆普罗尼在去世时，将奴隶斯提库斯指定为继承人，塞姆普罗尼并没有安排斯提库斯获得遗产，而斯提库斯去世或者被卖给塞普迪乔斯作为其享有所有权的奴隶。在塞普迪乔斯安排斯提库斯获得遗产的情况下，遗产占有可以转给塞普迪乔斯，因为遗产归属于塞普迪乔斯。在奴隶随后转给多个主人的情况下，例如 3 个或者更多的主人，则遗产占有将转给这些主人中的最后一个主人。

D. 37, 11, 7 尤里安：《学说汇纂》第 23 卷

当遗嘱文本上有着数个证人的封印时，其中一些封印不清晰，但是，遗嘱上有七个封印是清晰的。就给予遗产占有而言，即使有些证人的封印是模糊的，但遗嘱上只要有七名证人的封印是清晰的即可。

2. Hereditas testamentaria

C. 6. 11. 2pr.   Imperator Gordianus

Bonorum quidem possessionem ex edicto praetoris non nisi secundum eas tabulas, quae septem testium signis signatae sunt, peti posse in dubium non venit.

C. 6. 11. 2. 1   Imperator Gordianus

Verum si eundem numerum adfuisse sine scriptis testamento condito doceri potest, iure civili testamentum factum videri ac secundum nuncupationem bonorum possessionem deferri explorati iuris est.

Gord. A. Cornelio. ⟨ *a 242 PP. XII k. Mart. Attico et Praetextato conss.* ⟩

2. 22   Bonorum possessio contra tabulas
(D. 37. 4)

D. 37. 4. 1pr.   Ulpianus 39 ad ed.

In contra tabulas bonorum possessione liberos accipere debemus sive naturales sive adoptivos, si neque instituti neque exheredati sunt.

D. 37. 4. 1. 1   Ulpianus 39 ad ed.

Vocantur autem ad contra tabulas bonorum possessionem liberi eo iure eoque ordine, quo vocantur ad successionem ex iure civili.

D. 37. 4. 1. 2   Ulpianus 39 ad ed.

Haec autem clausula etiam ad postumos videtur pertinere.

D. 37. 4. 1. 6   Ulpianus 39 ad ed.

Et sui iuris factos liberos inducit in bonorum possessionem praetor

C. 6, 11, 2pr. 高尔迪安皇帝致克尔耐里奥

根据裁判官告示，依遗嘱进行遗产占有，只要有七名证人的封印即可，这是毫无疑问的。

C. 6, 11, 2, 1 高尔迪安皇帝致克尔耐里奥

诚然，如果能够证明为非书面遗嘱作证的人是七名证人，则该遗嘱被认为是依市民法设立的，并且依该口头遗嘱要求遗产占有，这无疑就是法律规定。

（242 年，阿提克和普雷特克斯达托执政）

2.22 对抗遗嘱的遗产占有

（D. 37, 4）

D. 37, 4, 1pr. 乌尔比安：《告示评注》第 39 卷

如果子女既没有被指定为继承人，也没有被剥夺继承权，无论他们是亲生的或是收养的，我们都允许他们实施对抗遗嘱的遗产占有（contra tabulas bonorum possessione）。

D. 37, 4, 1, 1 乌尔比安：《告示评注》第 39 卷

被指名的子女要根据市民法规定的被指名者的继承权和继承顺序实施对抗遗嘱的遗产占有。

D. 37, 4, 1, 2 乌尔比安：《告示评注》第 39 卷

此外，这一告示的条款同样被认为适用于遗腹子。

D. 37, 4, 1, 6 乌尔比安：《告示评注》第 39 卷

裁判官允许变成自权人（sui iuris）的子女进行遗产占有（无论他们是脱离父权还是以其他方式摆脱了父权，都被允许遗

2. Hereditas testamentaria

(sive igitur emancipati sunt sive alias exierunt de patris potestate, admittuntur ad bonorum possessionem): sed adoptivi patris non potest: ut enim admitti possit, ex liberis esse eum oportet.

D. 37. 4. 1. 7   Ulpianus 39 ad ed.

Qui habebat filium, habebat et nepotem ex eo, filium emancipavit et adoptavit in locum nepotis, deinde emancipavit: quaeritur an nepoti obstet. et mihi magis videtur hunc nepotem non excludi, sive pater eius in adoptione mansisset quasi nepos sive emancipatus est: puto enim et emancipato patre nepotem quoque cum patre suo ex edicto admitti.

D. 37. 4. 3pr.   Ulpianus 39 ad ed.

Non tantum autem ipsi emancipati admittuntur ad bonorum possessionem, verum etiam hi quoque, qui ex his nati sunt.

D. 37. 4. 3. 2   Ulpianus 39 ad ed.

Sed si sit hic nepos emancipatus, verum est dicere non admitti eum quasi filium: hic enim quasi filius non est ex liberis, cum iura adoptionis emancipatione finita sint.

D. 37. 4. 3. 9   Ulpianus 39 ad ed.

Si pater alicuius pervenerit in adoptivam familiam, filius non, an patris sui in adoptiva familia mortui bonorum possessionem accipere possit? et arbitror humaniorem esse hanc sententiam, ut filius hic, quamvis non sit in eadem familia, in qua pater, ad bonorum possessionem tamen eius admittatur.

D. 37. 4. 3. 13   Ulpianus 39 ad ed.

Si sub ea condicione filius emancipatus heres sit institutus, quae in ipsius potestate non est, quia scriptus heres est, bonorum possessionem secundum tabulas accipere potest et debet, nec contra tabulas potest: et

产占有）。但是，对父亲的遗产，养子不得进行遗产占有。因为，被允许遗产占有的，应当是亲生的儿子。

D. 37, 4, 1, 7　乌尔比安:《告示评注》第 39 卷

一个人有一个儿子，还有一个该儿子所生的孙子。儿子脱离父权后被作为孙子收养，而后他又脱离了父权。有人问：这一情况对儿子所生的孙子实施遗产占有是否存在妨碍？我力主这一看法：无论其父亲被作为孙子收养，或是脱离了父权，该孙子不被排斥在遗产占有之外。我认为：依告示的规定，孙子被允许同脱离家父权的父亲一起要求遗产占有。

D. 37, 4, 3pr.　乌尔比安:《告示评注》第 39 卷

不仅是脱离父权的子女本人被允许进行遗产占有，而且他们的直系卑亲属也被允许进行之。

D. 37, 4, 3, 2　乌尔比安:《告示评注》第 39 卷

但是，如果一名孙子①脱离了父权，显然，不认为他是作为儿子被允许进行遗产占有，因为，他不能与真正的儿子处于同等地位上，并且基于收养而产生的权利因脱离父权而结束。

D. 37, 4, 3, 9　乌尔比安:《告示评注》第 39 卷

如果儿子的父亲被一个家庭收养但儿子没有被收养，儿子是否能够承受他的被一个家庭收养的亡父的遗产占有？在我看来，这样的观点更符合人道，即尽管儿子不是收养父亲的家庭中的人，但他应被允许遗产占有。

D. 37, 4, 3, 13　乌尔比安:《告示评注》第 39 卷

如果脱离父权的儿子被指定为继承人时附有一个条件：不处于他的亡父的父权之下。由于他被指定为继承人，他便可以并

---

① 事实上，他已被作为儿子收养了。——译者

2. Hereditas testamentaria

si forte defecerit condicio, tuendus erit a praetore in tantum, quantum ferret, si contra tabulas bonorum possessionem accepisset.

D. 37. 4. 4pr.   Paulus 41 ad ed.

Illud notandum est, quod bonorum possessio contra tabulas quae liberis promittitur locum habet, sive quis heres exstiterit sive non: et hoc est quod dicimus contra ipsum testamentum liberis competere bonorum possessionem: quod in patrono contra est.

D. 37. 4. 4. 1   Paulus 41 ad ed.

Si quis filium quem in potestate habuit instituerit heredem vel exheredaverit et ex eo nepotem omiserit, bonorum possessioni locus non est, quia non esset nepos suus heres futurus. eadem sunt et in sequentibus gradibus.

D. 37. 4. 4. 2   Paulus 41 ad ed.

Ad testamenta feminarum edictum contra tabulas bonorum possessionis non pertinet, quia suos heredes non habent.

D. 37. 4. 8pr.   Ulpianus 40 ad ed.

Non putavit praetor exheredatione notatos et remotos ad contra tabulas bonorum possessionem admittendos, sicuti nec iure civili testamenta parentium turbant: sane si velint inofficiosi querellam instituere, est in ipsorum arbitrio.

D. 37. 4. 8. 2   Ulpianus 40 ad ed.

Non quaevis exheredatio summovet filium a contra tabulas bonorum possessione, sed quae rite facta est.

D. 37. 4. 8. 1   Ulpianus 40 ad ed.

Aliqua parte tabularum exheredem scribi non sufficit, sed eo gradu, contra quem petitur bonorum possessio. unde si a primo gradu

且应当依照遗嘱而不是对抗遗嘱地接受遗产占有。如果条件未成就，则裁判官要考虑对此给予必要的救济，即使其获得对抗遗嘱的遗产占有。

D. 37, 4, 4pr. 保罗：《告示评注》第 41 卷

需要注意的是：无论是否存在着继承人，都允许给子女以对抗遗嘱的遗产占有。鉴于此，我们说：对抗同一个遗嘱，对子女发生遗产占有，但是对于保护人而言，其结果正好相反。

D. 37, 4, 4, 1 乌尔比安：《告示评注》第 41 卷

如果一个人有一个处于自己父权之下的被指定为继承人或者被剥夺继承权的儿子，而儿子所生的孙子被遗嘱疏漏，则孙子不获得遗产占有，因为，孙子不是该人的自家继承人。下一个顺序的人也适用同样的规定。

D. 37, 4, 4, 2 乌尔比安：《告示评注》第 41 卷

有关对抗遗嘱的遗产占有之告示，不适用于女性的遗嘱，因为她们没有自家继承人。

D. 37, 4, 8pr. 乌尔比安：《告示评注》第 40 卷

裁判官不考虑允许被剥夺继承人获得对抗遗嘱的遗产占有，且根据市民法这些人不能够修改遗嘱人的意愿，显然，提出不合义务遗嘱之诉将是他们可能的选择。[1]

D. 37, 4, 8, 2 乌尔比安：《告示评注》第 40 卷

并非每一个被剥夺继承权的儿子都被排斥在对抗遗嘱的遗产占有之外，而仅仅是依法被剥夺继承权的儿子不得为之。

D. 37, 4, 8, 1 乌尔比安：《告示评注》第 40 卷

仅在遗嘱的一部分中指明剥夺继承权是不够的，还应写在为

---

[1] 被剥夺继承权的人可以通过"不合义务遗嘱之诉"尝试着使剥夺他们继承权的遗嘱无效。——译者

2. Hereditas testamentaria

exheredatus sit filius, a secundo praeteritus et primo gradu scripti non petierint bonorum possessionem, poterit contra tabulas accipere bonorum possessionem.

D. 37. 4. 18. 1   Hermogenianus 3 iuris epit.

Ei, qui contra tabulas bonorum possessionem accepit, tam legati quam fideicommissi exactio, sed et mortis causa donationis retentio denegatur: nec interest, per semet ipsos an per alium quaeratur.

2. 23   Bonorum possessio ventris contra tabulas
(D. 37. 9)

D. 37. 9. 1pr.   Ulpianus 41 ad ed.

Sicuti liberorum eorum, qui iam in rebus humanis sunt, curam praetor habuit, ita etiam eos, qui nondum nati sint, propter spem nascendi non neglexit. nam et hac parte edicti eos tuitus est, dum ventrem mittit in possessionem vice contra tabulas bonorum possessionis.

D. 37. 9. 1. 1   Ulpianus 41 ad ed.

Praegnatem esse mulierem oportet omnimodo nec dicere se praegnatem sufficit: quare nec tenet datio bonorum possessionis, nisi vere praegnas fuit et mortis tempore et eo, quo mitti in possessionem petit.

D. 37. 9. 1. 2   Ulpianus 41 ad ed.

Totiens autem mittitur in possessionem venter, si non est exheredatus et id quod in utero erit inter suos heredes futurum erit. sed et si incertum sit, aliquo tamen casu possit existere, quo qui editur suus

128

实施遗产占有而否定他的继承权的顺序中。因此，如果儿子被从第一顺序中剥夺了继承权，在第二顺序中他又被疏漏掉，而且第一顺序中被指定的继承人没有要求遗产占有，则儿子可以要求获得对抗遗嘱的遗产占有。

D. 37, 4, 18, 1　赫尔莫杰尼安:《法律概要》第 3 卷

接受对抗遗嘱之遗产占有的人被阻却接受遗赠、遗产信托和死因赠与。至于是为自己还是为他人接受遗产占有并不重要。

2. 23　准许为胎儿占有他人财产
（D. 37, 9）

D. 37, 9, 1pr.　乌尔比安:《告示评注》第 41 卷

正如裁判官给已降临人世的子女们以保佐一样，亦不忽视那些虽尚未出生但即将问于人世的孩子。因为裁判官告示的有关部分也关注到了这些胎儿，裁判官告示以准许为这些胎儿占有他人财产的方式来替代对抗遗嘱的遗产占有。

D. 37, 9, 1, 1　乌尔比安:《告示评注》第 41 卷

妇女应当是真正地怀孕，而并非是仅仅说她怀孕了即足矣。如果她不是真正怀孕，当遗嘱人去世且她要求被准许为胎儿占有他人财产时，不能准之。

D. 37, 9, 1, 2　乌尔比安:《告示评注》第 41 卷

每当尚在母腹中的胎儿没有被剥夺继承权且是未来的自家继承人时，尽管胎儿的出生是非确定的，但是都给予其占有他人财产的准许。因为，在某些情况下，即使为准许占有他人财产而支

futurus sit, ventrem mittemus: aequius enim est vel frustra nonnumquam impendia fieri quam denegari aliquando alimenta ei, qui dominus bonorum aliquo casu futurus est.

D. 37. 9. 1. 3   Ulpianus 41 ad ed.

Quare et si ita exheredatio facta sit: 'si mihi filius unus nascetur, exheres esto', quia filia nasci potest vel plures filii vel filius et filia, venter in possessionem mittetur: satius est enim sub incerto eius qui edetur ali etiam eum qui exheredatus sit, quam eum qui non sit exheredatus fame necari: ratumque esse debet, quod deminutum est, quamvis is nascatur, qui repellitur.

D. 37. 9. 1. 5   Ulpianus 41 ad ed.

Sed et si sub condicione postumus sit exheredatus, pendente condicione Pedii sententiam admittimus existimantis posse ventrem in possessionem mitti, quia sub incerto utilius est ventrem ali.

D. 37. 9. 1. 11   Ulpianus 41 ad ed.

Etiam ex emancipato venter ad possessionem admittitur. unde apud Iulianum libro vicensimo septimo digestorum quaeritur, si emancipatus quis sit uxore iam praegnate, deinde decessisset et pater eius mortuus sit, an venter in possessionem emancipati patris mitti possit. et rectissime scripsit rationem non esse, cur venter, quem edictum admittit, repelli debeat: est enim aequissimum partui consuli, qui natus bonorum possessionem accepturus est. sed et si avus viveret, similiter ventrem admittemus.

D. 37. 9. 1. 14   Ulpianus 41 ad ed.

Si ea, quae in possessionem vult ire, uxor negetur vel nurus vel esse vel fuisse vel ex eo praegnas non esse contendatur: decretum

出无益的费用也要比拒绝支付给将拥有财产的胎儿抚养费用公正得多。

D. 37, 9, 1, 3 乌尔比安:《告示评注》第41卷

因此，如果继承权是这样被剥夺掉——"如果仅仅给我生了一个儿子，则剥夺儿子的继承权"——那么，由于出生的可能是一个女儿，或者是多个儿子，或者是一个儿子和一个女儿，在这种情况下，胎儿被准许占有他人的财产。因此，在胎儿的性别和数量不确定的情况下，最好的办法不是剥夺胎儿的继承权而是给其抚养费，以避免胎儿会因饥饿而亡。即使出生的人被剥夺了继承权，也应当认为财产的减少是有效的。

D. 37, 9, 1, 5 乌尔比安:《告示评注》第41卷

此外，如果遗腹子被附条件地剥夺了继承权，在条件未成就时，我们同意佩丢斯①的观点，即可以准许遗腹子占有他人的财产。因为，在不确定的状态下，上述观点对胎儿的抚养要更为有利些。

D. 37, 9, 1, 11 乌尔比安:《告示评注》第41卷

脱离父权之人的胎儿也被准许占有他人的财产。为此，尤里安在《学说汇纂》第27卷中提出了一个问题：如果一个人在妻子已经怀孕时脱离了父权，后故去，他的父亲亦故去，胎儿是否能够被准许占有脱离父权的父亲的财产。尤里安非常正确地答道：要拒绝裁判官告示认可的对胎儿的照顾是没有理由的。因为，给胎儿以关注，并允许给已出世的婴儿以遗产占有是非常公正的。即使祖父活着，同样准许胎儿占有父亲的财产。

D. 37, 9, 1, 14 乌尔比安:《告示评注》第41卷

如果一名希望获得准许占有他人财产的女子被否定是遗嘱人的妻子或曾经是其妻子，她所怀的孩子也被否定是他的，裁判官

---

① 1世纪法学家。——译者

2. Hereditas testamentaria

interponit praetor ad exemplum Carboniani edicti. et ita divus Hadrianus Claudio Proculo praetori rescripsit, ut summatim de re cognosceret et, si manifesta calumnia videbitur eius, quae ventris nomine in possessione mitti desiderat, nihil novi decerneret: si dubitari de re poterit, operam daret, ne praeiudicium fiat ei, quod in utero est, sed ventrem in possessionem mitti oportet. apparet itaque, nisi manifesta sit calumniatrix mulier, debere eam decretum eligere: et ubi omnino iuste dubitari poterit, an ex eo praegnas sit, decreto tuenda est, ne praeiudicium partui fiat. idemque est et si status mulieri controversia fiat.

D. 37. 9. 1. 17   Ulpianus 41 ad ed.

Quotiens autem venter in possessionem mittitur, solet mulier curatorem ventri petere, solet et bonis. sed si quidem tantum ventri curator datus sit, creditoribus permittendum in custodia bonorum esse: si vero non tantum ventri, sed etiam bonis curator datus est, possunt esse securi creditores, cum periculum ad curatorem pertineat. idcirco curatorem bonis ex inquisitione dandum, idoneum scilicet, oportet creditores curare vel si quis alius est, qui non edito partu successionem speret.

D. 37. 9. 1. 18   Ulpianus 41 ad ed.

Hoc autem iure utimur, ut idem curator et bonis et ventri detur: sed si creditores instant vel qui sperat se successurum, diligentius atque circumspectius id fieri debebit et plures, si desiderentur, dandi sunt.

D. 37. 9. 1. 24   Ulpianus 41 ad ed.

Quod si nondum sit curator constitutus (quia plerumque aut non petitur aut tardius petitur aut serius datur), Servius aiebat res hereditarias heredem institutum vel substitutum obsignare non debere, sed tantum

要发出一项类似于《卡尔波尼亚努斯告示》的裁决。哈德良皇帝是这样给裁判官克劳丢斯·普洛库鲁斯批复的：要对案件作一清楚的了解，如果发现她以胎儿名义要求获得准许占有他人财产是一个骗局，裁判官要拒绝之；如果能够确认案件存有疑问，则裁判官不要对胎儿做出不利的裁决，而应准许胎儿占有他人财产。由此可看出，如果一名女子所述的情况显然不是虚假的，她应当获得占有他人财产之许可。当人们完全有理由怀疑她是否怀有他的孩子时，她应当得到该裁决的保护以便使胎儿免遭不利。如果对女子的身份有疑问时，也适用同样的规定。

D. 37, 9, 1, 17　乌尔比安:《告示评注》第41卷

每当胎儿被准许占有他人财产时，通常由妻子为胎儿及其财产要求一名保佐人。但是，如果保佐人仅被指定保佐胎儿，则应当允许债权人管理财产。不过，如果保佐人不仅被指定照顾胎儿，而且还要管理财产，由于管理财产的风险由保佐人承担，债权人可以放心之。因此，指定财产保佐人时应当进行调查，也就是说，他应当有资格管理债权人或者希望继承未出世胎儿的遗产的人财产。

D. 37, 9, 1, 18　乌尔比安:《告示评注》第41卷

我们遵循着下列法律规定：同一个保佐人既可以管理财产，又可以照顾胎儿。在债权人或者希望继承的人提出要求的情况下，对保佐人的选择更应当周密和谨慎。如果债权人或者希望继承的人提出要求，也可以指定多个保佐人。

D. 37, 9, 1, 24　乌尔比安:《告示评注》第41卷

如果保佐人尚未被指定（因为往往没有人提出要求，或是很晚地提出要求，或是指定得很迟），塞尔维乌斯说过：被指定的继承人和替补继承人不应当将遗产物封锁起来，但仅将遗产物作

2. Hereditas testamentaria

pernumerare et mulieri adsignare.

D. 37. 9. 1. 26   Ulpianus 41 ad ed.

Curatore autem constituto haec omnia cessare puto: conscribere tamen curatori debent et vendenti et inventarium rerum facienti.

D. 37. 9. 1. 15   Ulpianus 41 ad ed.

Et generaliter ex quibus causis Carbonianam bonorum possessionem puero praetor dare solitus est, ex hisdem causis ventri quoque subvenire praetorem debere non dubitamus, eo facilius, quod favorabilior est causa partus quam pueri: partui enim in hoc favetur, ut in lucem producatur, puero, ut in familiam inducatur: partus enim iste alendus est, qui et si non tantum parenti, cuius esse dicitur, verum etiam rei publicae nascitur.

2. 24   Edictum Carbonianum

(D. 37. 10)

D. 37. 10. 1pr.   Ulpianus 41 ad ed.

Si cui controversia fiet, an inter liberos sit, et impubes sit, causa cognita perinde possessio datur ac si nulla de ea re controversia esset et iudicium in tempus pubertatis causa cognita differtur.

一清单并交给怀孕女子。

D. 37, 9, 1, 26　乌尔比安：《告示评注》第 41 卷

一旦指定了一名保佐人，我认为所有上述情况即了结。保佐人替代了出售遗产的人或者书写财产清单的人的地位。

D. 37, 9, 1, 15　乌尔比安：《告示评注》第 41 卷

对于这种案件，裁判官通常授予未适婚人以《卡尔波尼亚努斯告示》之遗产占有（Carboniana bonorum possessio）①。在这些案件中，我们不怀疑裁判官也应给胎儿以救济。很显然，给胎儿的照顾要远多于给未适婚人的照顾。给胎儿以照顾是为了他们的出生；给未适婚人以照顾是为了他们被家庭所接受。胎儿之所以应当被照顾，是因为孩子的出生不仅仅符合父母的利益，而且也符合其出生所在国家的利益。

2.24　《卡尔波尼亚努斯告示》
（D. 37, 10）

D. 37, 10, 1pr.　乌尔比安：《告示评注》第 41 卷

如果对未适婚人是否是儿子存有争议，在证实有正当理由后，就像没有任何争议一样，应当给予其遗产占有，并在对争议完成调查后，做出决定将争议的解决推迟到儿子届满适婚期之后。

---

① 这里指卡尔波尼亚努斯作为议案人提出的并且以其名字命名的元老院决议，该决议的内容主要解决遗产占有问题。——译者

2. Hereditas testamentaria

D. 37. 10. 1. 3   Ulpianus 41 ad ed.

Et generaliter dicimus his demum Carbonianum competere, quibus contra tabulas bonorum possessio competit, his vero non competere, qui repelluntur a contra tabulas bonorum possessione.

D. 37. 10. 1. 4   Ulpianus 41 ad ed.

Si quis non ab aliquo hanc controversiam patiatur, quod inter liberos non sit, sed ab ipso patre, ut puta nepos, qui se retentum in potestate avi dicit, ab emancipato patre, cui iungi desiderat, an differri debeat? et magis est, ut differatur: parvi enim refert, quis ei controversiam faciat, cum et si testator eum negaverit ex liberis, non tamen exheredem scripserit, Carboniano possit esse locus.

D. 37. 10. 1. 5   Ulpianus 41 ad ed.

Sed et si quis non tantum ex liberis negetur esse, verum servus etiam esse dicatur forte ex ancilla editus, Iulianus scripsit adhuc carboniano locum esse: quod et divus Pius rescripsit: nam vel magis consulendum est his quibus maius periculum intenditur. nam si aliter observetur, inventa erit ratio, quemadmodum audacissimus quisque maiore iniuria impuberem adficiat, quod et plura et graviora de eo mentiatur.

D. 37. 10. 3pr.   Ulpianus 41 ad ed.

Carbonianum edictum aptatum est ad contra tabulas bonorum possessionem et intestati, cum et in secundum tabulas in quibusdam casibus possit videri necessarium edictum, veluti si pater familias ita instituerit: 'postumus heres esto' vel 'postuma heres esto' et negetur esse verum, quod in testamento scriptum est.

D. 37, 10, 1, 3　乌尔比安:《告示评注》第41卷

通常,我们认为《卡尔波尼亚努斯告示》适用于能够获得对抗遗嘱的遗产占有之人,不适用于被拒绝获得对抗遗嘱的遗产占有之人。

D. 37, 10, 1, 4　乌尔比安:《告示评注》第41卷

如果某一个人没有被他人认为不是儿子,但是他自己的父亲对此有争议,例如,处于祖父父权下的、要求同已脱离父权的父亲一起获得祖父遗产的孙子被父亲否认是他的儿子,是否应当推迟解决这个争议?通常的看法是应推迟解决之。因为,提出争议的主体是谁并不重要。尽管遗嘱人拒绝承认该人是他的子女,但是,只要未在遗嘱中写明剥夺他的继承权,那么《卡尔波尼亚努斯告示》便能够适用之。

D. 37, 10, 1, 5　乌尔比安:《告示评注》第41卷

但是,如果有人拒绝将这个孩子[列入遗嘱人的后裔中],不仅因为其认为该孩子不是子女中的一个,甚至声称该孩子是奴隶所生的奴隶,尤里安对此写道:对这种情况,《卡尔波尼亚努斯告示》亦适用之。皮乌斯皇帝也做过这样的批复。因为,应当更多地照顾那些面临着严重错误威胁的人。的确如此,如果不是这样的规定,会给任何一个不公正地损害未适婚人利益的人以藉口,更会使他们得以愈演愈烈地设置骗局。

D. 37, 10, 3pr.　乌尔比安:《告示评注》第41卷

《卡尔波尼亚努斯告示》适用于对抗遗嘱的遗产占有和无遗嘱的遗产占有。但是,在一些依遗嘱实行遗产占有的情况下,该告示的适用也被认为是必要的。例如,家父这样指定继承人,"遗腹子或者遗腹女是继承人",但是有人否定遗嘱所写的内容是真实的。

2. Hereditas testamentaria

D. 37. 10. 3. 1 Ulpianus 41 ad ed.

Et cum de fideicommissis vel de legatis quaeritur, differri potest causa in tempus pubertatis: id enim divus Pius Claudio Hadriano rescripsit.

D. 37. 10. 3. 4 Ulpianus 41 ad ed.

Causae cognitio in eo vertitur, ut, si manifesta calumnia appareret eorum, qui infantibus bonorum possessionem peterent, non daretur bonorum possessio. summatim ergo, cum petitur ex Carboniano bonorum possessio, debet praetor cognoscere: et si quidem absolutam causam invenerit evidenterque probatur filium non esse, negare debet ei bonorum possessionem Carbonianam: si vero ambiguam causam, hoc est vel modicum pro puero facientem, ut non videatur evidenter filius non esse, dabit ei Carbonianam bonorum possessionem.

D. 37. 10. 3. 5 Ulpianus 41 ad ed.

Duae autem sunt causae cognitiones, una dandae Carbonianae possessionis, quae habet commodum illud, ut, perinde atque si nullam controversiam pateretur impubes, possessionem accipiat, alia causae cognitio illa, utrum differri debeat in tempus pubertatis cognitio an repraesentari. hoc autem diligentissime praetori examinandum est, an expediat pupillo repraesentari cognitionem an potius differri in tempus pubertatis, et maxime inquirere hoc a cognatis matre tutoribusque pupilli debet. finge esse testes quosdam, qui dilata controversia aut mutabunt consilium aut decedent aut propter temporis intervallum non eandem fidem habebunt: vel finge esse anum obstetricem vel ancillas, quae veritatem pro partu possunt insinuare, vel instrumenta satis idonea ad victoriam vel quaedam alia argumenta, ut magis damnum

D. 37, 10, 3, 1 乌尔比安:《告示评注》第 41 卷

有人提出:在涉及遗产信托或者遗赠的问题时,可以将其推迟到适婚期之后解决。皮乌斯皇帝就是这样给克劳丢斯·阿德里亚努斯批复的。

D. 37, 10, 3, 4 乌尔比安:《告示评注》第 41 卷

在该情况下,如果案件的事实调查表明,为未适婚人要求遗产占有的人的表述是一个明显的骗局,那么不能给予其遗产占有。因此,当根据《卡尔波尼亚努斯告示》提出遗产占有的要求时,裁判官应当清晰地查明案情。与此同时,如果整个案件易被解决并显而易见地证明他不是儿子,则要拒绝他依《卡尔波尼亚努斯告示》实行遗产占有。相反,如果案件存有疑问,或者有少量的事实表明他是儿子,也就是说,儿子的身份不能被明确否定,则要允许他进行《卡尔波尼亚努斯告示》之遗产占有。

D. 37, 10, 3, 5 乌尔比安:《告示评注》第 41 卷

调查案件事实涉及两方面内容:其一是《卡尔波尼亚努斯告示》之遗产占有,该遗产占有的优点是未适婚人都获得遗产占有,就如同对他没有任何争议一样;其二是争议应当推迟到被调查者的适婚期之后解决还是马上解决。对是马上解决争议还是推迟到他的适婚期之后解决哪种方案更好,裁判官应当认真研究。特别是应当尽一切可能对未适婚人的血亲、母亲和监护人进行调查。例如,假设推迟争议的解决会使一些证人改变想法,或者因证人去世或由于时间较长使一些证人证言的可靠性降低;抑或假设能够证明分娩的真实情况的人是一名年纪大的助产士或是一名女奴;抑或假设有足够的可赢得诉讼的证明或其他的证据,这些证据若不马上出示会使未适婚人遭受较大的损失;抑或假设未适婚人不能提供担保,而对方是被允许占有他人财物的占有者,其

2. Hereditas testamentaria

patiatur pupillus, quod differtur cognitio, quam compendium, quod non repraesentatur: finge pupillum satisdare non posse et admissos in possessionem, qui de hereditate controversiam faciunt, multa posse subtrahere novare moliri: aut stulti aut iniqui praetoris erit rem in tempus pubertatis differre cum summo eius incommodo, cui consultum velit. divus etiam Hadrianus ita rescripsit: 'Quod in tempus pubertatis res differri solet, pupillorum causa fit, ne de statu periclitentur, antequam se tueri possint. ceterum si idoneos habeant, a quibus defendantur, et tam expeditam causam, ut ipsorum intersit mature de ea iudicari, et tutores eorum iudicio experiri volunt: non debet adversus pupillos observari, quod pro ipsis excogitatum est, et pendere status eorum, cum iam possit indubitatus esse'.

D. 37. 10. 3. 13   Ulpianus 41 ad ed.

Missum autem ex Carboniano in possessionem student praetores possessorem constituere. quod si coeperit aut hereditatem petere quasi bonorum possessor Carbonianus aut singulas res, rectissime Iulianus libro vicensimo quarto digestorum scribit exceptione eum summovendum: contentus enim esse debet hac praerogativa, quod possessorem eum praetor tantisper constituit. si igitur vult hereditatem aut singulas res petere, petat, inquit, directa actione quasi heres, ut ea petitione iudicari possit, an quasi ex liberis heres sit, ne praesumptio Carbonianae bonorum possessionis iniuriam adversariis afferat: quae sententia habet rationem et aequitatem.

有可能使这些财物减少、损坏或销毁该财产的大部分。在上述情况下，只有在裁判官无能并且不公正时才会做出将争议推迟到适婚期之后进行解决的裁决，这个裁决将严重地损害未适婚人的利益。哈德良皇帝在一份批复中写道："通常，如果裁决被推迟到适婚期，这是为了未成年人的利益，以便这种情况不会在他们能够保护自己之前使其受到威胁。此外，如果他们有能够提供有效辩护的人，则在为了保护未成年人利益的情况下，应当迅速将案件提交审判并做出一项裁决，并且未成年人的监护人的主张得到倾听。不应当利用未成年人的利益刻意做出设计，无疑，在未成年人的情况是悬而未解时，裁决依然可以做出。"

D. 37, 10, 3, 13　乌尔比安：《告示评注》第 41 卷

裁判官们将依据《卡尔波尼亚努斯告示》进行遗产占有的人仅认定为占有人，当他们开始主张全部遗产或者单一物时是作为《卡尔波尼亚努斯告示》之遗产占有人进行遗产占有的。尤里安在《学说汇纂》第 24 卷中非常正确地写道：对他们提出的理由，要通过抗辩给予拒绝。因为占有人应当满足裁判官在很短的时间内给他们以遗产占有这一特权。因此，如果占有人希望获得全部遗产或者单一遗产物，他要以继承人的身份直接提起诉讼，在该诉讼中，他要被裁决他是否作为已故者的子女而成为继承人。对《卡尔波尼亚努斯告示》之遗产占有的推定，不应当给他人造成损害。这一观点是理智而又公正的。

2. 25 Querella inofficiosi testamenti

(D. 5. 2 ; C. 3. 28)

D. 5. 2. 1 Ulpianus 14 ad ed.

Sciendum est frequentes esse inofficiosi querellas: omnibus enim tam parentibus quam liberis de inofficioso licet disputare. cognati enim proprii qui sunt ultra fratrem melius facerent, si se sumptibus inanibus non vexarent, cum optinere spem non haberent.

D. 5. 2. 2 Marcianus 4 inst.

Hoc colore inofficioso testamento agitur, quasi non sanae mentis fuerunt, ut testamentum ordinarent. et hoc dicitur non quasi vere furiosus vel demens testatus sit, sed recte quidem fecit testamentum, sed non ex officio pietatis: nam si vere furiosus esset vel demens, nullum est testamentum.

D. 5. 2. 3 Marcellus 3 dig.

Inofficiosum testamentum dicere hoc est allegare, quare exheredan vel praeteriri non debuerit: quod plerumque accidit, cum falso parentes instimulati liberos suos vel exheredant vel praetereunt.

D. 5. 2. 6pr. Ulpianus 14 ad ed.

Postumus inofficiosum testamentum potest dicere eorum, quibus suus heres vel legitimus potuisset fieri, si in utero fuerit mortis eorum tempore: sed et cognatorum, quia et horum ab intestato potuit bonorum possessionem accipere. quid ergo? eis imputatur, cur intestati non

2.25　不合义务遗嘱之诉
（D. 5, 2；C. 3, 28）

D. 5, 2, 1　乌尔比安：《告示评注》第 4 卷

应当明白，不合义务遗嘱之诉（querella inofficiosi testamenti）是经常性的。因为对于所有的直系尊亲属和卑亲属而言，他们被允许就遗嘱不合义务提出诉讼。兄弟以外的血亲属们不宜提出该诉讼，因为他们没有赢得该诉讼的希望，他们应避免这种无益的花费。

D. 5, 2, 2　马尔西安：《法学阶梯》第 4 卷

基于这一推定，提起不合义务遗嘱之诉的理由是：遗嘱人立下的不合义务的遗嘱被视为神经不健全者立的遗嘱。应当说明的是，他不是作为一个真正的精神病人或者失智者来立遗嘱，而恰恰是因为他立的遗嘱合法但是未履行源自家庭关系的义务。因为，如果他果真是精神病人或是失智者的话，其所立遗嘱无效。

D. 5, 2, 3　马尔切勒：《学说汇纂》第 3 卷

认为遗嘱不合义务者应当提出为什么不应当剥夺继承权或者存在疏漏继承人的证据。当直系亲属被教唆基于虚假的理由剥夺自己后代的继承权或者疏漏了他们时便常常发生上述情况。

D. 5, 2, 6pr.　乌尔比安：《告示评注》第 14 卷

如果在遗嘱人去世时遗腹子尚为胎儿，遗腹子作为遗嘱人的自家继承人或者法定继承人，可以指控遗嘱为不合义务之遗嘱。

2. Hereditas testamentaria

decesserant? sed hoc nemo apud iudicem potest impetrare: non enim interdicitur testamenti factione. hoc plane ei imputare potest, cur eum heredem non scripserit: potuit enim scriptus heres in possessionem mitti ex clausula de ventre in possessionem mittendo: item natus secundum tabulas haberet. simili modo et eum, qui post testamentum matris factum exsecto ventre extractus est, posse queri dico.

D. 5. 2. 6. 1   Ulpianus 14 ad ed.

Si quis ex his personis, quae ad successionem ab intestato non admittuntur, de inofficioso egerit (nemo enim eum repellit) et casu optinuerit, non ei prosit victoria, sed his qui habent ab intestato successionem: nam intestatum patrem familias facit.

D. 5. 2. 8. 4   Ulpianus 14 ad ed.

Si quis in militia fecerit testamentum et intra annum post militiam decesserit, dubito an, quia ad hoc usque temporis iure militari testamentum eius valet, querella inofficiosi cesset: et potest dici querellam inofficiosi cessare.

D. 5. 2. 8. 8   Ulpianus 14 ad ed.

Quoniam autem quarta debitae portionis sufficit ad excludendam querellam, videndum erit an exheredatus partem faciat qui non queritur: ut puta sumus duo filii exheredati. et utique faciet, ut papinianus respondit, et si dicam inofficiosum, non totam hereditatem debeo, sed

此外，遗腹子还可对一些血亲属提出指控，因为他能够通过无遗嘱继承获得血亲属的遗产占有。那么，会发生什么情况？或许将此归结这些人未立遗嘱而亡？但是，任何人均无法获得法官对此主张的认可，因为没有人阻却他们立遗嘱。相反，可以肯定是，在遗嘱人没有写遗腹子是继承人的情况下，会遭到阻止。因为作为遗嘱继承人，遗腹子本就可以根据告示对将出生婴儿的特许遗产占有条款而实施遗产占有。同样，遗腹子一旦出生，就会根据遗嘱获得遗产占有。我也认为，与之相似，在母亲立遗嘱后，经剖腹产而出生的人同样可以提起该指控。

D. 5, 2, 6, 1   乌尔比安：《告示评注》第 14 卷

如果在未被允许基于无遗嘱继承实施继承行为的人们中有一人提出不合义务遗嘱之诉（因为没有人会阻止他），且胜诉，则该胜诉对提出诉求的人并无益处，相反，对基于无遗嘱继承而有权继承的人才有益。因为，该诉讼使家父的遗嘱无效，从而发生无遗嘱继承。

D. 5, 2, 8, 4   乌尔比安：《告示评注》第 14 卷

如果一个人在服兵役期间立了遗嘱，在退役后的一年内故去，我怀疑不合义务遗嘱之诉是否适用，因为直至此时该人的遗嘱根据兵役法的规定有效。故而应当认为不适用不合义务遗嘱之诉。

D. 5, 2, 8, 8   乌尔比安：《告示评注》第 14 卷

由于应得的四分之一份额足以阻却不合义务遗嘱之诉的提出，故而，是否应当考虑被剥夺了继承权的人（其没有提起诉讼）的份额放置在该部分中，例如在我们有两个被剥夺了继承权的儿子的情况下。根据帕比尼安的解答，无论如何该人的份额都应当放置在该部分中。如果作为相对方的我，提出遗嘱不合义

dimidiam petere. proinde si sint ex duobus filiis nepotes, ex uno plures, tres puta, ex uno unus: unicum sescuncia, unum ex illis semuncia querella excludit.

D. 5. 2. 8. 9　Ulpianus 14 ad ed.

Quarta autem accipietur scilicet deducto aere alieno et funeris impensa: sed an et libertates quartam minuant, videndum est. et numquid minuant? nam si, cum quis ex asse heres institutus est, ideo non potest dicere inofficiosum, quia habet Falcidiam, Falcidia autem libertates non minuit: potest dici deductis libertatibus quartam ineundam. cum igitur placet quartam minui per libertates, eveniet ut, qui servos tantum habet in patrimonio suo, dando eis libertatem inofficiosi querellam excludat: nisi forte hic filius, si non fuit in potestate, a patre heres institutus merito omittit hereditatem et ad substitutum transmittens querellam inofficiosi instituet, vel ab intestato citra edicti poenam habeat hereditatem.

D. 5. 2. 8. 14　Ulpianus 14 ad ed.

Meminisse autem oportebit eum, qui testamentum inofficiosum improbe dixit et non optinuit, id quod in testamento accepit perdere et id fisco vindicari quasi indigno ablatum. sed ei demum aufertur quod testamento datum est, qui usque ad sententiam iudicum lite improba perseveraverit: ceterum si ante sententiam destitit vel decessit, non ei aufertur quod datum est: proinde et si absente eo secundum praesentem pronuntietur, potest dici conservandum ei quod accepit. eo autem solo

务，我就不应要求全部的遗产，只能对一半遗产提出要求。因此，如果有若干个由两个儿子所生的孙子，其中一个儿子有多个孩子，例如有三个，另一个儿子只有一个孩子。给一个儿子的独生子八分之一份额，二十四分之一的份额给其他孙子，这便足以阻却〔不合义务遗嘱〕诉讼的提起。

D. 5, 2, 8, 9 乌尔比安:《告示评注》第 14 卷

自然，要在扣除债务和丧葬费用之后再计算四分之一份额。但是需要考〔遗嘱人确定的〕奴隶的自由权是否会减少四分之一份额〔或者四分之一份额会削减奴隶的自由权〕。为什么不会发生削减呢？因为，如果一个人被指定为财产的继承人，同时他就不能再提出遗嘱不合义务，这是由于他有《法尔其丢斯法》四分之一份额的缘故。如果《法尔其丢斯法》四分之一份额不因为奴隶的自由权而减少，为此可以认为，在排除获得自由权的奴隶之后，才能计算四分之一份额。因此，可以肯定的是，通过〔遗嘱人〕对奴隶自由权的确定，四分之一份额会被减少，可能会发生的情况是，自己遗产中仅有奴隶的人，在其给予奴隶自由权的同时亦阻却了不合义务遗嘱的诉权行使。但是，存在除外情况，例如父亲指定来一个不处于父权下的儿子为继承人，该儿子有正当理由放弃遗产且将遗产交给替补者并提起不合义务遗嘱之诉，其目的是进行无遗嘱继承，但不会受〔保护遗嘱〕告示所规定的制裁。

D. 5, 2, 8, 14 乌尔比安:《告示评注》第 14 卷

应当记住:不顾事实地指控遗嘱不合义务而未胜诉也要丧失依遗嘱获得的遗产，如同对不配者（indignus）进行剥夺一样，要将遗产判归国库。如果直至法官做出判决时止，提出指控的人坚持其不公正的指控，则他依遗嘱获得的遗产都将被剥夺掉。但是，如果在法官做出判决之前他撤销了诉讼或者去世，则根据遗

2. Hereditas testamentaria

carere quis debet, cuius emolumentum ad eum pertinet: ceterum si id rogatus fuit restituere, non debet iniuria fieri. unde non male Papinianus libro secundo responsorum refert, si heres fuit institutus et rogatus restituere hereditatem, deinde in querella inofficiosi non optinuit, id quod iure Falcidiae potuit habere solum perdere.

D. 5. 2. 11   Modestinus 3 resp.

Etiamsi querella inofficiosi testamenti optinuerit, non ideo tamen donationes, quas vivus ei perfecisse proponitur, infirmari neque in dotem datorum partem vindicari posse respondi.

D. 5. 2. 20   Scaevola 2 quaest.

Qui de inofficioso vult dicere, licet negetur filius, Carbonianam bonorum possessionem non debet accipere (totiens enim ea indulgenda est, quotiens, si vere filius esset, heres esset aut bonorum possessor, ut interim et possideat et alatur et actionibus praeiudicium non patiatur: qui vero de inofficioso dicit, nec actiones movere debet nec aliam ullam quam hereditatis petitionem exercere nec ali), ne umquam melioris sit condicionis, quam si confitetur adversarius.

D. 5. 2. 24   Ulpianus 48 ad sab.

Circa inofficiosi querellam evenire plerumque adsolet, ut in una atque eadem causa diversae sententiae proferantur. quid enim si fratre agente heredes scripti diversi iuris fuerunt? quod si fuerit, pro parte testatus, pro parte intestatus decessisse videbitur.

嘱给予他的继承权不被剥夺。因此，尽管判决是在他缺席的情况下做出，可以认为：应当保留其已获得的遗产。一个人应被剥夺的仅仅是归他所有的财产。因而，如果通过遗产信托他被要求返还这些遗产，他不得对抗遗产信托的内容。为此，帕比尼安在《解答集》第 2 卷中正确地提出：如果一个人被指定为继承人，通过遗产信托他被要求返还遗产，此后，他提起不合义务遗嘱之诉并败诉，他仅丧失依《法尔其丢斯法》能够拥有的遗产。

D. 5, 2, 11　莫德斯丁：《解答集》第 3 卷

我回答：一个人即使提出的不合义务遗嘱之诉胜诉，也并不因此撤销遗嘱人生前允诺给他人的赠与，同时也不能对嫁资赠与物提出要求。

D. 5, 2, 20　斯凯沃拉：《问题集》第 2 卷

希望提出不合义务遗嘱之诉的人，如果被否定是儿子，他不应得到《卡尔波尼亚努斯告示》之遗产占有。因为只有在他被确定是儿子时，他才可以被认为是继承人或者遗产占有人从而给其以《卡尔波尼亚努斯告示》之遗产占有。（在占有期间，他能够获得抚养以避免因他人提起诉讼而遭受损失。相反，如果提出遗嘱不合义务之诉且胜诉，除"要求返还遗产之诉"外，不应当提出任何其他诉讼，也不能获得抚养），以便使他与对方处于同等的条件下。

D. 5, 2, 24　乌尔比安：《萨宾评注》第 48 卷

对于不合义务遗嘱之诉常发生虽是同一案件却有不同判决的情况，我们考虑：如果［已故者］的一个兄弟提起该诉讼时，遗嘱指定的继承人是否有着不同的法律主张？如果是这样，则认为［已故者］去世［后的遗产］部分发生遗嘱继承，另一部分发生无遗嘱继承。

2. Hereditas testamentaria

C. 3. 28. 30pr. Imperator Iustinianus

Omnimodo testatorum voluntatibus prospicientes magnam et innumerabilem occasionem subvertendae eorum dispositionis amputare censemus et in certis casibus, in quibus de inofficiosis defunctorum testamentis vel alio modo subvertendis moveri solebat actio, certa et statuta lege tam mortuis consulere quam liberis eorum vel aliis personis, quibus eadem actio competere poterat: ut, sive adiciatur testamento de implenda legitima portione sive non, firmum quidem testamentum sit, liceat vero his personis, quae testamentum quasi inofficiosum vel alio modo subvertendum queri poterant, id quod minus portione legitima sibi relictum est ad implendam eam sine ullo gravamine vel mora exigere, si tamen non ingrati legiti mis modis arguantur, cum eos scilicet ingratos circa se fuisse testator edixit: nam si nullam eorum quasi ingratorum fecerit mentionem, non licebit eius heredibus ingratos eos nominare et huiusmodi quaestionem introducere. et haec quidem de his personis statuimus, quarum mentionem testantes fecerint et aliquam eis quantitatem in hereditate vel legato vel fideicommisso, licet minorem legitima portione, reliquerint.

C. 3. 28. 30. 1 Imperator Iustinianus

Sin vero vel praeterierint aliquam eorum personam iam natam vel ante testamentum quidem conceptam, adhuc vero in ventre constitutam, vel exheredatione vel alia eorum mentione facta nihil eis penitus reliquerint, tunc vetera iura locum habere sancimus, nullam ex praesenti promulgatione novationem vel permutationem acceptura.

Iust. A. Menae pp. ⟨ *a 528 D. k. Iun. Constantinopoli Iustiniano A. II cons.* ⟩

2. 遗嘱继承

C. 3, 28, 30pr. 优士丁尼皇帝致大区长官梅纳

为了尊重遗嘱人的意愿并消除诸多对遗嘱人的安排有破坏力的因素，我们规定：通常，在为了撤销已故者的遗嘱而提起不合义务遗嘱之诉时，根据明确而又持久的法律，要给已故者、已故者的子女或者其他被提起同类诉讼的人以帮助。无论在遗嘱中是否增加了给予法定份额的内容，遗嘱都有效。但是，允许那些可以提出不合义务遗嘱之诉，或以其他方式请求撤销遗嘱的人们要求无负担地迅速地获得法定份额的少部分，只要这些人不被依法认为是忘恩负义者。除非遗嘱人在遗嘱中写明他们就是忘恩负义者。事实上，如果在遗嘱中没有写明他是这种人，就不允许继承人们称他们为忘恩负义者并基于此提起诉讼。我们的这些规定适用于在有关继承、遗产信托和遗赠的遗嘱中被指定获得少于法定份额的人。

C. 3, 28, 30, 1 优士丁尼皇帝致大区长官梅纳

如果遗嘱人疏漏了已经出生的人或者在立遗嘱之前已受孕并且尚活于母腹中的胎儿；或者剥夺了他们的继承权或在遗嘱中谈到了他们但是没有给他们留下任何遗产。那么，我们规定：这种情况要适用古法。我们不希望对这类古法做出改变和更新。

（528 年，于君士坦丁堡，优士丁尼皇帝第 2 次执政）

2. Hereditas testamentaria

C. 3. 28. 32　Imperator Iustinianus

Quoniam in prioribus sanctionibus illud statuimus, ut, si quid minus legitima portione his derelictum sit, qui ex antiquis legibus de inofficioso testamento actionem movere poterant, hoc repleatur nec occasione minoris quantitatis testamentum rescindatur, hoc in praesenti addendum esse censemus, ut, si condicionibus quibusdam vel dilationibus aut aliqua dicpositione moram vel modum vel aliud gravamen introducente eorum iura, qui ad memoratam actionem vocabantur, minuta esse videantur, ipsa condicio vel dilatio vel alia dispositio moram vel quodcumque onus introducens tollatur et ita res procedat, quasi nihil eorum testamento additum esset.

Iust. A. Menae pp. ⟨ *a 529 D. II k. April. Constantinopoli Decio vc. cons.* ⟩

2. 26　Bonorum possessio contra tabulas patronorum
(D. 38. 2/5)

D. 38. 2. 3. 10　Ulpianus 41 ad ed.

Totiens ad bonorum possessionem contra tabulas invitatur patronus, quotiens non est heres ex debita portione institutus.

D. 38. 2. 3. 15　Ulpianus 41 ad ed.

Si debita patrono portio legata sit, etsi scriptus heres non fuerit, satis ei factum est.

D. 38. 2. 3. 16　Ulpianus 41 ad ed.

Sed et si institutus sit ex parte minore quam ei debetur, residua

C. 3, 28, 32　优士丁尼皇帝致大区长官梅纳

在过去的谕令中我们规定：（如果）有人因为获得的遗产少于法定份额而依古法提起不合义务遗嘱之诉，他们能够获得他们的法定份额的遗产。对此我们曾经补充道：不得以遗产数量少于法定份额为由废除遗嘱。现在，我们认为，应当再做出下列补充：如果所附的条件或是延缓性，或是限制性，或是负担性的条件，它们会损害提起上述诉讼之人的权利，那么，这些或延缓性，或限制性，或负担性的条件都要被撤销。而遗产的处分就如同遗嘱未被附加条件一样。

（529 年，于君士坦丁堡，德其代理执政）

2.26　保护人的对抗遗嘱之遗产占有
（D. 38, 2/5）

D. 38, 2, 3, 10　乌尔比安：《告示评注》第 41 卷

每当保护人未被指定为继承人而有权获得应得的遗产份额时，他可以要求实行对抗遗嘱的遗产占有。

D. 38, 2, 3, 15　乌尔比安：《告示评注》第 41 卷

如果通过遗赠将保护人应得的遗产份额给予了保护人，则即使保护人没有被指定为继承人，对于保护人而言应足矣。

D. 38, 2, 3, 16　乌尔比安：《告示评注》第 41 卷

即使保护人被指定继承的遗产份额少于应得份额，但其余部分被通过遗赠或者遗产信托得以补充，保护人也应对此感到满意。

2. Hereditas testamentaria

vero pars suppleta est ei legatis sive fideicommissis, et ita satisfactum ei videtur.

D. 38. 2. 2pr.   Pomponius 4 ad sab.

Si patronus a liberto praeteritus bonorum possessionem petere potuerit contra tabulas et antequam peteret decesserit vel dies ei bonorum possessionis agnoscendae praeterierit, liberi eius vel alterius patroni petere poterunt ex illa parte edicti, qua, primis non petentibus aut etiam nolentibus ad se pertinere, sequentibus datur, atque si priores ex eo numero non essent.

D. 38. 2. 3. 5   Ulpianus 41 ad ed.

Ut patronus contra tabulas bonorum possessionem accipere possit, oportet hereditatem aditam esse aut bonorum possessionem petitam: sufficit autem vel unum ex heredibus adisse hereditatem bonorumve possessionem petisse.

D. 38. 2. 3. 6   Ulpianus 41 ad ed.

Patronus contra ea bona liberti omnino non admittitur, quae in castris sunt quaesita.

D. 38. 2. 3. 11   Ulpianus 41 ad ed.

Si patronus sub condicione sit institutus eaque condicio vivo testatore extitit, contra tabulas bonorum possessionem accipere non potest.

D. 38. 2. 5pr.   Gaius 15 ad ed. provinc.

Libertinus, qui patronum patronique liberos habet, si patronum ex parte debita heredem instituit, liberos eius in eandem portionem substituere debet, ut, licet patronus vivo liberto mortuus fuerit, satisfactum videatur liberis eius.

D. 38, 2, 2pr.　彭波尼:《萨宾评注》第 4 卷

如果保护人被解放自由人的遗嘱所疏漏,他可以要求对抗遗嘱的遗产占有。如果他在提出占有要求之前去世,或者提出遗产占有的时效已届满,他的子女或者其他保护人的子女也可依告示的有关部分提出遗产占有。根据告示的有关部分,第一顺序的人不提出要求或者不愿意实行遗产占有,则该权利转给下一顺序的人,就如同第一顺序的人不存在一样。

D. 38, 2, 3, 5　乌尔比安:《告示评注》第 41 卷

为了使保护人可以获得对抗遗嘱的遗产占有,遗产应当被接受或是被要求遗产占有。只要继承人中有一个人要求遗产占有或者接受遗产即足矣。

D. 38, 2, 3, 6　乌尔比安:《告示评注》第 41 卷

对于解放自由人在服兵役期间内获得的财产,保护人不得要求对抗遗嘱的遗产占有。

D. 38, 2, 3, 11　乌尔比安:《告示评注》第 41 卷

如果保护人被附条件地指定为继承人,在遗嘱人活着的时候条件成就,保护人不能获得对抗遗嘱的遗产占有。

D. 38, 2, 5pr.　盖尤斯:《行省告示评注》第 15 卷

有着保护人和保护人子女的解放自由人,如果他指定保护人为自己应有份额的继承人,则保护人的子女应在同一份额之内进行替补。因此,即使保护人去世而解放自由人活着,保护人的子女们亦能得到满足。

2. Hereditas testamentaria

D. 38. 2. 5. 1   Gaius 15 ad ed. provinc.

Si patroni filium emancipatum et nepotem ex eo, qui in avi familia remansit, libertus habeat, filio tantum, non etiam nepoti satisfacere debebit libertus: nec ad rem pertinet, quod ad parentis bona pariter vocantur.

D. 38. 2. 6pr.   Ulpianus 43 ad ed.

Etsi ex modica parte instituti sint liberi liberti, bonorum possessionem contra tabulas patronus petere non potest: nam et Marcellus libro nono digestorum scripsit quantulacumque ex parte heredem institutum liberti filium patronum expellere.

D. 38. 2. 6. 2   Ulpianus 43 ad ed.

Si filius liberti heres ab eo institutus abstinuerit, quamvis nomine sit heres, patronus admittitur.

D. 38. 2. 33   Modestinus l. S. de manumiss.

Si patronus non aluerit libertum, lex Aelia Sentia adimit eius libertatis causa imposita tam ei, quam ipsi ad quem ea res pertinet, item hereditatem ipsi et liberis eius, nisi heres institutus sit, et bonorum possessionem praeterquam secundum tabulas.

D. 38. 5. 1pr.   Ulpianus 44 ad ed.

Si quid dolo malo liberti factum esse dicetur, sive testamento facto sive intestato libertus decesserit, quo minus quam pars debita bonorum ad eorum quem perveniat, qui contra tabulas bonorum possessionem accipere possunt: cognoscit praetor et operam dat, ne ea res ei fraudi sit.

D. 38. 5. 3pr.   Ulpianus 44 ad ed.

Si patronus heres institutus ex debita parte adierit hereditatem, dum ignorat aliqua libertum in fraudem suam alienasse, videamus, an succurri

D. 38, 2, 5, 1　盖尤斯:《行省告示评注》第 15 卷

如果解放自由人有一个保护人的脱离父权的儿子和另一个所生的生子,该孙子处于祖父控制下,解放自由人仅能够向儿子给付遗产份额,而不能够留给孙子。因为在该情况下,无论他们是否获得遗产,均同样被称为保护人的遗产继承人。

D. 38, 2, 6pr.　乌尔比安:《告示评注》第 43 卷

只要解放自由人的子女被指定为少量份额的遗产继承人,保护人就不能实行对抗遗嘱的遗产占有。马尔切勒在《学说汇纂》第 9 卷中写道:只要解放自由人的儿子被指定为任何一部分遗产的继承人,保护人即被排除在外。

D. 38, 2, 6, 2　乌尔比安:《告示评注》第 41 卷

如果被指定为继承人的解放自由人之子放弃了继承权,即使他是名义上的继承人,保护人也可被允许实施遗产占有。

D. 38, 2, 33　莫德斯丁:《论解放奴隶》单卷本

如果保护人未抚养过解放自由人,依《艾流斯·森求斯法》的规定,保护人或是保护人的继承人要剥夺为给予他自由权而享有的各种条件。因而,除非保护人和他的儿子被指定为继承人,否则他们要被剥夺掉遗产。同样,除非依照遗嘱,否则遗产占有权也要被剥夺。

D. 38, 5, 1pr.　乌尔比安:《告示评注》第 44 卷

如果有人提出:无论解放自由人是立遗嘱去世或是未立遗嘱去世而亡,由于解放自由人的欺诈,致使可以要求对抗遗嘱的遗产占有人中的一个人未获得应有的遗产份额。对此,裁判官要查明案情并使这些可要求对抗遗嘱的遗产占有人不遭受这一欺诈。

D. 38, 5, 3pr.　乌尔比安:《告示评注》第 44 卷

当被指定为应有份额的继承人的保护人不知道解放自由人为

ignorantiae eius debeat, ne decipiatur liberti fraudibus. et Papinianus libro quarto decimo quaestionum respondit in eadem causa manere ea, quae alienata sunt, idcircoque patronum sibi imputare debere, qui, cum posset bonorum possessionem accipere contra tabulas propter ea quae alienata vel mortis causa donata sunt, non fecit.

2. 26. 1 Actio Fabiana

D. 38. 5. 3. 2 Ulpianus 44 ad ed.

Patronum ex asse heredem institutum volentem Fabiana actione uti praetor admittit, quia erat iniquum excludi eum a Fabiana, qui non sponte adiit hereditatem, sed quia bonorum possessionem contra tabulas petere non potuit.

D. 38. 5. 3. 1 Ulpianus 44 ad ed.

Haec actio in perpetuum datur, quia habet rei persecutionem.

D. 38. 5. 4pr. Ulpianus 43 ad ed.

Quodcumque dolo malo liberti alienatum est, faviana actione revocatur.

D. 38. 5. 5. 1 Paulus 42 ad ed.

In actione Fabiana si res non restituatur, tanti damnabitur reus, quanti actor in litem iuraverit.

欺骗他而出售一些财物时，他接受了遗产。对此，我们考虑应如何就他不了解真相给予补救，以便使他不会遭到解放自由人的欺诈。帕比尼安在《问题集》第 14 卷中答曰：被出售的财物被视为解放自由人的财产的一部分。因此，保护人应当自食其果。因为，无论是对被隐瞒的财物，或是对死因赠与，他都可以要求对抗遗嘱的遗产占有，但是他并没有去做。

2.26.1 法比安之诉

D. 38, 5, 3, 2 乌尔比安:《告示评注》第 44 卷

凡被指定为概括继承人的保护人希望提起法比安之诉（actio Fabiana）的，裁判官要准许之。因为保护人被排除在法比安之诉之外是不公正的，这并非是因为他愿意接受遗产，而是因为他不能要求对抗遗嘱的遗产占有。

D. 38, 5, 3, 1 乌尔比安:《告示评注》第 44 卷

法比安之诉是无期限的，因为该诉讼的目的是要重新获得遗产。

D. 38, 5, 4pr. 乌尔比安:《告示评注》第 43 卷

任何基于解放自由人的欺诈而被出售的财物，均能够通过法比安之诉被重新获得。

D. 38, 5, 5, 1 保罗:《告示评注》第 42 卷

在法比安之诉中，如果财物未归还给保护人，则被告要被判处支付原告在诉讼中发誓要求的[①] 全部财物价值。

---

① 在诉讼中原告要通过发誓的程式提出诉讼请求。——译者

2. 26. 2   Actio Calvisiana

D. 38. 5. 3. 3   Ulpianus 44 ad ed.

Si intestatus libertus decesserit, patronus adeundo hereditatem eius revocat per Calvisianam actionem ea, quae alienata sunt dolo malo, quo minus pars ex testamento debita bonorum liberti ad patronum liberosve eius perveniret: idque est, sive petita sit a patrono ab intestato bonorum possessio sive non sit.

D. 38. 5. 3. 4   Ulpianus 44 ad ed.

Si plures sint patronae et patroni, singuli virilem tantum revocabunt vel Calvisiana.

2. 27   Conditiones et modus testamentarii
(D. 35. 1 ; D. 37. 9)

2. 27. 1   Modus

D. 35. 1. 14   Pomponius 8 ad sab.

'Titius si statuas in municipio posuerit, heres esto'. si paratus est ponere, sed locus a municipibus ei non datur, Sabinus Proculus heredem eum fore et in legato idem iuris esse dicunt.

2.26.2 卡尔维西安之诉

D.38,5,3,3 乌尔比安:《告示评注》第44卷

如果解放自由人未立遗嘱而亡,保护人在接受他的遗产时,可以对他恶意出售的财物提出卡尔维西安之诉(action Calvisiana),以便使解放自由人遗产中的一部分,即依遗嘱解放自由人的保护人或他的子女应得的部分①由他们重新获得。如果保护人提出或者没有提出无遗嘱继承的遗产占有,便发生上述情况。

D.38,5,3,4 乌尔比安:《告示评注》第44卷

当有多个女性保护人或者男性保护人的情况下,每个人均可通过卡尔维西安之诉收回各自有权获得的份额。

2.27 附条件和负担的遗嘱
(D.35,1;D.37,9)

2.27.1 负担

D.35,1,14 彭波尼:《萨宾评注》第8卷

"提裘斯如果在城市内安置了一座雕像,他是继承人。"萨宾和普罗库勒②认为:如果提裘斯将需要安置的雕像已准备好,但是,市政府没有给他安置雕像的地方,他也是继承人;对遗产也

---

① 这部分遗产数额等同于在解放自由人有遗嘱时保护人应得的数额。——译者
② 1世纪法学家。——译者

2. Hereditas testamentaria

D. 35. 1. 27   Alfenus 5 dig.

In testamento quidam scripserat, ut sibi monumentum ad exemplum eius, quod in via Salaria esset Publii Septimii Demetrii, fieret: nisi factum esset, heredes magna pecunia multare et cum id monumentum Publii Septimii Demetrii nullum repperiebatur, sed Publii Septimii Damae erat, ad quod exemplum suspicabatur eum qui testamentum fecerat monumentum sibi fieri voluisse, quaerebant heredes, cuiusmodi monumentum se facere oporteret et, si ob eam rem nullum monumentum fecissent, quia non repperirent, ad quod exemplum facerent, num poena tenerentur. respondit, si intellegeretur, quod monumentum demonstrare voluisset is qui testamentum fecisset, tametsi in scriptura mendum esset, tamen ad id, quod ille se demonstrare animo sensisset, fieri debere: sin autem voluntas eius ignoraretur, poenam quidem nullam vim habere, quoniam ad quod exemplum fieri iussisset, id nusquam exstaret, monumentum tamen omnimodo secundum substantiam et dignitatem defuncti exstruere debere.

2. 27. 2   Conditiones facti et iuris

D. 35. 1. 21   Iulianus 31 dig.

Multum interest, condicio facti an iuris esset: nam huiusmodi condiciones ‘si navis ex Asia venerit’ ‘si Titius consul factus erit’, quamvis impletae essent, impedient heredem circa adeundam hereditatem, quamdiu ignoraret eas impletas esse: quae vero ex iure venient, in his nihil amplius exigendum, quam ut impletae sint. veluti si quis se filium familias existimat, cum sit pater familias, poterit adquirere

适用同样的规定。

D. 35, 1, 27 阿尔芬努斯：《学说汇纂》第 5 卷

一个人在遗嘱中写道：希望给他立一个纪念碑，该纪念碑要以萨拉利亚大道上的布布里乌斯·塞布迪姆斯·德梅特鲁斯的纪念碑为模式。如果没有这样做，将取消继承人的大笔钱财。但是，继承人们未找到布布里乌斯·塞布迪姆斯·德梅特鲁斯的纪念碑，只找到一个叫布布里乌斯·塞布迪姆斯·达玛的人的纪念碑。他们怀疑遗嘱人在遗嘱中想要的纪念碑的模式就是达玛的模式。继承人们提出一个问题：他们将纪念碑做成像达玛那样的模式，因为他们找不到遗嘱人所说的那种模式，他们是否要被减少大量的钱财？答曰：如果事实表明遗嘱人的遗嘱所写的纪念碑就是这个纪念碑，尽管在其所写的内容中未准确地指明他想要指出的纪念碑模式；但是，如果他的意思不被得知，则惩罚是不产生效力的，因为他要求的模式在任何地方都不存在。不过，继承人们绝对应当根据遗嘱人的财富和威望给其立一个纪念碑。

2. 27. 2 事实条件和法定条件

D. 35, 1, 21 尤里安：《学说汇纂》第 31 卷

重要的是要分清事实条件（conditio facti）和法定条件（conditio iuris）。因为，当有下列条件时，即"如果船将从亚洲来""如果提裘斯将被任命为执政官"，即使条件成就，但是继承人不知条件已成就，则其接受遗产受到阻碍。就法定条件而言，只要这些条件成就既可，例如，一个是家父的人自以为是家子，则他可以获得遗产；一个人知道自己是部分遗产的继承人，尽管并不知道遗嘱是否已经公开，他依然可以接受遗产。

hereditatem: quare et ex parte heres scriptus, qui ignorat, an tabulae testamenti apertae sint, adire hereditatem poterit.

2. 27. 3   Species conditionum facti

D. 35. 1. 60pr.   Paulus 7 ad l. iul. et pap.

In facto consistentes condiciones varietatem habent et quasi tripertitam recipiunt divisionem, ut quid detur, ut quid fiat, ut quid optingat, vel retro ne detur, ne fiat, ne optingat. ex his dandi faciendique condiciones in personas collocantur aut ipsorum, quibus quid relinquitur, aut aliorum: tertia species in eventu ponetur.

D. 35. 1. 60. 1   Paulus 7 ad l. iul. et pap.

Fiscus iisdem condicionibus parere debet, quibus persona, a qua ad ipsum quod relictum est pervenit, sicut etiam cum suo onere hoc ipsum vindicat.

2. 27. 4   Quando conditiones impletae sint

D. 35. 1. 91   Maecenatus 2 fideic.

Condicionum, quae in futurum conferuntur, triplex natura est, ut quaedam ad id tempus, quo testator vivat, quaedam ad id, quod post mortem eius futurum sit, quaedam ad alterutrum pertineant, tempus autem vel certum vel infinitum comprehendatur: quae omnia non minus in fideicommissis quam in institutionibus ac legatis incidere solent: ut haec condicio 'Titiae, si mihi nupserit' non dubie nisi vivente testatore, illa autem 'si ad exsequias funeris mei venerit' nisi post mortem impleri

2.27.3 事实条件的类型

D. 35, 1, 60pr. 保罗:《尤流斯和帕皮流斯法评注》第7卷

事实条件的存在有着多种形式,其大致被分为三种类型:给予的事实条件、实施的事实条件、发生的事实条件。或者反之:不给予的事实条件、不实施的事实条件、不发生的事实条件。在这些条件中,给予的条件和实施的条件取决于人,无论是依遗嘱获得财物的人或是其他人。第三种条件取决于事件的发生。

D. 35, 1, 60, 1 保罗:《尤流斯和帕皮流斯法评注》第1卷

国库在收回依遗嘱获得遗产的继承人的财物时,同继承人一样,也要遵守遗嘱人设立的条件。因而,当有遗产负担时,国库也要承担之。

2.27.4 条件成就的期限

D. 35, 1, 91 马艾西安:《遗产信托》第2卷

未来条件的三重性有三种情形:一种可能在遗嘱人活着的期间发生;一种可能在遗嘱人去世后发生;一种可能与两个期间均有关,而且这三种情形包括或确定的或非确定的期限在内。通常,三种情形既包含于遗产信托中,又包含于指定继承和遗赠中。例如,有这样一个条件,"如果蒂兹娅嫁给我,我将给她这项财产"。无疑,只有遗嘱人活于人世,应当实现之;但是,另有一个条件是"如果他参加了我的葬礼",那么,除非遗嘱人去世,否则不能实现之。此外,还有一个条件是"如果嫁给我的儿子",则在遗嘱人生前或者死后均可实现之。第一个和第三个属

non possit, illa vero 'si filio meo nupserit' vel vivente vel mortuo testatore impleri possit. et prima quidem ac tertia ex relatis condicionibus infinitum tempus habent: quandoque enim nupserit, impletur condicio: secunda ad certum tempus adscripta est.

D. 35. 1. 75   Papinianus 34 quaest.

Dies incertus condicionem in testamento facit.

2. 27. 5   Conditiones impossibiles

D. 35. 1. 3   Ulpianus 6 ad sab.

Optinuit impossibiles condiciones testamento adscriptas pro nullis habendas.

于未确定期限的条件，因为当女方出嫁时，条件成就；第二个条件属于确定期限的条件。

D. 35, 1, 75　帕比尼安：《问题集》第 34 卷
遗嘱中非确定的期限被视为条件。

2.27.5　不可成就的条件

D. 35, 1, 3　乌尔比安：《萨宾评注》第 6 卷
有一项原则：在遗嘱中写明的条件是一个不可能实现的条件，则被视为未写之。

3. Hereditas legitima

3. 1 Heredes legitima
(D. 38. 16 ; C. 6. 58)

D. 38. 16. 1pr.　Ulpianus 12 ad sab.

Intestati proprie appellantur, qui, cum possent testamentum facere, testati non sunt. sed et is, qui testamentum fecit, si eius hereditas adita non est vel ruptum vel irritum est testamentum, intestatus non improprie dicetur decessisse. plane qui testari non potuit proprie non est intestatus, puta impubes furiosus vel cui bonis interdictum est: sed hos quoque pro intestatis accipere debemus: eum quoque, qui ab hostibus captus est, quoniam per legem Corneliam successio his defertur, quibus deferretur, si in civitate decessisset: nam et eius hereditas fuisse creditur.

D. 38. 16. 13　Gaius 10 ad l. iul. et pap.

Nulla femina aut habet suos heredes aut desinere habere potest propter capitis deminutionem.

3. 无遗嘱继承

3.1 无遗嘱继承人
（D.38, 16；C.6, 58）

D.38, 16, 1pr. 乌尔比安：《萨宾评注》第12卷

那些可以立遗嘱但是未立遗嘱的人被恰当地称为无遗嘱死亡人（intestati）。此外，那些虽然立了遗嘱，但是遗产未被接受或者遗嘱无效或是失效的人也被规范地称为无遗嘱死亡人。不言而喻，不能立遗嘱的人不宜被称为无遗嘱人，例如，未适婚人、精神病人、禁治产人，但是，这些人是无遗嘱死亡人。被敌人俘获的人未立遗嘱的也被认为是无遗嘱人，因为，根据《科尔内流斯法》，对他们的遗产实施继承就如同他们是在自己的国家中死亡一样，他的遗产被认为依然实际存在并要传给他的继承人。

D.38, 16, 13 盖尤斯：《尤流斯和帕皮流斯法评注》第10卷

任何一名女性既然没有自家继承人，也就不会因为她的人格减等而使自家继承人消失。

3. Hereditas legitima

3. 1. 1   Definitio suis intestatae

D. 38. 16. 1. 2   Ulpianus 12 ad sab.

Suos heredes accipere debemus filios filias sive naturales sive adoptivos.

D. 38. 16. 1. 4   Ulpianus 12 ad sab.

Si filius suus heres esse desiit, in eiusdem partem succedunt omnes nepotes neptesque ex eo nati qui in potestate sunt: quod naturali aequitate contingit. filius autem suus heres esse desinit, si capitis deminutione vel magna vel minore exiit de potestate. quod si filius apud hostes sit, quamdiu vivit nepotes non succedunt. proinde etsi fuerit redemptus, nondum succedunt ante luitionem: sed si interim decesserit, cum placeat eum statu recepto decessisse, nepotibus obstabit.

3. 1. 2   De heredibus

C. 6. 55. 2   Imperatores Diocletianus et Maximianus

Nepotes ex diversis filiis varii numeri avo succedentes ab intestato non virilibus portionibus, sed ex stirpibus succedunt.

Diocl. et Maxim. AA. Aviae. ⟨ *a 290 S. III k. Mart. Hadrianopoli Ipsis AA. IIII et III conss.* ⟩

3.1.1 自家继承人

D. 38, 16, 1, 2 乌尔比安:《萨宾评注》第 12 卷

无论是亲生的还是收养的儿子与女儿,我们都应将他们纳入到自家继承人之中。

D. 38, 16, 1, 4 乌尔比安:《萨宾评注》第 12 卷

如果儿子不再是自家继承人,该遗产份额就由他所生的且处于祖父父权之下的全部孙子女进行继承。这是对自然法的公正原则的遵循。如果儿子由于人格大减等或者人格小减等而脱离了父权,他就不再是自家继承人。但是,如果儿子被敌人俘获,只要他活着,孙子女们就不得继承之。因此,如果他被赎出,直到向赎出者偿还赎金之前,其子女不能继承之。但是,如果他在此期间故去,由于在其故去时已恢复了原有状态,则他将成为其孙子女实施继承的障碍。

3.1.2 代位继承

C. 6, 55, 2 戴克里先皇帝和马克西米安皇帝致阿维娅

不同顺序的儿子所生之孙子女,通过无遗嘱继承对祖父的遗产实施继承。但是他们不是按每个人的份额进行继承,而是要在他们代位的范围内进行继承。

(290 年,于阿德亚诺城,戴克里先皇帝第 4 次执政和马克西米安皇帝第 3 次执政)

3. 1. 3 Consanguinei

D. 38. 16. 1. 9 Ulpianus 12 ad sab.

Post suos statim consanguinei vocantur.

D. 38. 16. 1. 10 Ulpianus 12 ad sab.

Consanguineos autem Cassius definit eos, qui sanguine inter se conexi sunt. et est verum eos esse consanguineos, etiamsi sui heredes non extiterunt patri, ut puta exheredatos: sed et si pater eorum deportatus fuerit, nihilo minus eos inter se esse consanguineos, licet patri sui heredes non extitissent: et qui numquam in potestate fuerunt, erunt sibi consanguinei, ut puta qui post captivitatem patris nascuntur vel qui post mortem.

D. 38. 16. 1. 11 Ulpianus 12 ad sab.

Non solum autem naturales, verum etiam adoptivi quoque iura consanguinitatis habebunt cum his qui sunt in familia vel in utero vel post mortem patris nati.

C. 6. 58. 3 Imperator Decius A. Asclepiodotae

Proinde cum fratris tui intestato mortui ad te consanguinitatis iure hereditas pertineat, nulla ratione alterius fratris tui filii ad eandem successionem adspirare desiderant: nam et cessante iure agnationis in persona omnium praetorii iuris beneficio ad te potius, quae secundum gradum obtines, hereditas pertinet quam ad fratris tui filios, qui tertio gradu constituti sunt.

⟨ *a 250 PP. II non. Dec. Decio A. et Grato conss.* ⟩

3.1.3 血亲属

D. 38, 16, 1, 9 乌尔比安:《萨宾评注》第 12 卷

紧随自家继承人之后的是血亲继承人。[①]

D. 38, 16, 1, 10 乌尔比安:《萨宾评注》第 12 卷

卡修斯给血亲继承人下的定义是:因血缘而被维系在一起的人。确实如此,即使他们不是父亲的自家继承人,例如被剥夺了继承权的人,他们依然是血亲属。他们的父亲被流放时,尽管他们不是父亲的自家继承人但并不影响他们之间的血缘关系。即使他们从未处于父亲的父权之下,他们也能是血亲属,例如那些在父亲被敌人俘获或者在父亲去世之后出生的人。

D. 38, 16, 1, 11 乌尔比安:《萨宾评注》第 12 卷

此外,不仅是亲生子女,而且被收养的子女、胎儿,或是在父亲去世后出生的人,以及家庭中的其他人,都有着血缘关系。

C. 6, 58, 3 德秋皇帝致阿斯克莱比尤多达

基于血缘关系,女性们也被允许通过无遗嘱继承获得遗产。这是一项现行的法律规定。因此,基于血缘关系,你的兄弟作为无遗嘱人去世,他的遗产归属于你。你的另一个兄弟的子女没有任何理由要求获得同一项遗产。因为,依裁判官法的精神,伴随着血亲关系的终止,遗产更应归属处于第二顺序的你而非归属于处于第三顺序的你兄弟的子女们。

(250 年,德其皇帝和葛拉多执政)

---

① 这是指实施法定继承。——译者

3. 1. 4 Adgnati proximi

D. 38. 16. 2. 2 Ulpianus 13 ad sab.

Haec hereditas proximo adgnato, id est ei, quem nemo antecedit, defertur, et, si plures sint eiusdem gradus, omnibus, in capita scilicet. ut puta duos fratres habui vel duos patruos, unus ex his unum filium, alius duos reliquit: hereditas mea in tres partes dividetur.

D. 38. 16. 2. 3 Ulpianus 13 ad sab.

Parvi autem refert, adgnatus hic nativitate an adoptione sit quaesitus: nam qui adoptatur isdem fit adgnatus, quibus pater ipsius fuit, et legitimam eorum hereditatem habebit vel ipsi eius.

D. 38. 16. 2. 4 Ulpianus 13 ad sab.

Legitima hereditas tantum proximo defertur. nec interest, unus solus sit an ex duobus prior pluribusve an duo pluresve ab eodem gradu venientes, qui vel ceteros antecedant vel soli sint: quia is est proximus quem nemo antecedit, et is ultimus quem nemo sequitur, et interdum idem primus postremusque, qui solus occurrit.

D. 38. 16. 2. 6 Ulpianus 13 ad sab.

Proximum non eum quaerimus, qui tunc fuit, cum moreretur pater familias, sed eum, qui tunc fuit, cum intestatum decessisse certum est. secundum quae et si suus erat qui praecedebat vel consanguineus, si nemo eorum, cum repudiatur hereditas, vivit, proximum eum accipimus, qui tunc, cum repudiatur hereditas, primus est.

C. 6. 58. 5 Imperatores Diocletianus et Maximianus

Ad intestati successionem agnationis iure quam proximitatis

3.1.4 近宗亲属

D. 38, 16, 2, 2 乌尔比安:《萨宾评注》第 13 卷
这笔遗产被交给近宗亲属,也就是说在他们之前的顺序中没有任何人。如果在同一顺序中有多个人,则人均有份。例如,我有两个兄弟或者两个叔叔,他们中的一个人只有一个独子,而另一个人有两个子女,我的遗产便被分为三份。

D. 38, 16, 2, 3 乌尔比安:《萨宾评注》第 13 卷
该宗亲属关系的产生是基于亲生或是基于收养这并不重要。因为,谁被收养,谁就变成收养者的宗亲属,他可对父亲的遗产实施法定继承,父亲也可对他的遗产实施法定继承。

D. 38, 16, 2, 4 乌尔比安:《萨宾评注》第 13 卷
法定继承仅由近宗亲属实施。是否仅有一个近宗亲属继承人或是有两个抑或两个以上处于同一顺序的近宗亲属,这都无关紧要。因为近宗亲属(proximus)是在所有人之前的人。远宗亲属是指在其后不再有任何继承人的人。有时仅有一个近宗亲属继承人,他既是第一顺序,又是最后一个顺序。

D. 38, 16, 2, 6 乌尔比安:《萨宾评注》第 13 卷
我们认为:近宗亲属不是在家父去世时离他最近的亲属,而是在已故者显然无遗嘱时离他最近的亲属。鉴于此,如果他们放弃遗产之后都去世了,即使他是一个处于血亲之前的自家继承人或者是一个血亲属,我们认为:他们放弃遗产之后的第一继承顺序中的继承人是近宗亲属。

C. 6, 58, 5 戴克里先皇帝和马克西米安皇帝致古里拉
显然,就基于宗亲属关系而实施无遗嘱继承的人而言,其宗

venientes haberi potiores certum est.

Diocl. et Maxim. AA. et CC. Cyrillae. ⟨ *a 293 Supposita XVI k. Iul.*

Sirmi AA. conss. ⟩

3. 1. 5   Libertus intestatus

D. 38. 16. 3pr.   Ulpianus 14 ad sab.

Intestato liberto mortuo primum suis deferri hereditatem verum est:
si hi non fuerint, tunc patrono.

D. 38. 16. 3. 6   Ulpianus 14 ad sab.

Si municipes servum manumiserint, admittentur ad legitimam
hereditatem in bonis liberti vel libertae intestatorum.

3. 1. 6   Hereditas ventris

D. 38. 16. 3. 9   Ulpianus 14 ad sab.

Utique et ex lege duodecim tabularum ad legitimam hereditatem
is qui in utero fuit admittitur, si fuerit editus. inde solet remorari
insequentes sibi adgnatos, quibus praefertur, si fuerit editus: inde et
partem facit his qui pari gradu sunt, ut puta frater unus est et uterus, vel
patrui filius unus natus et qui in utero est.

D. 38. 16. 3. 11   Ulpianus 14 ad sab.

Post decem menses mortis natus non admittetur ad legitimam
hereditatem.

D. 38. 16. 3. 12   Ulpianus 14 ad sab.

De eo autem, qui centensimo octogensimo secundo die natus est,

亲属关系越近，其越优先实施继承。

（293 年，于西尔米，上述皇帝执政）

3.1.5　解放自由人的无遗嘱继承

D. 38, 16, 3pr.　乌尔比安：《萨宾评注》第 14 卷

解放自由人无遗嘱而亡，显然，遗产首先要给他的继承人，如果没有这些继承人，则遗产归保护人继承。

D. 38, 16, 3, 6　乌尔比安：《萨宾评注》第 14 卷

如果自治城市的执政官解放了一个奴隶，则其被允许以法定继承人的身份继承无遗嘱去世的男性或女性解放自由人的遗产。

3.1.6　胎儿的继承

D. 38, 16, 3, 9　乌尔比安：《萨宾评注》第 14 卷

依《十二表法》的规定，胎儿也被允许实施法定继承，当然他要问于人世。因此，通常将他置于那些在他的继承顺序之后的血亲属之前，只要如上所述，即他肯定会出生。为此，他与处于同一顺序的人一样也有一份额。例如，去世者的兄弟和胎儿，或是叔叔的已出生的独子和尚未出生的孩子。

D. 38, 16, 3, 11　乌尔比安：《萨宾评注》第 14 卷

在已故者去世十个月之后出生的人不被允许实施法定继承。

D. 38, 16, 3, 12　乌尔比安：《萨宾评注》第 14 卷

至于 182 天之后出生的人，海波克拉台斯曾写道：应认为

3. Hereditas legitima

Hippocrates scripsit et divus Pius pontificibus rescripsit iusto tempore videri natum, nec videri in servitutem conceptum, cum mater ipsius ante centensimum octogensimum secundum diem esset manumissa.

3. 1. 7   De pluribus heredibus legitimis

D. 38. 16. 9   Marcianus 5 inst.
Si ex pluribus legitimis heredibus quidam omiserint adire hereditatem vel morte vel qua alia ratione impediti fuerint, quo minus adeant, reliquis, qui adierint, adcrescit illorum portio et licet decesserint, antequam adcresceret, hoc ius ad heredes eorum pertinet. alia causa est instituti heredis et coheredi substituti: huic enim vivo defertur ex substitutione hereditas, non etiam, si decesserit, heredem eius sequitur.

3. 1. 8   Exaequatio inter adgnatos et cognatos

C. 6. 58. 15pr.   Imperator Iustinianus
Meminimus antea divinam promulgasse constitutionem, per quam ad vestigia legis duodecim tabularum totam progeniem ex legitima subole descendentem sive masculinam sive femininam legitimo iure hereditatem adipisci sanximus, ut, quemadmodum ipsis a legitimis succeditur, ita et ipsae legitimarum personarum amplectantur successionem.

C. 6. 58. 15. 1   Imperator Iustinianus
In qua constitutione unum gradum ex cognatis in ius legitimum reduximus, id est germanae filios et filias et sororis uterinae filios ac

他是在法定时间之内出生的。皮乌斯皇帝给祭司的批复亦如是说。如果母亲在 182 天之前成为解放自由人，那么胎儿不被认为是奴隶。

3.1.7　多个法定继承人

D. 38, 16, 9　马尔西安：《法学阶梯》第 5 卷

如果在数个法定继承人中，由于去世或者其他任何阻却接受遗产的理由，有人未接受遗产，则其份额归于其他法定继承人。即使在份额增加之前他们去世了，该增加份额的权利亦转移给他们的继承人。此外，指定继承人和对共同继承人的替补不同于上述情况，因为要将遗产交给活着的进行替补的人，而不是如果他去世就将遗产交给他的继承人。

3.1.8　宗亲和血亲之间的平等地位

C. 6, 58, 15pr.　优士丁尼皇帝致大区长官乔万尼

我们曾经颁布过一项谕令。在谕令中，我们依据《十二表法》做出规定：基于合法婚姻出生的每一个后代，无论男女，都有法定继承权。因此，如同我们允许基于合法婚姻出生的男性进行继承一样，我们也允许基于合法婚姻出生的女性进行继承。

C. 6, 58, 15, 1　优士丁尼皇帝致大区长官乔万尼

在该谕令中，我们将血亲，即同父同母所生的子女和同母异父姐妹的子女都纳入到同一顺序的合法地位中。我们规定该谕

3. Hereditas legitima

filias: quam constitutionem in suo robore permanere censemus, cum et in nostris institutionibus tenor eius a nobis relatus est.

C. 6. 58. 15. 1b   Imperator Iustinianus

Cum igitur praetor filium emancipatum, licet subtili iure capite fuerat deminutus, attamen in patris successione sine ulla deminutione vocare manifestissimus est, non eodem autem iure ad fratrum suorum successionem ab eo vocabatur, sed nec filii eius iure legitimo suis patruis succedebant, necessarium duximus hoc primum corrigere et legem anastasianam iusto incremento perfectam ostendere, ut emancipatus filius et filia non solum in paternis bonis ad suorum similitudinem succedant, sed etiam in fratrum vel sororum suarum successione, sive omnes emancipati sint sive permixti sui cum emancipatis, aequo iure invicem sibi succedant et non secundum legem Anastasianam parte aliqua deminuta. et haec quidem de fi liis emancipatis sancire bellissimum nobis visum est.

C. 6. 58. 15. 2   Imperator Iustinianus

Sed nec fratrem vel sororem uterinos concedimus in cognationis loco relinqui. cum enim tam proximo gradu sunt, merito eos sine ulla differentia, tamquam si consanguinei fuerant, cum legitimis fratribus et sororibus vocandos esse sancimus, ut secundo gradu constituti et legitima successione digni reperti aliis omnibus, qui sunt ulterioris gradus, licet legitimi sint, praecellant. et haec quidem de secundi gradus successione satis abundeque nobis cum summa utilitate disposita sunt.

Iust. A. Iohanni pp. ⟨ *a 534 D. id. Oct. Constantinopoli dn. Iustiniano A. pp. IIII et Paulino vc. conss.* ⟩

令一直保持其效力。我们将在《法学阶梯》中详细地解释它的内容。

C. 6, 58, 15, 1b 优士丁尼皇帝致大区长官乔万尼

由于裁判官明确规定一个脱离父权的儿子即使处于人格小减等的地位上也不会对他继承父亲的遗产有妨碍，以及由于裁判官根据同一法律不允许已故者的兄弟参与继承且裁判官不考虑侄子女们对他们的叔伯们的遗产进行法定继承，对此，我们认为有必要对前面所述的内容作一修正并提出一个公正的补充性内容，以便完善《阿那斯塔修斯法》。这样，使得脱离父权的儿子和女儿不仅以类似于自家继承人的身份继承父亲的遗产，而且还在他们的兄弟或姐妹的遗产继承中相互平等地进行继承，无论这些兄弟姐妹均是脱离父权之人，或是自家继承人；此外，他们都有同样的继承份额而非根据《阿那斯塔修斯法》的规定减少他们的份额。在我们看来，为脱离父权的子女做出这样的规定是非常恰当的。

C. 6, 58, 15, 2 优士丁尼皇帝致大区长官乔万尼

但是，我们不允许一个同母兄弟或者一个同母姐妹仅有一个血亲的位置。我们规定：由于他们处于非常近的顺序中，他们要与婚生的兄弟姐妹一起进行继承，在他们之间没有差异，就如同有着同一血缘关系一样。我们也规定：作为第二顺序的血亲，他们有着法定继承的资格。与其次顺序的人，即使是亲生的所有的人相比，第二顺序的血亲要被优先考虑。至此，对第二顺序继承人，我们已经行之有效地给予了相当详细地规定。

（534 年，于君士坦丁堡，优士丁尼皇帝第 4 次执政和保利诺执政）

3. 2 SC Tertullianum
(D. 38. 17 ; C. 6. 56)

D. 38. 17. 2pr. Ulpianus 13 ad sab.

Sive ingenua sit mater sive libertina, habebit Tertullianum commodum.

D. 38. 17. 2. 1 Ulpianus 13 ad sab.

Filium autem vel filiam accipere debemus, sive iuste sint procreati vel vulgo quaesiti: idque in vulgo quaesitis et Iulianus libro quinquagensimo nono Digestorum scripsit.

D. 38. 17. 2. 6 Ulpianus 13 ad sab.

Liberi defuncti sui quidem obstabunt matri eius tam virilis sexus quam feminini, tam naturales quam adoptivi matremque excludunt, bonorum possessores vero etiam non sui et quidem soli naturales. adoptivi autem liberi post emancipationem ita admittuntur, si ex liberis naturalibus fuerint, ut puta nepos naturalis ab avo adoptatus: nam licet sit emancipatus, bonorum possessione accepta matri obstabit.

D. 38. 17. 2. 15 Ulpianus 13 ad sab.

Obicitur matri pater in utriusque bonis tam filii quam filiae, sive heres sive bonorum possessor existat. sed neque avus neque proavus in tertulliano matri nocent, quamvis fiduciam contraxerint. pater autem tantum naturalis, non etiam adoptivus matri nocet: verius est enim, cum pater esse desierit, a matre eum excludi: sed nec ad bonorum

3.2 《德尔图里亚努斯元老院决议》
（D. 38, 17；C. 6, 56）

D. 38, 17, 2pr.　乌尔比安：《萨宾评注》第 13 卷

母亲无论是生来自由人或是解放自由人，她均享有《德尔图里亚努斯元老院决议》的利益。

D. 38, 17, 2, 1　乌尔比安：《萨宾评注》第 13 卷

但是，我们应当将儿子或是女儿理解为或是婚生（iuste pro-creato）或是非婚生（vulgaris procreato）。尤里安在《学说汇纂》第 59 卷中提到婚生子女时采纳了该观点。

D. 38, 17, 2, 6　乌尔比安：《萨宾评注》第 13 卷

已故者的子女作为"自家继承人"阻碍着他的母亲实施法定继承。子女是男性也好，是女性也好，亲生的也罢，收养的也罢，均将母亲排斥在法定继承人之外。只是亲生的而非是自家继承人的遗产占有人，也将母亲排斥在法定继承人之外。收养的子女被允许脱离父权后，只要他们是亲生的，就允许他们进行继承，例如，一个亲生的被祖父收养的孙子。因为，脱离父权者一旦获得遗产占有就具有优先地位而会阻碍母亲进行法定继承。

D. 38, 17, 2, 15　乌尔比安：《萨宾评注》第 13 卷

在对儿子或者女儿的遗产进行继承中，作为继承人或是遗产占有人的父亲优先于母亲。但是，在《德尔图里亚努斯元老院决议》中，祖父或者曾祖父对母亲都不构成障碍，尽管祖父或者曾祖父均可能受到信托。至于父亲，仅是生父而非养父优先于母亲

3. Hereditas legitima

possessionem contra tabulas eum admitti, cum pater esse desierit.

D. 38. 17. 2. 18　Ulpianus 13 ad sab.

Si sit consanguinea soror defuncti, sit et mater, sit et pater adoptatus vel emancipatus: si consanguinea velit habere hereditatem, matrem ex senatus consulto una cum ea venire, patrem excludi placet: si consanguinea repudiet, matrem ex senatus consulto propter patrem non venire: et quamvis alias non soleat mater exspectare consanguineam, velit nec ne adire hereditatem, nunc tamen exspectaturam: consanguinea enim est, quae patrem excludit. repudiante igitur consanguinea bonorum possessionem habebit mater cum patre quasi cognata, sed et in hac moram patietur nec ante accipiet bonorum possessionem quam pater petierit, quoniam omittente eo potest ex senatus consulto succedere.

D. 38. 17. 2. 20　Ulpianus 13 ad sab.

Si mater hereditatem filii filiaeve non adierit ex senatus consulto Tertulliano, in bonorum possessione antiquum ius servandum est: cum enim esset praelatio matre omittente senatus consulti beneficium, ius succedit vetus.

D. 38. 17. 2. 23　Ulpianus 13 ad sab.

Si mater non petierit tutores idoneos filiis suis vel prioribus excusatis reiectisve non confestim aliorum nomina ediderit, ius non habet vindicandorum sibi bonorum intestatorum filiorum. et quidem si non petit, incidit: ait enim 'vel non petere'. sed a quo non petere? loquitur quidem de praetore constitutio: sed puto et in provinciis locum habere, etiamsi a magistratibus municipalibus non petat, quoniam et magistratibus municipalibus dandi necessitas iniungitur.

进行法定继承。更可被接受的观点是，当父亲不再有父权时，他将被母亲所排斥。因为，当父亲不再有父权时，母亲不被允许实施对抗遗嘱的遗产占有。

D. 38, 17, 2, 18　乌尔比安:《萨宾评注》第 13 卷

如果已故者有同父异母的姐妹、母亲以及被收养或脱离父权的父亲，倘若同父异母的姐妹希望进行继承，那么，依元老院决议，母亲同她一起进行继承，而父亲被排斥在外；倘若同父异母的姐妹放弃继承，依据元老院决议，母亲由于父亲的存在而不能进行继承。尽管母亲通常不必等待已故者的同父异母的姐妹提出希望或是不希望接受遗产的期限，但是，此时她要等待这个期限，因为有了已故者的同父异母的姐妹，就将父亲排斥在外。为此，当已故者的同父异母的姐妹放弃遗产时，母亲同父亲一起作为血亲实施遗产占有。不过，如果遗产占有被推迟，在父亲提出要求之前，母亲不能进行遗产占有，因为，依元老院决议，只有父亲不要求遗产占有时，母亲才可以继承遗产。

D. 38, 17, 2, 20　乌尔比安:《萨宾评注》第 13 卷

如果母亲不依《德尔图里亚努斯元老院决议》接受儿子或女儿的遗产，则对他们的遗产占有要依古法进行。因为，当母亲放弃元老院决议的优待时，她将依古法实施继承。

D. 38, 17, 2, 23　乌尔比安:《萨宾评注》第 13 卷

如果母亲没有为她的子女要求合适的监护人，而她过去要求的监护人或是被拒绝或是被撤销，她并未因此马上要求其他的人作为监护人，那么，她没有权利对无遗嘱而亡的子女的遗产提出要求。无论如何，如果她没有要求监护人，便发生上述情况。因为，谕令的词句是："她没有提出要求。"但是，她向谁提出要求呢？我认为：该规定也适用于各行省。即使她没有向城市裁判官

C. 6. 56. 2   Imperatores Diocletianus et Maximianus

In successionem filii vel filiae communis sine liberis et fratribus vel sororibus morientis pater manumissor, quia ei sit vetus ius servatum, matri praefertur.

Diocl. et Mmaxim. AA. et CC. Rhesae. ⟨ *a 294 S. VI id. Dec. CC. conss.* ⟩

C. 6. 56. 7pr.   Imperator Iustinianus

Si quis vel si qua matre superstite et fratre vel legitimo vel sola cognationis iura habente intestatus vel intestata decesserit, non excludi a filii successione matrem, sed una cum fratre mortui vel mortuae, si superstes vel filius vel privignus ipsius sit, ad eam pervenire ad similitudinem sororum mortui vel mortuae: ita tamen, ut, si quidem solae sorores agnatae vel cognatae et mater defuncti vel defunctae supersint, pro veterum legum tenore dimidiam quidem mater, alteram vero dimidiam partem omnes sorores habeant: sin vero matre superstite et fratre vel fratribus solis vel etiam cum sororibus intestatus quis vel intestata moriatur, in capita distribuatur eius hereditas nec liceat matri occasione soro rum mortui vel mortuae ampliorem partem sibi vindicare, quam rata portio capitum exigit: patruo scilicet mortui vel mortuae eius filio vel nepote nullum ius ad eius hereditatem matre herede existente habentibus nec ex veteribus legibus vel ex constitutionibus partem matris minui.

C. 6. 56. 7. 1   Imperator Iustinianus

Sin autem defuncta persona non solum matrem et fratres et sorores superstites habeat, sed etiam patrem, si quidem sui iuris decessit, quia patris persona interveniens matris iura superare videtur, omnibus pio animo providentes sancimus fratres quidem et sorores mortuae personae （praetor）提出要求，还可向行省执政官（magistratus）提出。城市执政官负有指定监护人的义务。

C. 6, 56, 2 戴克里先皇帝和马克西米安皇帝致雷萨

在同父同母的儿子或女儿的遗产继承中，已故者没有子女、兄弟和姐妹，父亲将他自父权下解脱出来，那么父亲要优先于母亲被考虑继承，因为要对他适用古法。

（294年，上述皇帝执政）

C. 6, 56, 7pr. 优士丁尼皇帝致大区长官梅纳

如果一名男子或者一名女子未立遗嘱而故去，一名或是亲生的或是仅为同母的兄弟及母亲活着。在这种情况下，母亲不被排斥在继承之外，但是要同已故者的兄弟一起继承；如果已故者的兄弟有一个儿子或者他兄弟的前妻之子活着，则已故者的母亲就像已故者的姐妹一样地参与遗产继承。但是，如果仅是已故者的同父异母姐妹及母亲活着，依照古法，母亲继承一半，其他所有的姐妹继承另一半遗产。不过，如果一名男子或者一名女子未立遗嘱而亡，母亲和一名兄弟活着，或者仅有几名兄弟活着，或者几名兄弟和几名姐妹活着，已故者的遗产按人头分配。不允许母亲像已故者仅有几名活着的姐妹那样被给予遗产的大部分，而要按人头分配。自然，当母亲是继承人时，已故者的叔叔没有继承权，叔叔的儿子或者孙子也不能继承已故者的遗产，无论是古法还是现行法都没有减少母亲的份额。

C. 6, 56, 7, 1 优士丁尼皇帝致大区长官梅纳

但是，如果已故者不仅有活着的母亲、兄弟和姐妹们，父亲也在人世。如果因为父亲的出现使人认为他的法律地位高于母亲，并且已故者是作为自权人而亡，那么，我们要非常仁慈地考虑所有人的利益，我们规定：已故者的兄弟姐妹仅对我们称

3. Hereditas legitima

ad successionem proprietatis solos pro virili parte vocari, patri autem et matri usus fructus totius successionis bessem competere aequa lance inter patrem et matrem dividendum, reliqua parte usus fructus apud fratres et sorores remanente.

Iust. A. Menae pp. ⟨ *a 528 D. k. Iun. Constantinopoli dn. Iustiniano A. pp. II cons.* ⟩

3. 3   SC Orfitianum
(D. 38. 17 ; C. 6. 57)

D. 38. 17. 1pr.   Ulpianus 12 ad sab.

Sive ingenua sive libertina mater est, admitti possunt liberi ad hereditatem eius ex senatus consulto Orphitiano.

D. 38. 17. 1. 2   Ulpianus 12 ad sab.

Sed et vulgo quaesiti admittuntur ad matris legitiman hereditatem.

D. 38. 17. 1. 4   Ulpianus 12 ad sab.

Filio, qui mortis tempore matris civis Romanus fuit, si ante aditam hereditatem in servitutem deducatur, legitima hereditas non defertur nec si postea liber factus sit, nisi forte servus poenae effectus beneficio principis sit restitutus.

D. 38. 17. 1. 5   Ulpianus 12 ad sab.

Sed si matris exsecto ventre filius editus sit, magis dicendum est hunc quoque ad legitimam hereditatem admitti: nam et institutus secundum tabulas et ab intestato unde cognati et multo magis unde

之为人头份额的遗产所有权进行继承。父亲和母亲平等地享有遗产的三分之二的用益权，三分之一的用益权归全部兄弟姐妹享有。

（528 年，于君士坦丁堡，优士丁尼皇帝第 2 次执政）

3.3 《奥尔菲狄亚努斯元老院决议》
（D. 38, 17 ；C. 6, 57）

D. 38, 17, 1pr. 乌尔比安：《萨宾评注》第 12 卷

母亲无论是生来自由人（ingenua）或是解放自由人（libertina），依《奥尔菲狄亚努斯元老院决议》，子女们能够继承她的遗产。

D. 38, 17, 1, 2 乌尔比安：《萨宾评注》第 12 卷

非婚生子也被允许对母亲的遗产进行法定继承。

D. 38, 17, 4 莫德斯丁：《规则集》第 9 卷

有一项法律原则：未立遗嘱而亡的母亲的遗产归属于她的所有的子女，其中包括不同的婚姻所生的子女。

D. 38, 17, 1, 5 乌尔比安：《萨宾评注》第 12 卷

当已去世的母亲被剖腹后生出了一个活着的儿子时，人们更趋向于认为该儿子也被允许对母亲的遗产进行法定继承。因为，他作为遗嘱指定的人 [①] 能够要求依遗嘱的遗产占有，他更可以作为一名血亲和婚生子要求无遗嘱的遗产占有，下述情况就是对上面内容的证实：胎儿根据告示的任何一部分内容都被允许要求进

---

① 可对剖腹生出的婴儿进行指定。——译者

3. Hereditas legitima

legitimi bonorum possessionem petere potuit: argumento est, quod venter in possessionem ex omni parte edicti mittitur.

D. 38. 17. 1. 8　Ulpianus 12 ad sab.

Capitis minutio salvo statu contingens liberis nihil nocet ad legitimam hereditatem: nam vetus sola hereditas, quae lege duodecim tabularum defertur, capitis minutione peremitur, novae vel ex lege vel ex senatus consultis delatae non peremuntur capitis deminutione. proinde sive quis ante delatam capite minuatur, ad legitimam hereditatem admittetur, nisi magna capitis deminutio interveniat, quae vel civitatem adimit, ut puta si deportetur.

D. 38. 17. 1. 9　Ulpianus 12 ad sab.

'si nemo filiorum eorumve, quibus simul legitima hereditas defertur, volet ad se eam hereditatem pertinere, ius antiquum esto'. hoc ideo dicitur, ut, quamdiu vel unus filius vult legitimam hereditatem ad se pertinere, ius vetus locum non habeat: itaque si ex duobus alter adierit, alter repudiaverit hereditatem, ei portio adcrescet. et si forte sit filius et patronus, repudiante filio patrono defertur.

C. 6. 57. 5pr.　Imperator Iustinianus

Si qua illustris mulier filium ex iustis nuptiis procreaverit et alterum spurium habuerit, cui pater incertus sit, quemadmodum res maternae ad eos perveniant, sive tantummodo ad liberos iustos sive ad spurios, dubitabatur.

C. 6. 57. 5. 1　Imperator Iustinianus

Sancimus itaque, ut neque ex testamento neque ab intestato neque a liberalitate inter vivos habita iustis liberis existentibus aliquid penitus ab illustribus matribus ad spurios perveniat, cum in mulieribus ingenuis

行遗产占有。

D. 38, 17, 1, 8　乌尔比安:《萨宾评注》第 12 卷

儿子的身份发生人格减等时,只要不改变市民和自由人的身份,就不妨碍儿子对母亲的遗产进行法定继承。因为,只有根据《十二表法》古老的规定,已被给予的继承权会因身份的人格减等而被取消。依谕令或是依元老院决议新的规定,已被给予的继承权并不因为身份的人格减等而被取消。因此,一个人在进行继承之前身份发生人格减等,同样被允许实施法定继承,除非发生人格大减等导致其市民身份和自由权被剥夺,例如被放逐。

D. 38, 17, 1, 9　乌尔比安:《萨宾评注》第 12 卷

"如果在子女中或者在允许法定继承的人们中没有任何人愿意接受他的那份遗产,对这种情况要遵守古法。"可以认为,只要有一名儿子希望进行法定继承时,古法即不可适用之。鉴于此,如果两个人中,一个人接受法定继承,另一个人放弃法定继承,则后者的份额追加给前者。如果有一名家子和保护人,家子放弃继承,则该份额归于保护人。

C. 6, 57, 5pr.　优士丁尼皇帝致大区长官德莫斯特尼

如果一名有着显赫社会地位的妇女生育了一名基于合法婚姻出生的儿子和一名生父不明的非婚生子。人们将产生一个疑问:对母亲的遗产是仅仅婚生子继承还是非婚生子也进行继承?

C. 6, 57, 5, 1　优士丁尼皇帝致大区长官德莫斯特尼

对此,我们规定:既不基于遗嘱继承,也不基于无遗嘱继承,亦非基于活着的人们之间的赠与,只要存在婚生子女,就阻却有着显赫社会地位的母亲的遗产转给非婚生子。如果母亲是生来自由人和有着显赫社会地位,她的主要义务是奉守贞节,因

et illustribus, quibus castitatis observatio praecipuum debitum est, et nominari spurios satis iniuriosum, satis acerbum et nostris temporibus indignum esse iudicamus et hanc legem ipsi pudicitiae, quam semper colendam censemus, merito dedicamus.

Iust. A. Demostheni pp. ⟨ *a 529 D. XV k. Oct. Chalcedone Decio vc.* *cons.* ⟩

3. 4   Bonorum possessio sine tabulis

(D. 38. 15)

3. 4. 1   Condiciones generales

D. 38. 15. 1pr.   Modestinus 6 pand.

Intestati hi gradus vocantur: primum sui heredes, secundo legitimi. tertio proximi cognati, deinde vir et uxor.

D. 38. 15. 1. 1   Modestinus 6 pand.

Sive tabulae testamenti non exstent, sive exstent, si secundum eas vel contra eas bonorum possessionem nemo accepit, intestati detur bonorum possessio.

此，我们认为：她的非婚生子被指定为继承人是十分耻辱的，是令人难堪的，并且是不道德的。我们发出这一谕令是为了有利于奉守贞节，我们始终认为贞节应当被奉守。

（529 年，于卡尔切多尼亚，德其执政）

3.4　无遗嘱之遗产占有

（D. 38, 15）

3.4.1　一般条件

D. 38, 15, 1pr.　莫德斯丁:《学说汇纂》第 6 卷

对一名无遗嘱人的遗产占有的顺序是："自家继承人"为第一顺序，法定继承人为第二顺序，近血亲属为第三顺序，其后是丈夫和妻子。

D. 38, 15, 1, 1　莫德斯丁:《学说汇纂》第 6 卷

无论是否有遗嘱，如果没有任何人接受依照遗嘱的遗产占有或者对抗遗嘱的遗产占有，则被给予无遗嘱的遗产占有。

3. 5   Unde liberi

(D. 38. 6)

D. 38. 6. 1. 5   Ulpianus 44 ad ed.

Recte autem praetor a liberis initium fecit ab intestato successionis, ut, sicuti contra tabulas ipsis defert, ita et ab intestato ipsos vocet.

D. 38. 6. 1. 6   Ulpianus 44 ad ed.

Liberos autem accipere debemus quos ad contra tabulas bonorum possessionem admittendos diximus, tam naturales quam adoptivos. sed adoptivos hactenus admittimus, si fuerint in potestate: ceterum si sui iuris fuerint, ad bonorum possessionem non invitantur, quia adoptionis iura dissoluta sunt emancipatione.

D. 38. 6. 1. 9   Ulpianus 44 ad ed.

Si emancipatus filius exheres fuerit, is autem qui in potestate fuerat praeteritus, emancipatum petentem ab intestato bonorum possessionem unde liberi tueri debet praetor usque ad partem dimidiam, perinde atque si nullas tabulas pater reliquisset.

D. 38. 6. 2   Iulianus 27 dig.

Emancipatus praeteritus si contra tabulas bonorum possessionem non acceperit et scripti heredes adierint hereditatem, sua culpa amittit paternam hereditatem: nam quamvis secundum tabulas bonorum

3.5 子女
（D.38,6）

D.38,6,1,5 乌尔比安:《告示评注》第44卷

裁判官宜从子女们开始无遗嘱继承,这实际上如同给他们以对抗遗嘱的遗产一样,也在他们无遗嘱继承的情况下先称其为继承。

D.38,6,1,6 乌尔比安:《告示评注》第44卷

我们应当认为,所有的被允许进行对抗遗嘱的遗产占有的人都被视为子女,其中包括亲生子女和养子女;但是,只有处于父权之下的养子女才被允许进行无遗嘱的遗产占有。如果养子女是自权人,则不被允许实施遗产占有,因为收养关系伴随着脱离父权而被终止。

D.38,6,1,9 乌尔比安:《告示评注》第44卷

如果一名脱离父权的儿子被剥夺了继承权,但是,另一个在父权之下的儿子被疏漏,那么,在该脱离父权的儿子要求作为儿子获得无遗嘱的遗产占有时,裁判官应当比照父亲未留下任何遗嘱的情况给他一半的遗产。

D.38,6,2 尤里安:《学说汇纂》第27卷

如果未发生对抗遗嘱的遗产占有,并且被指定的继承人们接受了遗产,则被疏漏的脱离父权的人[①]基于他自己的过错而

---

① 被疏漏的脱离父权的人可以接受对抗遗嘱的遗产占有。——译者

3. Hereditas legitima

possessio petita non fuerit, non tamen eum praetor tuetur, ut bonorum possessionem accipiat unde liberi. nam et patronum praeteritum, si non petat contra tabulas bonorum possessionem, ex illa parte edicti, unde legitimi vocantur, non solet tueri praetor adversus scriptos heredes.

3. 6 Unde legitimi
(D. 38. 7)

D. 38. 7. 2. 4 Ulpianus 46 ad ed.

Haec autem bonorum possessio omnem vocat, qui ab intestato potuit esse heres, sive lex Duodecim tabularum eum legitimum heredem faciat sive alia lex Senatusve consultum. denique mater, quae ex senatus consulto venit Tertulliano, item qui ex Orphitiano ad legitimam hereditatem admittuntur, hanc bonorum possessionem petere possunt.

D. 38. 7. 2pr. Ulpianus 46 ad ed.

Si repudiaverint sui ab intestato bonorum possessionem, adhuc dicemus obstare eos legitimis, hoc est his, quibus legitima potuit deferri hereditas, idcirco, quia repudiando quasi liberi bonorum possessionem hanc incipiunt habere quasi legitimi.

D. 38. 7. 2. 1 Ulpianus 46 ad ed.

Haec autem bonorum possessio non tantum masculorum defertur,

丧失父亲的遗产。事实上，即使脱离父权的人没有要求依照遗嘱的遗产占有，裁判官也并不因此给他以救济使得他作为儿子获得遗产占有，同样，被疏漏的保护人没有要求对抗遗嘱的遗产占有，依告示有关法定继承人能获得遗产占有的规定，裁判官通常不否定被指定的继承人而给保护人以救济。[①]

3.6 法定继承人

（D. 38, 7）

D. 38, 7, 2, 4 乌尔比安：《告示评注》第 46 卷

这种遗产占有或依《十二表法》，或依其他的法律，或依元老院决议而给予无遗嘱继承中的所有的人。因此，如同依《奥尔菲狄亚努斯元老院决议》接受法定继承的人一样，母亲根据《德尔图里亚努斯元老院决议》能够要求该遗产占有。

D. 38, 7, 2pr. 乌尔比安：《告示评注》第 46 卷

但是，我们认为：如果自家继承人放弃无遗嘱的遗产占有，这对于能够被给予法定继承的人构成障碍，因为，只有当自家继承人作为儿子放弃遗产占有时，他们才能够开始作为法定继承人拥有遗产。

D. 38, 7, 2, 1 乌尔比安：《告示评注》第 46 卷

这种遗产占有不仅给予男性，而且给予女性；不仅给予生来

---

① 依告示的有关内容，被疏漏的保护人不能作为法定继承人获得遗产占有。——译者

verum etiam feminarum, nec tantum ingenuorum, verum etiam libertinorum. communis est igitur pluribus. nam et feminae possunt vel consanguineos vel adgnatos habere, item libertini possunt patronos patronasque habere.

3. 7   Unde cognati

(D. 38. 8)

D. 38. 8. 1pr.   Ulpianus 46 ad ed.

Haec bonorum possessio nudam habet praetoris indulgentiam neque ex iure civili orginem habet: nam eos invitat ad bonorum possessionem. qui iure civili ad successionem admitti non possunt, id est cognatos.

D. 38. 8. 2   Gaius 16 ad ed. provinc.

Hac parte proconsul naturali aequitate motus omnibus cognatis promittit bonorum possessionem, quos sanguinis ratio vocat ad hereditatem, licet iure civili deficiant. itaque etiam vulgo quaesiti liberi matris et mater talium liberorum, item ipsi fratres inter se ex hac parte bonorum possessionem petere possunt, quia sunt invicem sibi cognati, usque adeo ut praegnas quoque manumissa si pepererit, et is qui natus est matri et mater ipsi et inter se quoque qui nascuntur cognati sint.

D. 38. 8. 1. 2   Ulpianus 46 ad ed.

Pertinet autem haec lex ad cognationes non serviles: nec enim facile ulla servilis videtur esse cognatio.

自由人，而且给予解放自由人。因此，这种遗产占有是由若干人共同进行之。就如同解放自由人能够获得男性和女性保护人的遗产占有一样，有血亲关系的妇女可以进行遗产占有。

3.7 血亲
（D. 38, 8）

D. 38, 8, 1pr.   乌尔比安：《告示评注》第46卷

血亲实施的这种遗产占有来源于裁判官的公正的仁慈，而非来源于市民法，因为裁判官将遗产占有给予了依市民法不被允许进行继承的血亲们。

D. 38, 8, 2   盖尤斯：《行省告示评注》第16卷

在《行省告示》的这部分内容中，尽管依市民法，血亲们不能要求继承，但是行省总督根据自然法的公平原则，允许所有的血亲们基于血缘关系对遗产要求遗产占有。因此，根据告示的这部分内容，非婚生子能够要求对母亲的遗产实施占有；同样，非婚生子的母亲也可要求对非婚生子的遗产实施占有。因为，他们互为血亲。鉴于此，如果一个被解放的怀孕的女奴分娩，告示的该部分同样适用于兄弟姐妹之间的遗产占有，他们可以相互要求遗产占有。

D. 38, 8, 1, 2   乌尔比安：《告示评注》第46卷

但是，这个关于血亲的告示不适用于奴隶的血亲，因为，奴隶很难被看作一名血亲。

3. Hereditas legitima

D. 38. 8. 1. 3   Ulpianus 46 ad ed.

Haec autem bonorum possessio, quae ex hac parte edicti datur, cognatorum gradus sex complectitur et ex septimo duas personas sobrino et sobrina natum et natam.

D. 38. 8. 1. 4   Ulpianus 46 ad ed.

Cognationem facit etiam adoptio: etenim quibus fiet adgnatus hic qui adoptatus est, isdem etiam cognatus fiet: nam ubicumque de cognatis agitur, ibi sic accipiemus, ut etiam adoptione cognati facti contineantur. evenit igitur, ut is qui in adoptionem datus est tam in familia naturalis patris iura cognationis retineat quam in familia adoptiva nanciscatur: sed eorum tantum cognationem in adoptiva familia nanciscetur, quibus fit adgnatus, in naturali autem omnium retinebit.

D. 38. 8. 1. 10   Ulpianus 46 ad ed.

Gradatim autem admittuntur cognati ad bonorum possessionem: ut qui sunt primo gradu, omnes simul admittuntur.

D. 38. 8. 3   Iulianus 27 dig.

Capitis deminutione peremuntur cognationes, quae per adoptionem adquisitae sunt. igitur si post mortem verbi gratia fratris adoptivi intra centensimum diem adoptivus frater capite deminutus fuerit, bonorum possessionem accipere non poterit, quae proximitatis nomine fratris defertur: praetorem enim non solum mortis tempus, sed etiam id, quo bonorum possessio petitur, intueri palam est.

D. 38, 8, 1, 3　乌尔比安:《告示评注》第 46 卷

根据告示的有关部分,被规定下来的遗产占有包括六个亲等和第七亲等的两类人:堂兄弟姐妹的子女。

D. 38, 8, 1, 4　乌尔比安:《告示评注》第 46 卷

收养也产生血亲关系。因为,谁被收养,谁就变成收养人的宗亲属,也就变成了收养人的血亲。就血亲而言,我们认为包括因收养而变成血亲的人在内。因此,便发生下列情形:被收养的人在生父家中的血亲关系在收养的家庭中保持着;而在收养的家庭中,仅是与有宗亲属关系的人才有血亲关系。但是,在亲生的家庭中的所有的人都有血亲关系。

D. 38, 8, 1, 10　乌尔比安:《告示评注》第 46 卷

血亲们被允许按照亲等顺序实行遗产占有,因而,处于第一亲等中的所有的人被允许一起实施遗产占有。

D. 38, 8, 3　尤里安:《学说汇纂》第 27 卷

一个人基于收养关系所获的血亲关系因人格减等而被解除。因此,例如,如果在一名养兄弟去世 100 天之内,另一名养兄弟发生人格减等,则他不能以兄弟的近亲属的身份获得遗产占有。其原因很明显,裁判官不仅要考虑去世的时间,而且还要考虑要求遗产占有的时间。

3. 8 Unde vir et uxor
(D. 38. 11 ; C. 6. 18)

D. 38. 11. 1pr. Ulpianus 47 ad ed.

Ut bonorum possessio peti possit unde vir et uxor, iustum esse matrimonium oportet. ceterum si iniustum fuerit matrimonium, nequaquam bonorum possessio peti poterit, quemadmodum nec ex testamento adiri hereditas vel secundum tabulas peti bonorum possessio potest: nihil enim capi propter iniustum matrimonium potest.

D. 38. 11. 1. 1 Ulpianus 47 ad ed.

Ut autem haec bonorum possessio locum habeat, uxorem esse oportet mortis tempore. sed si divortium quidem secutum sit, verumtamen iure durat matrimonium, haec successio locum non habet. hoc autem in huiusmodi speciebus procedit. liberta ab invito patrono divortit: lex Iulia de maritandis ordinibus retinet istam in matrimonio, dum eam prohiberet alii nubere invito patrono. item Iulia de adulteriis, nisi certo modo divortium factum sit, pro infecto habet.

C. 6. 18. 1 Imperatores Theodosius et Valentinianus

Maritus et uxor ab intestato invicem sibi in solidum pro antiquo iure succedant, quotiens deficit omnis parentium liberorum seu propinquorum legitima vel naturalis successio, fisco excluso.

Theodos. et Valentin. AA. Hierio pp. ⟨ *a 428 D. X k. Mart. Constantinopoli Felice et Tauro conss.* ⟩

3.8 丈夫和妻子

（D. 38, 11 ；C. 6, 18 ）

D. 38, 11, 1pr.　乌尔比安：《告示评注》第 47 卷

丈夫和妻子要求遗产占有，其婚姻应当是合法的。相反，如果婚姻是非法的，则不得以任何方式要求遗产占有。这就如同不能根据一个非法的遗嘱接受遗产或者要求依遗嘱的遗产占有一样，基于一个非法的婚姻不能获得任何财产。

D. 38, 11, 1, 1　乌尔比安：《告示评注》第 47 卷

为了获得遗产占有，该女性在已故者去世时应是他的妻子。但是，如果依照法律婚姻持续着，而事实上该女性已与他离婚，那么丈夫死亡，她不能实施该继承。不过，会发生下列特殊情况：一名解放自由人违背保护人的意志与他离婚，有关婚姻的《尤流斯法》将维持她的婚姻，因为法律禁止她违背保护人的意愿另嫁他人。同样，如果离婚未以规定的程式进行，有关通奸的《尤流斯法》认为该离婚无效。

C. 6, 18, 1　狄奥多西皇帝和瓦伦丁尼安皇帝致大区长官依埃里奥

每当父母的、子女的或亲属的全部法定继承人或者自然法上的继承人都存在时，除了国库享有一定权利外，未立遗嘱而亡的丈夫或妻子依古法相互继承。

（428 年，于君士坦丁堡，费里奇和塔乌洛执政）

3. 9　Collatio bonorum a liberis
(D. 37. 6. 1−2 ; C. 6. 20)

D. 37. 6. 1pr.　Ulpianus 40 ad ed.

Hic titulus manifestam habet aequitatem: cum enim praetor ad bonorum possessionem contra tabulas emancipatos admittat participesque faciat cum his, qui sunt in potestate, bonorum paternorum: consequens esse credit, ut sua quoque bona in medium conferant, qui appetant paterna.

D. 37. 6. 1. 1　Ulpianus 40 ad ed.

Inter eos dabitur collatio, quibus possessio data est.

D. 37. 6. 1. 5　Ulpianus 40 ad ed.

Totiens igitur collationi locus est, quotiens aliquo incommodo adfectus est is qui in potestate est interventu emancipati: ceterum si non est, collatio cessabit.

D. 37. 6. 1. 6　Ulpianus 40 ad ed.

Vel maxime autem tunc emancipatum conferre non oportet, si etiam iudicium patris meruit nec quicquam amplius nanciscitur, quam ei pater dedit.

D. 37. 6. 1. 4　Ulpianus 40 ad ed.

Pater filium quem in potestate habebat et extraneum heredem scripsit, emancipatum praeteriit: bonorum possessionem contra tabulas uterque filius accepit. potest non incommode dici emancipatum ita

3.9 脱离父权或者被收养子女的财产合算
（D. 37, 6, 1-2；C. 6, 20）

D. 37, 6, 1pr.　乌尔比安：《告示评注》第 40 卷

告示的这一内容体现着公平原则。因为，裁判官在准许脱离父权的人实施对抗遗嘱的遗产占有时，要使脱离父权的人与处于父权下的人对父亲的财产平等地享有权利，裁判官考虑的结果是：请求占有父亲遗产的人也要将他们自己的财产放入到父亲的财产中去。

D. 37, 6, 1, 1　乌尔比安：《告示评注》第 40 卷

财产合算（collatio）在那些被允许实施遗产占有的人当中进行。

D. 37, 6, 1, 5　乌尔比安：《告示评注》第 40 卷

当由于脱离父权人的参与而使处于父权之下的人遭受不利时，便发生财产合算。相反，如果不是这种情况，则不发生"财产合算"。

D. 37, 6, 1, 6　乌尔比安：《告示评注》第 40 卷

如果按照父亲的意见，脱离父权的儿子应当拥有某物并且他获得的财产不超过父亲给他的部分，他不必实行财产合算。

D. 37, 6, 1, 4　乌尔比安：《告示评注》第 40 卷

父亲指定一名处于自己父权之下的儿子和一名家外人为继承人，疏漏了脱离父权的人，后者同前者一样都可获得对抗遗嘱的遗产占有，那么，人们有理由认为，如果脱离父权的人要获得一

3. Hereditas legitima

demum conferre fratri suo debere, si aliquid ei ex causa hereditaria abstulerit: nam si minore ex parte quam dimidia is qui in potestate erat heres scriptus fuerit, inique videbitur collationem postulare ab eo, propter quem amplius hereditate paterna habiturus est.

D. 37. 6. 1. 9   Ulpianus 40 ad ed.

Iubet autem praetor ita fieri collationem, ut recte caveatur: caveri autem per satisdationem oportere Pomponius ait. an pignoribus caveri possit, videamus: et Pomponius libro septuagesimo nono ad edictum scripsit et reis et pignoribus recte caveri de collatione, et ita ego quoque puto.

D. 37. 6. 1. 11   Ulpianus 40 ad ed.

Quamvis autem edictum praetoris de cautione loquatur, tamen etiam re posse fieri collationem Pomponius libro septuagensimo nono ad edictum scripsit. aut enim re, inquit, aut cautione facienda collatio est. igitur dividat, inquit, bona sua cum fratribus et quamvis non caveat, satisfacit edicto. sed et si quaedam dividat, de quibusdam caveat, aeque dicimus eum satisfecisse. sed cum possint esse quaedam in occulto, non satis confert qui non cavit, quamvis dividat. si igitur constet inter partes, quid sit in bonis emancipati, sufficiens collatio est divisio: si non constet, sed dicantur quaedam non esse in commune redacta, tunc propter incertum cautio erit interponenda.

些财产，他应当将自己的财产同他的兄弟的财产一起进行财产合算，因为，如果被指定为继承人的处于父权之下的人获得少于一半的财产，而他得到父亲遗产的大部分，这被认为是不公平的。

D. 37, 6, 1, 9　乌尔比安:《告示评注》第 40 卷

裁判官规定：财产合算要通过要式口约进行。彭波尼 [①] 也认为这种允诺要以提供要式口约的方式进行。我们考虑：是否可以在允诺时附带抵押。彭波尼在《告示评注》第 79 卷中写道：被告可通过附加抵押的方式允诺进行财产合算。我也是这样认为的。

D. 37, 6, 1, 11　乌尔比安:《告示评注》第 40 卷

虽然裁判官告示谈到了担保要式口约，但是，彭波尼在《告示评注》第 79 卷中写道：物品也能够被用于财产合算。因为，他认为：无论是实体物的交付或是担保要式口约都适用于财产合算。为此，他认为：如果一个脱离父权的人将他的财产同兄弟的财产一起分配，尽管没有给予担保要式口约，但符合告示的规定。不过，如果一些物品被分配，另一些物品被给予了担保要式口约，我们同样认为这符合告示的要求。但是，尽管要进行分配，由于没有给予担保要式口约，他可能会将一些物品隐藏起来，致使相当多的财产未进行财产合算。鉴于此，如果合算各方对哪些是脱离父权人的财产很清楚，则财产合算只要进行分配即可；如果不清楚哪些是脱离父权人的财产，但是能够讲出一些财产不是被共同进行分配的财产，那么鉴于有疑问而要设立担保要式口约。

---

① 　2 世纪法学家。——译者

3. Hereditas legitima

D. 37. 6. 1. 14   Ulpianus 40 ad ed.

Is quoque, qui in adoptiva familia est, conferre cogitur, hoc est non ipse, sed is qui eum habet, si maluerit contra tabulas bonorum possessionem accipere. plane si hic adoptivus pater ante bonorum possessionem petitam emancipaverit eum, non cogetur ad collationem, et ita rescripto divorum fratrum expressum est: sed ita demum adoptivus emancipatus collatione fratres privabit, si sine fraude hoc factum sit.

D. 37. 6. 1. 15   Ulpianus 40 ad ed.

Nec castrense nec quasi castrense peculium fratribus confertur: hoc enim praecipuum esse oportere multis constitutionibus continetur.

D. 37. 6. 1. 18   Ulpianus 40 ad ed.

Si emancipato legatum fuerit, cum pater morietur, etiam hoc conferre debet.

D. 37. 6. 1. 24   Ulpianus 40 ad ed.

Portiones collationum ita erunt faciendae: ut puta duo sunt filii in potestate, unus emancipatus habens trecenta: ducenta fratribus confert, sibi centum: facit enim eis partem, quamvis is sit, cui conferri non solet. quod si duo sint filii emancipati habentes trecena et duo in potestate, aeque dicendum est singulos singulis, qui sunt in potestate, centena conferre, centena retinere, sed ipsos invicem nihil conferre. dotis quoque collatio in eundem modum fiet, ut quicumque confert, etiam suam personam numeret in partibus faciendis.

3. 无遗嘱继承

D. 37, 6, 1, 14　乌尔比安:《告示评注》第 40 卷

此外,那些在被收养者家庭中的人,如果他希望进行对抗遗嘱的遗产占有,则谁享有父权,谁就要进行财产合算。但是,养父在要求遗产占有之前解除了其养子的父权,则养父不进行财产合算。在兄弟皇帝 ① 的一个谕令就是这样表述的。但是,只要养父的所为没有欺诈,那么只能被收养。脱离父权的儿子可以避免同兄弟们进行财产合算。

D. 37, 6, 1, 15　乌尔比安:《告示评注》第 40 卷

无论是军役特有产还是准军役特有产,均不被用来同兄弟们进行财产合算,因为,在许多的谕令中都规定这些财产应是所有权人享有的财产。

D. 37, 6, 1, 18　乌尔比安:《告示评注》第 40 卷

如果父亲在去世时给脱离父权的人以遗赠,该遗赠也应提交出来进行财产合算。

D. 37, 6, 1, 24　乌尔比安:《告示评注》第 40 卷

财产合算的份额应当这样划分:例如,有两个处于父权之下的子女,有一个脱离父权的儿子。后者有 300 元钱,200 元提交给两个兄弟进行合算,100 元留给他自己。因为,尽管他的兄弟们不能进行合算,② 但他要给兄弟们一定的份额。如果有两个各有 300 元钱的脱离父权的兄弟,还有两个兄弟处于父权之下,同样应当认为是一个负责一个,即脱离父权的人给处于父权之下的人各 100 元,100 元留给自己,但是,在脱离父权人之间不进行

---

① 指马尔库斯·奥勒流斯·安东尼努斯(Marcus Aurelius Antoninus)皇帝和鲁求斯·维鲁斯(Lucius Verus)皇帝。这两位皇帝于 161—169 年在位。——译者
② 因为他的兄弟们没有财产可供合算。——译者

3. Hereditas legitima

D. 37. 6. 2pr.   Paulus 41 ad ed.

Cum emancipati filii nomine nepotem postumum post avi mortem editum dicimus bonorum possessionem accipere oportere, necessarium erit dicere bona sua eum conferre, licet non potest dici mortis tempore avi bona habuisse, qui ipse nondum in rerum natura erat. igitur sive hereditatem a patre sive legatum acceperit, hoc conferre debebit.

D. 37. 6. 2. 1   Paulus 41 ad ed.

Illud autem intellegendum est filium in bonis habere, quod deducto aere alieno superest. sed si sub condicione debeat, non statim id deducere debebit, sed id quoque conferre: contra autem caveri ei oportebit ab eo qui in potestate est, ut existente condicione defendatur pro ea parte quam contulit.

D. 37. 6. 2. 2   Paulus 41 ad ed.

De illis, quae sine culpa filii emancipati post mortem patris perierunt, quaeritur, ad cuius detrimentum ea pertinere debeant. et plerique putant ea, quae sine dolo et culpa perierint, ad collationis onus non pertinere: et hoc ex illis verbis intellegendum est, quibus praetor viri boni arbitratu iubet conferri bona: vir autem bonus non sit arbitraturus conferendum id, quod nec habet nec dolo nec culpa desiit habere.

合算。[①] 嫁资合算也是这样进行的，要将嫁资进行合算以便使进行合算的每个人在分配份额时，还要计入参与遗产分配的个人的财产。

D. 37, 6, 2pr. 保罗：《告示评注》第41卷

我们认为：只要在祖父去世后出生的遗腹孙子是已故的脱离父权的儿子的直系卑亲属，他可以获得遗产占有。同样，考虑将孙子的财产进行财产合算是必要的。尽管不能说在祖父去世时孙子就有了他自己的财产，因为他那时尚未出生，但是，他只要得到了父亲的遗产或者遗赠，他就应当提交财产进行合算。[②]

D. 37, 6, 2, 1 保罗：《告示评注》第41卷

有一点是明确的：儿子自己拥有的财产是扣除债务之后的财产。但是，如果一项债务附有条件，则一般不必扣除，只不过仍宜提交财产进行合算。相反，处于父权之下的兄弟要给提交合算人以允诺，为的是当条件成就时，在诉讼中要保护附条件的债务方的利益。

D. 37, 6, 2, 2 保罗：《告示评注》第41卷

对于脱离父权的儿子非过错地毁损财物，在父亲去世之后，就已被损坏的财物应当向何人提出要求以承担该损失。许多人认为：被非故意和过失地毁损的财物不列入财产合算之内。这一原则来源于裁判官之语。裁判官规定：允许根据财产人的自由选择交付财产。一个有智慧的人不会决定对那些既不是因为故意，也不是因为过失而遭毁损的财物进行合算。所有的财产合算通常要根据有智慧之人的标准来进行。

---

① 脱离父权的人事实上在他们之间不发生提交财产的问题。——译者
② 提交的财产是诸如属于个人的四分之一份额的财产。——译者

3. Hereditas legitima

C. 6. 20. 21pr.　Imperator Iustinianus

Ut nemini super collatione de cetero dubietas oriatur, necessarium duximus constitutioni, quam iam favore liberorum fecimus, hoc addere, ut res, quas parentibus adquirendas esse prohibuimus, nec collationi post obitum eorum inter liberos subiaceant.

C. 6. 20. 21. 1　Imperator Iustinianus

Ut enim castrense peculium in communi conferre in hereditate dividenda ex prisci iuris auctoritate minime cogebantur, ita et alias res, quae minime parentibus adquiruntur, proprias liberis manere censemus.

Iust. A. Iohanni pp. ⟨ *a 532 D. XV k. Nov. Lampadii et Orestis vv.* *cc. Conss. Anno secundo.* ⟩

3. 10　Collatio dotis
（D. 37. 7；C. 6. 20）

D. 37. 7. 1pr.　Ulpianus 40 ad ed.

Quamquam ita demum ad collationem dotis praetor cogat filiam, si petat bonorum possessionem, attamen etsi non petat, conferre debebit, si modo se bonis paternis misceat. et hoc divus Pius Ulpio Adriano rescripsit etiam eam, quae non petierit bonorum possessionem, ad collationem dotis per arbitrum familiae herciscundae posse compelli.

D. 37. 7. 1. 1　Ulpianus 40 ad ed.

Si in stipulatum deducta sit dos, si quidem ipsa mulier stipulata sit vel ipsi negotium gestum, aeque conferre cogetur: si vero alii quaesita

C. 6, 20, 21pr.　优士丁尼皇帝致大区长官乔万尼

为了不再使人对财产合算发生疑惑，我们认为有必要以该谕令对另一个有利于子女的谕令做一补充。因此，我们规定：在父亲去世后，我们禁止父亲从儿子处获得的那些财产不能成为兄弟之间进行财产合算的标的。

C. 6, 20, 21, 1　优士丁尼皇帝致大区长官乔万尼

事实上，如同依照古法一样，子女不被强迫对军役特有产进行财产合算以用于分配遗产。我们规定：父亲不能从子女处获得的财产，其必须仍属于子女所有。

（532 年，兰巴蒂和奥莱斯蒂斯执政）

3.10　嫁资合算
（D. 37, 7；C. 6, 20）

D. 37, 7, 1pr.　乌尔比安：《告示评注》第 40 卷

尽管在父亲去世后，当女儿要求遗产占有时裁判官才强迫她进行嫁资合算（collatio dotis），但是，即使她不要求遗产占有，只要她参与了对父亲的遗产进行管理，也应将嫁资进行合算。对此，皮乌斯皇帝给乌尔比奥·阿德里亚诺批复道：在分割遗产之诉中，对没有要求遗产占有的女儿，法官也可强迫其进行嫁资合算。

D. 37, 7, 1, 1　乌尔比安：《告示评注》第 40 卷

当嫁资是要式口约的标的时，如果要式口约是女性自己订立的或者是由他人为她订立的，她同样要进行合算。事实上，如果

3. Hereditas legitima

est stipulatio, dicendum est cessare collationem. etsi tantum promissa sit dos, collatio eius fiet.

D. 37. 7. 1. 5   Ulpianus 40 ad ed.

Cum dos confertur, impensarum necessariarum fit detractio, ceterarum non.

D. 37. 7. 1. 6   Ulpianus 40 ad ed.

Quod si iam factum divortium est et maritus non sit solvendo, non debebit integra dos computari mulieri, sed id quod ad mulierem potest pervenire, hoc est quod facere maritus potest.

D. 37. 7. 1. 7   Ulpianus 40 ad ed.

Si sub condicione pater vel extraneus dotem promiserit, cautione opus erit, ut tunc conferat mulier dotem, cum dotata esse coeperit.

C. 6. 20. 19. 3   Imperator Iustinianus

Talem igitur subtilem dubitationem amputantes praecipimus tam filios vel filias defunctae personae dotem vel ante nuptias donationem a parentibus suis sibi datam conferre nepotibus vel neptibus mortuae personae, quam eosdem nepotes vel neptes patruis suis aut avunculis, amitis etiam et materteris dotem et ante nuptias donationem patris sui vel matris, quam pro eo vel ea mortua persona dedit, similiter conferre, ut commixtis huiusmodi collationibus cum bonis mortuae personae duas quidem partes nepotes vel neptes habeant illius portionis, quae patri vel matri eorum, si superesset, deferebatur, tertiam vero eiusdem portionis partem una cum sibi competentibus portionibus filii vel filiae defunctae personae, cuius de hereditate agitur, capiant.

要式口约是为他人订立的，则不发生合算；如果嫁资仅是被允诺，同样要进行合算。

D. 37, 7, 1, 5　乌尔比安：《告示评注》第 40 卷

当进行嫁资合算时，要将必要支出加以扣除，其他费用则不必扣除。

D. 37, 7, 1, 6　乌尔比安：《告示评注》第 40 卷

如果女性已经离婚而丈夫没有能力归还她的嫁资，不应将全部嫁资都进行合算，而仅仅对她能够得到的，也就是丈夫能够在其所有权范围内归还于她的嫁资进行合算。

D. 37, 7, 1, 7　乌尔比安：《告示评注》第 40 卷

如果父亲或是家外人附条件地允诺嫁资，则需要提供要式口约以便于保证当女性开始获得嫁资时进行合算。

C. 6, 20, 19, 3　优士丁尼皇帝致大区长官梅纳

因此，为了消除任何疑问，我们规定：已故者的儿子或者女儿们应当将他们从父母处获得的嫁资或是婚前被赠物品与已故者的孙子或者孙女①的财产进行合算；②同样，这些侄子或者侄女们也要将嫁资和从已亡的父母处获得的婚前赠与物同已亡父母的兄弟姐妹们的财产进行合算，以便在同已亡的祖父母的财产一起进行合算以后，侄子或者侄女们获得他们父亲或母亲活着的时候应得份额的三分之二份额，其余的三分之一份额给已亡父母的参与继承的儿子们或者女儿们，这些参与者除此三分之一份额外，还有自己的份额。

---

① 即已故者的亡儿或亡女的子女。——译者
② 叔伯姑舅姨要将嫁资和因婚姻所得的赠与物同兄弟姐妹们的子女的财产一起进行合算。——译者

3. Hereditas legitima

Iust. A. Menae pp. ⟨ *a 528 D. k. Iun. Constantinopoli dn. Iustiniano A. pp. II cons.* ⟩

3. 11   Aditio hereditatis
(D. 28. 2 ; D. 29. 2 ; D. 38. 16)

3. 11. 1   Condiciones generales

D. 38. 16. 14   Gaius 13 ad l. iul. et pap.

In suis heredibus aditio non est necessaria, quia statim ipso iure heredes existunt.

D. 28. 2. 11   Paulus 2 ad sab.

In suis heredibus evidentius apparet continuationem dominii eo rem perducere, ut nulla videatur hereditas fuisse, quasi olim hi domini essent, qui etiam vivo patre quodammodo domini existimantur. unde etiam filius familias appellatur sicut pater familias, sola nota hac adiecta, per quam distinguitur genitor ab eo qui genitus sit. itaque post mortem patris non hereditatem percipere videntur, sed magis liberam bonorum administrationem consequuntur. hac ex causa licet non sint heredes instituti, domini sunt: nec obstat, quod licet eos exheredare, quod et occidere licebat.

D. 29. 2. 19   Paulus 59 ad ed.

Qui hereditatem adire vel bonorum possessionem petere volet, certus esse debet defunctum esse testatorem.

（528 年，于君士坦丁堡，优士丁尼皇帝第 2 次执政）

3.11 继承的接受

（D. 28, 2；D. 29, 2；D. 38, 16）

3.11.1 一般条件

D. 38, 16, 14 盖尤斯：《尤流斯和帕皮流斯法评注》第 13 卷

对于自家继承人而言，接受继承（aditio）不是必须的，因为当已故者去世时，他们马上直接依法变成继承人。

D. 28, 2, 11 保罗：《萨宾评注》第 2 卷

对于自家继承人而言，有一点是相当清楚的：财产所有权是持续的。尽管遗产被认为是空虚的（nulla），这是因为在家父尚活于人世时，他们［作为未来财产的所有权人］被以某种方式确定为财产的所有权人，因此，当家父去世时，便如同没有任何遗产一样，因为从一开始他们就被认为是财产的所有权人。为此，如同他们的父亲被称作家父一样，他们被称作家子。在这一点上仅有生育者与被生育者的差别。这样，在家父去世后，家子们被认为接受的不是一项遗产，而更多的是父亲财产的自由管理权。鉴于这个理由，即使他们不被指定为继承人，也是遗产的所有权人。他们的继承权可以被剥夺以及过去还允许家父将他们杀死，这些都不妨碍该原则的存在。

D. 29, 2, 19 保罗：《告示评注》第 59 卷

当任何人希望接受遗产或者要求遗产占有时，其应当肯定遗

3. Hereditas legitima

D. 29. 2. 37   Pomponius 5 ad sab.

Heres in omne ius mortui, non tantum singularum rerum dominium succedit, cum et ea, quae in nominibus sint, ad heredem transeant.

D. 29. 2. 39   Ulpianus 46 ad ed.

Quam diu potest ex testamento adiri hereditas, ab intestato non defertur.

D. 29. 2. 54   Florentinus 8 inst.

Heres quandoque adeundo hereditatem iam tunc a morte successisse defuncto intellegitur.

3. 11. 2   Pro herede gestio

D. 29. 2. 20pr.   Ulpianus 61 ad ed.

Pro herede gerere videtur is, qui aliquid facit quasi heres. et generaliter Ulianus scribit eum demum pro herede gerere, qui aliquid quasi heres gerit: pro herede autem gerere non esse facti quam animi: nam hoc animo esse debet, ut velit esse heres. ceterum si quid pietatis causa fecit, si quid custodiae causa fecit, si quid quasi non heres egit, sed quasi alio iure dominus, apparet non videri pro herede gessisse.

D. 29. 2. 21. 2   Ulpianus 7 ad sab.

Sed ita demum pro herede gerendo adquiret hereditatem, si iam sit ei delata: ceterum ex quibus causis repudiantem nihil agere diximus, ex isdem causis nec pro herede gerendo quicquam agere sciendum est.

嘱人已经去世。

D. 29, 2, 37 彭波尼:《萨宾评注》第 5 卷

继承人将继承已故者的每一项权利,不仅是继承单一物的所有权,而且当遗产还包括已故者的债权时,该权利亦转移给继承人。

D. 29, 2, 39 乌尔比安:《告示评注》第 46 卷

凡能够根据遗嘱接受遗产时,就不发生无遗嘱继承。

D. 29, 2, 54 佛罗伦汀:《法学阶梯》第 8 卷

继承人接受继承的时间开始于已故者去世之时。

3. 11. 2 以继承人身份进行的管理

D. 29, 2, 20pr. 乌尔比安:《告示评注》第 61 卷

以继承人身份进行的管理(pro herede gestio)被认为是一个人以继承人的身份进行某些管理活动。尤里安写道:通常,一个人以继承人身份进行某些活动时即被认为是以继承人身份进行的管理。但是,就以继承人身份进行的管理而言,重要的不是他进行具体活动的行为,而是他进行这种活动时的想法,因为,他进行管理活动时应当有以继承人身份为之的想法。相反,如果他出于仁慈或是出于保管财产的目的,不是以继承人身份而是以其他权利享有者的身份进行了该管理活动,这显然不属于以继承人身份进行的管理。

D. 29, 2, 21, 2 乌尔比安:《萨宾评注》第 7 卷

但是,只要一个人被继承指命,在他进行管理时便获得了遗产。此外,一个人基于某一理由拒绝接受遗产,我们认为,根据同样的原因,他不能以继承人身份进行任何管理行为。

3. Hereditas legitima

D. 29. 2. 21pr.　Ulpianus 7 ad sab.

Si quis extraneus rem hereditariam quasi subripiens vel expilans tenet, non pro herede gerit: nam admissum contrariam voluntatem declarat.

3. 11. 3　De amotionis bonorum hereditariorum interdictione

D. 29. 2. 71. 3　Ulpianus 61 ad ed.

Praetor ait: 'si per eum eamve factum erit, quo quid ex ea hereditate amoveretur'.

D. 29. 2. 71. 8　Ulpianus 61 ad ed.

Amovere non videtur, qui non callido animo nec maligno rem reposuit: ne is quidem, qui in re erravit, dum putat non esse hereditariam. si igitur non animo amovendi, nec ut hereditati damnum det, rem abstulit, sed dum putat non esse hereditariam, dicendum est eum amovisse non videri.

D. 29. 2. 71. 9　Ulpianus 61 ad ed.

Haec verba edicti ad eum pertinent, qui ante quid amovit, deinde se abstinet: ceterum si ante se abstinuit, deinde tunc amovit, hic videamus an edicto locus sit. magisque est, ut putem istic Sabini sententiam admittendam, scilicet ut furti potius actione creditoribus teneatur: etenim qui semel se abstinuit, quemadmodum ex post delicto obligatur?

3. 11. 4　De aditionis pro parte interdictione

D. 29. 2. 1　Paulus 2 ad sab.

Qui totam hereditatem adquirere potest, is pro parte eam scindendo

D. 29, 2, 21pr.　乌尔比安:《萨宾评注》第 7 卷

如果一名家外人基于隐瞒或者抢夺了一项遗物并占有了它,这不是以继承人身份进行的管理,因为这种非法行为表明他没有实施以继承人身份进行的管理的想法。

3. 11. 3　禁止强占遗产

D. 29, 2, 71, 3　乌尔比安:《告示评注》第 61 卷

裁判官说:"如果男性或女性的继承人在接受遗产之前拿走了任何遗物,即构成对遗产的强占。"

D. 29, 2, 71, 8　乌尔比安:《告示评注》第 61 卷

如果一个人收藏物品既没有欺诈的想法,也没有不怀好意(malignus)的想法,则不认为是强占。当一个人误解某物不属于遗产而强行占有它时,也不被认为是强占遗产,因而,如果他占有某物既没有强占遗产的想法,也没有给遗产造成损害的想法,因为他认为该物不属于遗产,应当认为这不是强占遗产物。

D. 29, 2, 71, 9　乌尔比安:《告示评注》第 61 卷

告示的这些内容涉及了先抢夺了遗产物而后又放弃了继承权的人。但是,如果是先放弃了继承权而后又抢夺了遗产物,我们要考虑告示是否适用之。我更趋向于萨宾的观点,即债权人对他提起偷窃之诉要更好些。的确,如果一个人放弃了继承权,他对自己在其后的违法行为将承担因盗窃而产生的责任。

3. 11. 4　禁止部分地接受遗产

D. 29, 2, 1　保罗:《萨宾评注》第 2 卷

任何能够获得全部遗产的人,不能通过分割遗产而仅接受其

3. Hereditas legitima

adire non potest.

D. 29. 2. 2   Ulpianus 4 ad sab.

Sed et si quis ex pluribus partibus in eiusdem hereditate institutus sit, non potest quasdam partes repudiare, quasdam adgnoscere.

3. 11. 5   De aditionis conditionalis interdictione

D. 29. 2. 51. 2   Africanus 4 quaest.

Sed et si quis ita dixerit: 'si solvendo hereditas est, adeo hereditatem', nulla aditio est.

3. 11. 6   Aditio personae alieni iuris

D. 29. 2. 6pr.   Ulpianus 6 ad sab.

Qui in aliena est potestate, non potest invitum hereditati obligare eum in cuius est potestate, ne aeri alieno pater obligaretur.

D. 29. 2. 6. 1   Ulpianus 6 ad sab.

Sed in bonorum possessione placuit ratam haberi posse eam, quam citra voluntatem adgnovit is qui potestati subiectus est.

D. 29. 2. 25. 4   Ulpianus 8 ad sab.

Iussum eius qui in potestate habet non est simile tutoris auctoritati, quae interponitur perfecto negotio, sed praecedere debet, ut Gaius

中部分遗产。

D. 29, 2, 2　乌尔比安:《萨宾评注》第 4 卷

但是，如果一个人被指定为同一遗产的若干部分的继承人，他不能部分放弃，部分接受。

3.11.5　禁止附条件地接受遗产

D. 29, 2, 51, 2　阿富里坎:《问题集》第 4 卷

但是，假如有人这样说，"如果遗产是有支付能力的遗产，[①]那么我接受继承"，这种对遗产的接受没有任何法律效力。

3.11.6　他权人的接受继承

D. 29, 2, 6pr.　乌尔比安:《萨宾评注》第 6 卷

任何处于他人权力之下的人，在未经本人同意的情况下，不得通过继承强迫其承担遗产债务，因为父亲本人不被强迫承担该遗产债务责任。

D. 29, 2, 6, 1　乌尔比安:《萨宾评注》第 6 卷

但是，有一项规定：如果一个处于他人权力之下的人在支配权人不愿意的情况下获得了遗产占有，则视为后者已经认可该遗产占有。

D. 29, 2, 25, 4　乌尔比安:《萨宾评注》第 8 卷

享有支配权的人的命令，与监护许可并不相似，因为监护许可仅在交易行为结束时才给予，但是享有支配权的人的命令则应

---

① 又称为"增益遗产"。——译者

3. Hereditas legitima

Cassius libro secundo iuris civilis scribit: et putat vel per internuntium fieri posse vel per epistulam.

D. 29. 2. 25. 5   Ulpianus 8 ad sab.

Sed utrum generaliter 'quaecumque tibi hereditas fuerit delata' , an specialiter? et magis placet, ut Gaius Cassius scribit, specialiter debere mandare.

3. 11. 7   Aditio surdi et muti

D. 29. 2. 5pr.   Ulpianus 1 ad sab.

Mutum nec non surdum, etiam ita natos pro herede gerere et obligari hereditati posse constat.

3. 11. 8   Aditio pupilli

D. 29. 2. 8pr.   Ulpianus 7 ad sab.

More nostrae civitatis neque pupillus neque pupilla sine tutoris auctoritate obligari possunt: hereditas autem quin obliget nos aeri alieno, etiam si non sit solvendo, plus quam manifestum est. de ea autem hereditate loquimur, in qua non succedunt huiusmodi personae quasi necessariae.

当在接受继承之前发出。正如盖尤斯·卡修斯在《市民法》第2编中写的那样，他认为，享有支配权的人能够通过使者或者书信发出命令。

D. 29, 2, 25, 5　乌尔比安:《萨宾评注》第8卷

不过，是发出一般性命令如"无论指命给你何种遗产"还是特指性命令？最好是发出特指性命令，正如盖尤斯·卡修斯所述的观点那样。

3. 11. 7　聋子和哑巴的接受继承

D. 29, 2, 5pr.　乌尔比安:《萨宾评注》第1卷

众所周知，出生时就是哑巴和聋子的人可以进行以继承人身份进行的管理并且承担遗产债务。

3. 11. 8　被监护人的接受继承

D. 29, 2, 8pr.　乌尔比安:《萨宾评注》第7卷

根据我们国家的惯例，没有监护人的准许，男性或者女性被监护人均不能承担义务。该惯例更适用于传给我们的债务遗产 ①，即在遗产属于无支付能力的情况下。当然，在该情况下，我们所说的遗产是归于男性或者女性被监护人而不是属于必然继承人。

---

① 债务遗产又称为"减益遗产"。——译者

3. 11. 9 Aditio cum beneficio inventarii

C. 6. 30. 19. 1 Imperator Iustinianus

Ideoque sancimus: si quis vel ex testamento vel ab intestato vocatus deliberationem meruerit vel hoc quidem non fecerit, non tamen successioni renuntiaverit, ut ex hac causa deliberare videatur, sed nec aliquid gesserit, quod aditionem vel pro herede gestionem inducit, praedictum arbitrium in successionem suam transmittat, ita tamen, ut unius anni spatiis eadem transmissio fuerit conclusa.

C. 6. 30. 19. 2 Imperator Iustinianus

Et si quidem is, qui sciens hereditatem sibi esse vel ab intestato vel ex testamento delatam deliberatione minime petita intra annale tempus decesserit, hoc ius ad suam successionem intra annale tempus extendat.

C. 6. 30. 19. 3 Imperator Iustinianus

Si enim ipse, postquam testamentum fuerit insinuatum, vel ab intestato vel ex testamento vel aliter ei cognitum sit heredem eum vocatum fuisse, annali tempore translapso nihil fecerit, ex quo vel adeundam vel renuntiandam hereditatem manifestaverit, is cum successione sua ab huiusmodi beneficio excludatur.

Iust. A. Demostheni pp. ⟨ *a 529 Recitata Septimo in novo Consistorio Palatii Iustiniani. d. III k. Nov. Decio vc. cons.* ⟩

C. 6. 30. 22. 2 Imperator Iustinianus

Sin autem dubius est, utrumne admittenda sit nec ne defuncti hereditas, non putet sibi esse necessariam deliberationem, sed adeat hereditatem vel sese immisceat, omni tamen modo inventarium ab ipso

3.11.9　接受继承的权利的转让

C. 6, 30, 19, 1　优士丁尼皇帝致大区长官德莫斯特尼

因此，我们规定：如果有人基于遗嘱继承或者无遗嘱继承被指命继承，他可获得一定期间以用于考虑是否接受之。如果他没有要求，也最终没有放弃继承，致使给他用于考虑的时间没有发生作用，而且他没有管理某个遗产物以便通过管理行为来证明他接受遗产或实施以继承人身份进行的管理。那么，我们规定：该"考虑期"可转移给他的继承人。但是这一转移仅在一年时效期内进行。

C. 6, 30, 19, 2　优士丁尼皇帝致大区长官德莫斯特尼

如果他知道依无遗嘱继承或者依遗嘱继承可被指命继承，为此，他不要求考虑期，一年内他去世，该考虑期的权利在一年内可以转给他的继承人。

C. 6, 30, 19, 3　优士丁尼皇帝致大区长官德莫斯特尼

因为，如果他知道被指命继承后，知道他或是基于无遗嘱继承，或是基于该遗嘱继承，或是以其他方式被指命继承，他在一年期限内没有做出接受继承或者放弃继承的表示，则他的继承人将被排除在这一照顾之外。

（529 年，于优士丁尼新的孔希斯多尼奥宫，德其代理执政）

C. 6, 30, 22, 2　优士丁尼皇帝致元老院

如果他对是否接受已故者的遗产存有疑虑，但是，他认为没必要有一个专用于考虑该问题的时间，他接受了遗产或者参与了遗产管理，他可列出一个遗产清单。自遗嘱被启封之后，或者自被通知将遗嘱打开的那天之后，或者得知有无遗嘱继承

3. Hereditas legitima

conficiatur, ut intra triginta dies, post apertas tabulas vel postquam nota ei fuerit apertura tabularum vel delatam sibi ab intestato hereditatem cognoverit numerandos, exordium capiat inventarium super his rebus, quas defunctus mortis tempore habebat.

C. 6. 30. 22. 2a Imperator Iustinianus

Et hoc inventarium intra alios sexaginta dies modis omnibus impleatur sub praesentia tabulariorum ceterorumque, qui ad huiusmodi confectionem necessarii sunt.

C. 6. 30. 22. 4 Imperator Iustinianus

Et si praefatam observationem inventarii faciendi solidaverint, et hereditatem sine periculo habeant et legis Falcidiae adversus legatarios utantur beneficio, ut in tantum hereditariis creditoribus teneantur, in quantum res substantiae ad eos devolutae valeant.

C. 6. 30. 22. 12 Imperator Iustinianus

Sin vero, postquam adierint vel sese immiscuerint, praesentes vel absentes inventarium facere distulerint, et datum iam a nobis tempus ad inventarii confectionem effluxerit, tunc ex eo ipso, quod inventarium secundum formam praesentis constitutionis non fecerunt, et heredes esse omnimodo intellegantur et debitis hereditariis in solidum teneantur nec legis nostrae beneficio perfruantur, quam contemnendam esse censuerunt.

Idem A. ad senatum ⟨ *a 531 D. V k. Dec. post consulatum Lampadii et Orestis vv. cc.* ⟩

的继承指命后的 30 天之内，要开始清点已故者至去世时拥有所有权的财产。

C. 6, 30, 22, 2a　优士丁尼皇帝致元老院

这个清单应当在 60 天之内，当着公正人士的面和所有其他参与清点的人的面完成。

C. 6, 30, 22, 4　优士丁尼皇帝致元老院

继承人按照上述规定书写清单，他们可以没有风险地接受遗产并可以对抗受遗赠人适用《法尔其丢斯法》的照顾。[①] 这样，继承人仅基于已故者转给他们的遗产，对遗产债务承担责任。

C. 6, 30, 22, 12　优士丁尼皇帝致元老院

反之，继承人接受继承或者参与已故者遗产的管理之后，无论他们是否出现在继承发生的现场，他们都忽视了进行清点，致使我们规定的进行清点的期间届满，或者未根据该谕令规定的方式进行清点，他们依然是继承人。因此，他们要承担遗产债务，因为他们不享有由我们的谕令给予的而被他们所漠视的照顾。

（531 年，兰巴蒂和奥莱斯特斯执政之后）

---

① 该照顾是指在任何情况下，遗产的四分之一份额应当留给继承人。——译者

3. 12 De iure abstinendi ab hereditate

(D. 29. 2)

3. 12. 1 Condiciones generales

D. 29. 2. 23 Pomponius 3 ad sab.

In repudianda hereditate vel legato certus esse debet de suo iure is qui repudiat.

D. 29. 2. 13pr. Ulpianus 7 ad sab.

Is qui heres institutus est vel is cui legitima hereditas delata est repudiatione hereditatem amittit. hoc ita verum est, si in ea causa erat hereditas, ut et adiri posset: ceterum heres institutus sub condicione si ante condicionem existentem repudiavit, nihil egit, qualisqualis fuit condicio, etsi in arbitrium collata est.

D. 29. 2. 95 Paulus 4 sent.

Recusari hereditas non tantum verbis, sed etiam re potest et alio quovis indicio voluntatis.

3. 12. 2 Heredes necessarii

D. 29. 2. 57pr. Gaius 23 ad ed. provinc.

Necessariis heredibus non solum impuberibus, sed etiam puberibus abstinendi se ab hereditate proconsul potestatem facit, ut, quamvis

3.12　放弃继承
（D. 29, 2）

3.12.1　一般条件

D. 29, 2, 23　彭波尼：《萨宾评注》第 3 卷

就放弃（repudiare）继承或者放弃遗赠而言，放弃者应当确知他被指命接受继承或者遗赠。

D. 29, 2, 13pr.　乌尔比安：《萨宾评注》第 7 卷

被指定为继承人的人或者被指命法定继承的人拒绝接受的，丧失继承权。显然，这种情形发生在继承能够被接受的情况下。因此，被附条件指定的继承人，无论条件是怎样的，哪怕是条件的成就取决于他的意志，在条件成就之前放弃继承的，该放弃将不产生任何效力。

D. 29, 2, 95　保罗：《判决集》第 4 卷

拒绝继承不仅能够以口头形式，而且还可以通过行为和任何其他的意愿表达方式。

3.12.2　必然继承人

D. 29, 2, 57pr.　盖尤斯：《行省告示评注》第 23 卷

行省总督不仅赋予未适婚人的必然继承人，而且赋予适婚人的必然继承人以放弃继承的资格。这样，如果他们希望放弃继

creditoribus hereditariis iure civili teneantur, tamen in eos actio non detur, si velint derelinquere hereditatem. sed impuberibus quidem, etiamsi se immiscuerint hereditati, praestat abstinendi facultatem, puberibus autem ita, si se non immiscuerint.

D. 29. 2. 57. 1   Gaius 23 ad ed. provinc.

Sed tamen et puberibus minoribus viginti quinque annis, si temere damnosam hereditatem parentis appetierint, ex generali edicto quod est de minoribus viginti quinque annis succurrit, cum et si extranei damnosam hereditatem adierint, ex ea parte edicti in integrum eos restituit.

D. 29. 2. 57. 2   Gaius 23 ad ed. provinc.

Servis autem necessariis heredibus, sive puberes sive impuberes sint, hoc non permittitur.

3. 12. 3   De pluribus heredibus necessariis

D. 29. 2. 38   Ulpianus 43 ad ed.

Si duo sint necessarii heredes, quorum alter se abstinuit, alter posteaquam prior abstinuit immiscuit se, dicendum est hunc non posse recusare, quo minus tota onera hereditaria subeat: qui enim scit aut scire potuit illo abstinente se oneribus fore implicitum, ea condicione adire videtur.

承，即使他们依市民法对遗产债权人们承担责任，他们也不能被提起有关遗产的诉讼。事实上对未适婚人而言，即使他参与了遗产管理，也给他以放弃继承的资格。但是对于适婚人而言，只在他没有参与遗产管理时方给予其放弃继承的资格。

D. 29, 2, 57, 1　盖尤斯:《行省告示评注》第 23 卷

但是，如果 25 岁以下的未适婚卑亲属轻率地接受了父亲的无支付能力遗产，根据有关 25 岁以下的未适婚人的告示，要给其以救济。如果 25 以下的家外未适婚人接受了无支付能力遗产，同样适用告示的这一部分的规定，要恢复原状。

D. 29, 2, 57, 2　盖尤斯:《行省告示评注》第 23 卷

但是，告示的该部分的规定不允许适用于作为必然继承人的奴隶们，无论他们是适婚人或是未适婚人。

3.12.3　数个必然继承人

D. 29, 2, 38　乌尔比安:《告示评注》第 43 卷

如果有两个必然继承人，一个放弃继承，另一个是在第一个继承人放弃继承之后参与了继承。那么，应当认为：第二个人不能拒绝承担遗产中的全部负担。因为，如果第二个人知道或者可能知道在第一个人放弃了继承后所有的遗产负担都由他承担，那么他被认为是附加了该条件而接受了遗产。

3. 13　De spatio ad hereditatem adeundam

(D. 28. 8)

D. 28. 8. 1. 1　Ulpianus 60 ad ed.

Ait praetor: 'si tempus ad deliberandum petet, dabo'.

D. 28. 8. 1. 2　Ulpianus 60 ad ed.

Cum dicit tempus nec adicit diem, sine dubio ostendit esse in ius dicentis potestate, quem diem praestituat.

D. 28. 8. 2　Paulus 57 ad ed.

Itaque pauciores centum dierum non sunt dandi.

D. 28. 8. 5pr.　Ulpianus 70 ad ed.

Aristo scribit non solum creditoribus, sed et heredi instituto praetorem subvenire debere hisque copiam instrumentorum inspiciendorum facere, ut perinde instruere se possint, expediet nec ne agnoscere hereditatem.

D. 28. 8. 7pr.　Ulpianus 60 ad ed.

Ait praetor: 'si pupilli pupillae nomine postulabitur tempus ad deliberandum, an expediat eum hereditatem retinere, et hoc datum sit: si iusta causa esse videbitur, bona interea deminui nisi si causa cognita boni viri arbitratu vetabo'.

D. 28. 8. 8　Ulpianus 61 ad ed.

Si quis suus heres, posteaquam se abstinuerit, tunc petat tempus ad deliberandum, videamus, an impetrare debeat: magisque est, ut ex causa

3.13 决定接受继承的期限
（D. 28, 8）

D. 28, 8, 1, 1　乌尔比安：《告示评注》第 60 卷

裁判官说道："如果一个人要求有用于做出决定的期间，我将给予之。"

D. 28, 8, 1, 2　乌尔比安：《告示评注》第 60 卷

尽管他谈到期间时未确定日期，但是这毫无疑问地表明：他有权力确定他希望的日期。

D. 28, 8, 2　保罗：《告示评注》第 57 卷

但是，所给予的期间不得少于 100 天。

D. 28, 8, 5pr.　乌尔比安：《告示评注》第 70 卷

阿里斯托写道：裁判官不仅要给债权人以帮助，而且要给被指定的继承人以救济。给他们查看和抄写文书的权力，以便让他们能够了解接受继承是否有利。

D. 28, 8, 7pr.　乌尔比安：《告示评注》第 60 卷

裁判官说道："如果以男女未适婚人的名义要求有'考虑期'以便考虑接受遗产是否有利，那么该期间将被给予。如果在此期间内由于合法的原因要使财产发生减少，除了在了解案情之后根据一个公正人士的决定我会禁止其发生外，我将准许之。"

D. 28, 8, 8　乌尔比安：《告示评注》第 61 卷

如果一名自家继承人在放弃继承之后又要求考虑期，我们考

debeat impetrare, cum nondum bona venierint.

3. 14 De edicto hereditario
(D. 38. 9)

3. 14. 1 De spatio bonorum possessionis petendi

D. 38. 9. 1pr. Ulpianus 49 ad ed.

Successorium edictum idcirco propositum est, ne bona hereditaria vacua sine domino diutius iacerent et creditoribus longior mora fieret. e re igitur praetor putavit praestituere tempus his, quibus bonorum possessionem detulit, et dare inter eos successionem, ut maturius possint creditores scire, utrum habeant, cum quo congrediantur, an vero bona vacantia fisco sint delata, an potius ad possessionem bonorum procedere debeant, quasi sine successore defuncto.

D. 38. 9. 1. 6 Ulpianus 49 ad ed.

Qui semel noluit bonorum possessionem petere, perdidit ius eius, etsi tempora largiantur: ubi enim noluit, iam coepit ad alios pertinere bonorum possessio aut fiscum invitare.

D. 38. 9. 1. 9 Ulpianus 49 ad ed.

Quod dicimus 'intra dies centum bonorum possessionem peti posse', ita intellegendum est, ut et ipso die centensimo bonorum possessio peti possit, quemadmodum intra kalendas etiam ipsae kalendae sunt. idem est et si 'in diebus centum' dicatur.

虑是否应当答应他的请求。多数人的看法是：在上述情况下，如果
财产尚未被出售，应当答应之。

3.14　继承的告示
（D. 38, 9）

3.14.1　请求遗产占有的期限

D. 38, 9, 1pr.　乌尔比安：《告示评注》第 49 卷

颁布继承告示的目的在于，尚未继承的遗产不会在很长时间内
没有所有权人，且不会因此导致债权人们遭受由于较长时间地迟延
履行所产生的损失。因此，裁判官认为：给予遗产占有并在遗产
占有人之间确定继承的顺序、继承的时间，以便使债权人能尽快
地知道是否有进行诉讼的继承人，是否有尚未继承的遗产需要上
交国库，是否应当要求遗产占有就如同已故者没有继承人一样。

D. 38, 9, 1, 6　乌尔比安：《告示评注》第 49 卷

一个人一旦不愿要求遗产占有，尽管他要求的期限尚未届
满，但事实上他已经丧失了他的权利，因为，当他不想要求遗产
占有时，要求遗产占有的权利就已开始转给他人或者归属国库。

D. 38, 9, 1, 9　乌尔比安：《告示评注》第 49 卷

如果我们说："遗产占有能够在 100 天之内提出"，对此应
当这样理解：遗产占有在第 100 天时亦能够提出。这样，当我们
说：在某个月的第一天内 ① 时，其中也包括日期本数在内。如果

---

① Kalendae，指古罗马历法中的每个月的第一日。——译者

3. Hereditas legitima

D. 38. 9. 1. 10   Ulpianus 49 ad ed.

Quibus ex edicto bonorum possessio dari potest, si quis eorum aut dari sibi noluerit aut in diebus statutis non admiserit, tunc ceteris bonorum possessio perinde competit, ac si prior ex eo numero non fuerit.

D. 38. 9. 1. 12   Ulpianus 49 ad ed.

Largius tempus parentibus liberisque petendae bonorum possessionis tribuitur, in honorem sanguinis videlicet, quia artandi non erant, qui paene ad propria bona veniunt. ideoque placuit eis praestitui annum, scilicet ita moderate, ut neque ipsi urguerentur ad bonorum possessionis petitionem neque bona diu iacerent. sane nonnumquam urguentibus creditoribus interrogandi sunt in iure, an sibi bonorum possessionem admittant, ut, si repudiare se dicant, sciant creditores, quid sibi agendum esset: si deliberare se adhuc dicant, praecipitandi non sunt.

3. 15   Separatio bonorum
(D. 42. 6)

D. 42. 6. 1pr.   Ulpianus 64 ad ed.

Sciendum est separationem solere impetrari decreto praetoris.

D. 42. 6. 1. 1   Ulpianus 64 ad ed.

Solet autem separatio permitti creditoribus ex his causis: ut puta

在 100 天内提出要求是有效的。

D. 38, 9, 1, 10　乌尔比安:《告示评注》第 49 卷

如果根据告示可以给予数个人以遗产占有,而他们中的一个人不希望实施遗产占有或者在规定的期间内没有提出要求遗产占有,那么,提出遗产占有的权利要完全转移给别人,就如同该人没有任何遗产占有的权利一样。

D. 38, 9, 1, 12　乌尔比安:《告示评注》第 49 卷

要给予父母和子女一个基于血缘关系的、较长的用于要求遗产占有的期限。他们不应当被强迫,因为他们被指命接受遗产就如同他们自己拥有财产一样。为此,给他们规定的期限是一年,也就是说,允许给予一个适当的时间,既不急于要求遗产占有,也不会使遗产在长时间内未被继承。事实上,如果是为自己接受遗产占有的话,有时候若债权人急于获得债务的清偿,父母子女可在裁判官面前被质询是否接受遗产占有,以便当他们回答要放弃继承时债权人知道自己应当做些什么。如果他们要求有一个"考虑期",则不应当催促他们做出一个仓促的决定。

3. 15　财产分割
（D. 42, 6）

D. 42, 6, 1pr.　乌尔比安:《告示评注》第 64 卷

需要明白的是:财产分割通常要通过裁判官的裁决得以实现。

D. 42, 6, 1, 1　乌尔比安:《告示评注》第 64 卷

通常基于如下理由而允许债权人进行财产分割:例如,如

3. Hereditas legitima

debitorem quis Seium habuit: hic decessit: heres ei extitit Titius: hic non est solvendo: patitur bonorum venditionem: creditores seii dicunt bona seii sufficere sibi, creditores titii contentos esse debere bonis titii et sic quasi duorum fieri bonorum venditionem. fieri enim potest, ut seius quidem solvendo fuerit potueritque satis creditoribus suis vel ita semel, etsi non in assem, in aliquid tamen satisfacere, admissis autem commixtisque creditoribus titii minus sint consecuturi, quia ille non est solvendo aut minus consequantur, quia plures sunt hic. est igitur aequissimum creditores seii desiderantes separationem audiri impetrareque a praetore, ut separatim quantum cuiusque creditoribus praestetur.

D. 42. 6. 1. 13   Ulpianus 64 ad ed.

Quod dicitur post multum temporis separationem impetrari non posse, ita erit accipiendum, ut ultra quinquennium post aditionem numerandum separatio non postuletur.

D. 42. 6. 1. 17   Ulpianus 64 ad ed.

Item sciendum est vulgo placere creditores quidem heredis, si quid superfuerit ex bonis testatoris, posse habere in suum debitum, creditores vero testatoris ex bonis heredis nihil. cuius rei ratio illa est, quod qui impetravit separationem, sibi debet imputare suam facilitatem, si, cum essent bona idonea heredis, illi maluerint bona potius defuncti sibi separari, heredis autem creditoribus hoc imputari non possit. at si creditores defuncti desiderent, ut etiam in bonis heredis substituantur, non sunt audiendi: separatio enim, quam ipsi petierunt, eos ab istis bonis

果塞伊乌斯是某个人的债务人并去世，提裘斯成了他的继承人但没有偿付能力，他要将财产出售掉。塞伊乌斯的债权人认为塞伊乌斯的财产足以清偿他们的债务，而提裘斯的债权人认为提裘斯的财产仅应当满足他们的要求。那么，这样做就仿佛要出售两份财产似的，因为可能发生这种情形，即塞伊乌斯有偿付能力，因而他可以偿付给他的债权人，显然，他既可用遗产物来偿付，也可用非遗产物来偿还。但是，如果塞伊乌斯的债权人与提裘斯的债权人混合在一起，则他们只能被部分地清偿，因为提裘斯没有偿付能力，或者因为有若干个债权人。因此，在该情形中，希望财产分割的塞伊乌斯的债权人向裁判官提出分割财产请求，裁判官将财产分割为两份，以便使每一个债权人能分别地获得清偿，这是十分正确的。

D. 42, 6, 1, 13　乌尔比安:《告示评注》第 64 卷

当我们指出：经过长时间之后就不能再要求财产分割。对此，应当理解为：自可以接受继承之后超过五年，不得再要求遗产分割。

D. 42, 6, 1, 17　乌尔比安:《告示评注》第 64 卷

同样应当指出的是：有一点是众所周知的，继承人的债权人可以用任何剩余的遗嘱人的遗产来清偿他们的债务。但是，遗嘱人的债权人不能用继承人自己的财产进行债务清偿。其原因在于，获得分割财产的遗嘱人的债权人们只能责怪自己，当继承人的财产足以给他们以支付的时候，他们却更希望获得已故者遗产分割的好处。对此，继承人的债权人不应承担后果。但是，已故者的债权人要求分享继承人财产的，不应当给予支持。因为他们自己要求的遗嘱人的遗产分割，就阻却了他们对继承人财产的全部参与。不过，如果已故者的债权人不是刻意要求遗产分割的，

separavit. si tamen temere separationem petierunt creditores defuncti, impetrare veniam possunt, iustissima scilicet ignorantiae causa allegata.

3. 16　De hereditate ob indignitate amissa
(D. 34. 9)

D. 34. 9. 3　Marcianus 5 reg.

Indignum esse divus Pius illum decrevit, ut et Marcellus libro duodecimo digestorum refert, qui manifestissime comprobatus est id egisse, ut per neglegentiam et culpam suam mulier, a qua heres institutus erat, moreretur.

D. 34. 9. 2pr.　Marcianus 11 inst.

Aufertur hereditas ex asse et ad fiscum pertinet, si emancipatus filius contra tabulas bonorum possessionem patris ut praeteritus petierit et ex substitutione impuberis adierit hereditatem.

D. 34. 9. 2. 1　Marcianus 11 inst.

Item si quis contra mandata duxerit uxorem ex ea provincia, in qua officium aliquid gerit, quod ei ex testamento uxoris adquisitum est divi Severus et Antoninus rescripserunt retinere eum non posse, tamquam si tutor pupillam contra decretum amplissimi ordinis in domum suam duxisset. utroque ergo casu etsi ex asse heres institutus adierit hereditatem, fisco locus fit: nam quasi indigno ei aufertur hereditas.

D. 34. 9. 8　Modestinus 9 reg.

Indigno herede pronuntiato adempta hereditate confusas actiones

则他们可以被原谅，因为他们对遗产状况的不知，可以视为他们这样做的正当理由。

3.16 因不配而丧失遗产
（D.34,9）

D.34,9,3 马尔西安:《规则集》第5卷

正如马尔切勒在《学说汇纂》第12卷中引用的那样，皮乌斯皇帝曾下谕令曰：有着十分明确的证据证明，由于他的过失和故意（negligentia et culpa）造成被指定为继承人的女性去世，那么，他被认为是不配者，不能继承遗产。

D.34,9,2pr. 马尔西安:《法学阶梯》第11卷

如果一个脱离父权的儿子，以被疏漏的继承人的身份对父亲的遗产实行对抗遗嘱的遗产占有，并作为未适婚人的替补继承人获得遗产，那么，他将被剥夺所有的遗产并将这些财产收归国库。

D.34,9,2,1 马尔西安:《法学阶梯》第11卷

同样，如果一个人违背规则娶了他任职所在省的女子为妻，因而他从妻子的遗嘱中获得了一些财产。塞维鲁和安东尼皇帝批复道：他不能获得该遗产。这就如同一个监护人违反了元老院决议将一个女性被监护人娶入他家里一样。因此，在上述两种情况中，尽管他被指定为概括继承人并接受了遗产，但是这些遗产都要归于国库，因为，作为不配者，他们被剥夺了继承所得的遗产。

D.34,9,8 莫德斯丁:《规则集》第6卷

继承人被判为不配者并被剥夺遗产的，他不能恢复对遗嘱人

3. Hereditas legitima

restitui non oportet.

3. 17   Hereditas iacens
（ D. 28. 5 ; D. 41. 1 ; D. 45. 3 ）

D. 28. 5. 31. 1   Gaius 17 ad ed. provinc.

Hereditarium servum ante aditam hereditatem ideo placuit heredem institui posse, quia creditum est hereditatem dominam esse defuncti locum optinere.

D. 41. 1. 33. 2   Ulpianus 4 disp.

Nam et condictio, quotiens servus hereditarius stipulatur vel per traditionem accipit, ex persona defuncti vires assumit, ut Iuliano placet: cuius et valuit sententia testantis personam spectandam esse opinantis.

D. 41. 1. 34   Ulpianus 4 de cens.

Hereditas enim non heredis personam, sed defuncti sustinet, ut multis argumentis iuris civilis comprobatum est.

D. 41. 1. 61pr.   Hermogenianus 6 iuris epit.

Hereditas in multis partibus iuris pro domino habetur adeoque hereditati quoque ut domino per servum hereditarium adquiritur. in his sane, in quibus factum personae operaeve substantia desideratur, nihil hereditati quaeri per servum potest. ac propterea quamvis servus hereditarius heres institui possit, tamen quia adire iubentis domini persona desideratur, heres exspectandus est.

的诉权。

3.17 未继承的遗产
（D. 28, 5；D. 41, 1；D. 45, 3）

D. 28, 5, 31, 1 盖尤斯：《行省告示评注》第 17 卷

一名遗产奴隶 [1] 在遗产被接受之前可以被指定为继承人，因为，人们认为遗产代替了已故者的位置。

D. 41, 1, 33, 2 乌尔比安：《争辩集》第 4 卷

每当遗产奴隶被以要式口约的方式允诺或者交付时，正如尤里安赞同的那样，该行为基于已故者的法律地位而产生效力。因为，应当考虑到遗嘱人的法律地位。

D. 41, 1, 34 乌尔比安：《论财产估价》第 4 卷

因为，遗产不是代替继承人，而是代替已故者，这已被市民法的许多规定所证实。

D. 41, 1, 61pr. 赫尔莫杰尼安：《法律概要》第 6 卷

在法律的许多规定中，遗产被视为主人，因此，就遗产而言，遗产就如同主人一样，通过一名遗产奴隶的劳作而得到增加。基于上述情况，通过自由人的行为或者自由人的劳作，遗产奴隶并不能使遗产获得增加；而后，即使遗产奴隶可以被指定为继承人，但由于奴隶只能根据主人的命令接受继承，故而需要有

---

[1] 在古罗马社会，奴隶被作为财产的一部分，因而该奴隶在其主人死后即成为遗产的组成部分。——译者

D. 41. 1. 61. 1   Hermogenianus 6 iuris epit.

Usus fructus, qui sine persona constitui non potest, hereditati per servum non adquiritur.

D. 45. 3. 28. 4   Gaius 3 de verb. oblig.

Illud quaesitum est, an heredi futuro servus hereditarius stipulari possit. Proculus negavit, quia is eo tempore extraneus est. Cassius respondit posse, quia qui postea heres extiterit, videretur ex mortis tempore defuncto successisse: quae ratio illo argumento commendatur, quod heredis familia ex mortis tempore funesta facta intellegitur, licet post aliquod tempus heres extiterit: manifestum igitur est servi stipulationem ei adquiri.

3. 18   De bonis hereditariis a servo
testamento manumisso subreptis

(D. 47. 4)

D. 47. 4. 1pr.   Ulpianus 38 ad ed.

Si dolo malo eius, qui liber esse iussus erit, post mortem domini ante aditam hereditatem in bonis, quae eius fuerunt, qui eum liberum esse iusserit, factum esse dicetur, quo minus ex his bonis ad heredem aliquid perveniret: in eum intra annum utilem dupli iudicium datur.

D. 47. 4. 1. 18   Ulpianus 38 ad ed.

Item heredi ceterisque successoribus competere istam actionem dicendum est.

一个继承人来接受遗产。

D. 41, 1, 61, 1 赫尔莫杰尼安:《法律概要》第 6 卷

没有自由人,用益权就不能成立,也不能通过遗产奴隶增加遗产。

D. 45, 3, 28, 4 盖尤斯:《论口头债务》第 3 卷

问题是,在未来的继承人没有接受遗产时,遗产奴隶是否能够被以要式口约的形式所允诺。普罗库勒否定之。他认为在那一期间内尚未接受遗产的指命继承人还未变成继承人;卡修斯则回答曰:可以。他认为在确定了谁是继承人之后,对已故者遗产的继承自其去世时开始。他的想法是基于这样一个考虑,即使经过一定期间后,家庭中的一人方变成继承人,但是,一个继承人的家庭自已故者去世时起,丧事便存在了。因此,遗产奴隶的要式口约显然会给未来的继承人带来利益。

3.18 因遗嘱中解放奴隶导致的遗产之减少
(D. 47, 4)

D. 47, 4, 1pr. 乌尔比安:《告示评注》第 38 卷

主人去世之后遗产被继承之前,如果由于遗嘱人遗产中的被解放奴隶的恶意,致使继承人没有得到他应获得的财产,在一年有效期内可对他提起双倍返还之诉。

D. 47, 4, 1, 18 乌尔比安:《告示评注》第 38 卷

同样应当认为,该诉权也给予了概括继承人和其他参与继承的人。

3. 19   Usucapio pro herede
(D. 41. 5 ; C. 7. 29)

D. 41. 5. 3   Pomponius 23 ad q. muc.

Plerique putaverunt, si heres sim et putem rem aliquam ex hereditate esse quae non sit, posse me usucapere.

D. 41. 5. 4   Paulus 5 ad l. iul. et pap.

Constat eum, qui testamenti factionem habet, pro herede usucapere posse.

C. 7. 29. 2   Imperatores Diocletianus et Maximianus

Nihil pro herede posse usucapi suis existentibus heredibus obtinuit.

Diocl. et Maxim. AA. et CC. Marinae. ⟨ *a 293 PP. V k. Febr. AA. conss.* ⟩

3. 20   Crimen expilatae hereditatis
(D. 47. 19 ; C. 9. 32)

D. 47. 19. 1   Marcianus 3 inst.

Si quis alienam hereditatem expilaverit, extra ordinem solet coerceri per accusationem expilatae hereditatis, sicut et oratione divi marci cavetur.

3.19 继承人的时效取得
（D. 41, 5；C. 7, 29）

D. 41, 5, 3　彭波尼:《库伊特·穆齐评注》第 23 卷

许多法学家认为：如果我是继承人并确认某一财物是遗产的一部分，但是我未得到它，在这种情况下，我可以通过时效取得该遗产所有权。

D. 41, 5, 4　保罗:《尤流斯和帕皮流斯法评注》第 5 卷

显然，有接受继承资格的人才能够作为继承人通过时效取得遗产所有权。

C. 7, 29, 2　戴克里先皇帝和马克西米安皇帝致马丽娜

多数法学家们认为，在有"自家继承人"的情况下，没有任何人能够作为继承人通过时效取得遗产所有权。

（293 年，上述皇帝执政。）

3.20 滥用遗产之罪
（D. 47, 19；C. 9, 32）

D. 47, 19, 1　马尔西安:《法学阶梯》第 3 卷

如果一个人滥用他人的遗产，正如马尔库斯皇帝在谕令中写的那样，要根据滥用遗产的指控通过刑诉程序对他进行处罚。

3. Hereditas legitima

D. 47. 19. 2. 1   Ulpianus 9 de off. procons.

Apparet autem expilatae hereditatis crimen eo casu intendi posse, quo casu furti agi non potest, scilicet ante aditam hereditatem, vel post aditam antequam res ab herede possessae sunt. nam in hunc casum furti actionem non competere palam est: quamvis ad exhibendum agi posse, si qui vindicaturus exhiberi desideret, palam sit.

D. 47. 19. 5   Hermogenianus 2 iuris epit.

Uxor expilatae hereditatis crimine idcirco non accusatur, quia nec furti cum ea agitur.

C. 9. 32. 4pr.   Imperator Gordianus

Adversus uxorem, quae socia rei humanae atque divinae domus suscipitur, mariti diem suum functi successores expilatae hereditatis crimen intendere non possunt.

C. 9. 32. 4. 1   Imperator Gordianus

Et ideo res, quas per eandem abesse quereris, competenti in rem actione vel, si dolo malo fecerit, quo minus res mobiles possideret, ad exhibendum persequere.

Gord. A. Basso. ⟨ *a 242 PP. VI k. Mart. Attico et Praetextato conss.* ⟩

3. 21   De pactorum de successione interdictione
(D. 28. 5)

D. 28. 5. 71 (70)   Papinianus 6 resp.

Captatorias institutiones non eas senatus improbavit, quae mutuis

D. 47, 19, 2, 1　乌尔比安:《论行省总督的职责》第 9 卷

显然，在不能提出偷盗之诉时，也就是在接受遗产之前，或是在接受遗产之后财产被继承人占有之前，能够以滥用遗产罪对他提起刑事诉讼。因为，众所周知，在该案件中不适用偷盗之诉。显而易见，如果一个人希望出示他要求确认所有权的财物，他可以提起出示之诉。

D. 47, 19, 5　赫尔莫杰尼安:《法律概要》第 2 卷

因此，妻子不被提起滥用遗产罪的指控，因为她亦不能被提起偷盗之诉。

C. 9, 32, 4pr.　高尔迪安皇帝致巴索

对于拿走家中一般财产和神物的共有人的妻子，其亡夫的继承人不能指控她犯有 "滥用遗产罪"。

C. 9, 32, 4, 1　高尔迪安皇帝致巴索

因此，对于那些你说她拿走的财物，完全可以通过特定的对物之诉，或者对她恶意地使动产不在她处的行为可提起出示之诉，以此来要求她返还财物。

（242 年，阿提克和普雷特克斯达托执政）

3.21　继承简约的禁止

（D. 28, 5）

D. 28, 5, 71 (70)　帕比尼安:《解答集》第 6 卷

元老院不允许通过欺诈而获得遗嘱继承人指定的情况中，不包括基于彼此之爱而指定的继承人，而是他人为了通过秘密影响

affectionibus iudicia provocaverunt, sed quarum condicio confertur ad
secretum alienae voluntatis.

3. 22   Hereditatis petitio
(D. 5. 3 ; C. 3. 31)

3. 22. 1   Qui in iure vocari possunt

D. 5. 3. 9   Ulpianus 15 ad ed.

Regulariter definiendum est eum demum teneri petitione hereditatis,
qui vel ius pro herede vel pro possessore possidet vel rem hereditariam.

D. 5. 3. 11pr.   Ulpianus 15 ad ed.

Pro herede possidet, qui putat se heredem esse. sed an et is, qui scit
se heredem non esse, pro herede possideat, quaeritur: et Arrianus libro
secundo De interdictis putat teneri, quo iure nos uti Proculus scribit. sed
enim et bonorum possessor pro herede videtur possidere.

D. 5. 3. 13pr.   Ulpianus 15 ad ed.

Nec ullam causam possessionis possit dicere: et ideo fur et raptor
petitione hereditatis tenentur.

D. 5. 3. 13. 7   Ulpianus 15 ad ed.

Idem et in eo qui solus fructus ex hereditate retinet, dicendum erit:
tenetur enim et is hereditatis petitione.

D. 5. 3. 13. 4   Ulpianus 15 ad ed.

Quid si quis hereditatem emerit, an utilis in eum petitio hereditatis

遗嘱人的意愿获得利益所附加条件的指定。

3.22 要求继承之诉
（D. 5, 3；C. 3, 31）

3.22.1 被提起该诉讼的被告

D. 5, 3, 9 乌尔比安:《告示评注》第 15 卷

通常我们认为：被提起要求继承之诉的主体是拥有权利或是拥有遗产物的人，无论他是作为继承人或是作为遗产占有人。

D. 5, 3, 11pr. 乌尔比安:《告示评注》第 15 卷

自认为是继承人的人以继承人的身份实施占有。但是有人问道：他是否能在知道自己不是继承人时却作为继承人实施占有呢？阿里亚努斯在《令状评注》第 2 卷中认为：该人可以这样做。普罗库勒写道：该原则是有效的。因为遗产占有人被认为是作为继承人实施继承占有的。

D. 5, 3, 13pr. 乌尔比安:《告示评注》第 15 卷

针对任何遗产被占有的情况均可以提起要求继承之诉，因此，偷盗者和抢夺者可以成为要求继承之诉的被告。

D. 5, 3, 13, 7 乌尔比安:《告示评注》第 15 卷

对仅拥有遗产孳息的人也同样可以提起该诉讼，因为他也可以成为要求继承之诉的被告。

D. 5, 3, 13, 4 乌尔比安:《告示评注》第 15 卷

如果一个人购买了遗产物，是否仅对他提起一个要求继承的

3. Hereditas legitima

deberet dari, ne singulis iudiciis vexaretur? venditorem enim teneri certum est: sed finge non extare venditorem vel modico vendidisse et bonae fidei possessorem fuisse: an porrigi manus ad emptorem debeant? et putat Gaius Cassius dandam utilem actionem.

D. 5. 3. 13. 13   Ulpianus 15 ad ed.

Non solum autem ab eo peti hereditas potest, qui corpus hereditarium possidet, sed et si nihil. et videndum, si non possidens optulerit tamen se petitioni, an teneatur. et Celsus libro quarto digestorum scribit ex dolo eum teneri: dolo enim facere eum qui se offert petitioni. quam sententiam generaliter Marcellus apud Iulianum probat: omnem, qui se offert petitioni, quasi possidentem teneri.

3. 22. 2   De actionis intentione

D. 5. 3. 18. 2   Ulpianus 15 ad ed.

Nunc videamus, quae veniant in hereditatis petitione. et placuit universas res hereditarias in hoc iudicium venire, sive iura sive corpora sint.

D. 5. 3. 19pr.   Paulus 20 ad ed.

Et non tantum hereditaria corpora, sed et quae non sunt hereditaria, quorum tamen periculum ad heredem pertinet: ut res pignori datae defuncto vel commodatae depositaeve. et quidem rei pignori datae etiam specialis petitio est, ut et hereditatis petitione contineatur, sicut

扩用诉讼，以便于我们不对他提起若干个单独诉讼？毫无疑问，出售者可以成为该同一诉讼的被告。但是，假设没有出售者，或者以低价出售且占有人是善意购买之，该诉讼是否也要对购买者提起，盖尤斯·卡修斯认为，应对他提起上面所述的要求继承的扩用诉讼。

D. 5, 3, 13, 13　乌尔比安:《告示评注》第64卷

不仅能够对实际占有遗产物的人提出要求，也可以对没有实际占有遗产物的占有人提出要求。我们要考虑：在他没有实际占有遗产物但同意作为被告参与诉讼时，他是否要基于该诉讼承担责任。杰尔苏在《学说汇纂》第4卷中写道：对存有故意的未实际占有的人，可以提起诉讼，因为他同意作为被告参与诉讼的事实本身即证明他有恶意。马尔切勒在评论尤里安［的《学说汇纂》］时同意下述观点：任何同意以占有人身份作为被告参与要求继承之诉的人，应当承担责任。

3.22.2　诉讼标的

D. 5, 3, 18, 2　乌尔比安:《告示评注》第15卷

现在我们分析一下哪些财产可以成为要求继承之诉的标的。我们规定：凡人们确定的被用来继承的全部财产，无论是权利，还是实体物，都可以成为要求继承之诉的标的。

D. 5, 3, 19pr.　保罗:《告示评注》第20卷

不仅涉及遗产的实体物，而且还涉及虽然不是遗产物但继承人要承担［灭失］风险的财产，例如已质押的物、出借物，或者寄存在已故者处的物。尽管对质押物已规定了一个特殊的诉讼，但是质押物仍被包括在要求继承之诉的标的中。这种情况与适用

3. Hereditas legitima

illae quarum nomine publiciana competit. sed licet earum nomine, quae commodatae vel depositae sunt, nulla sit facile actio, quia tamen periculum earum ad nos pertinet, aequum est eas restitui.

3. 22. 3   Servitutes praediales

D. 5. 3. 19. 3   Paulus 20 ad ed.

Servitutes in restitutionem hereditatis non venire ego didici, cum nihil eo nomine possit restitui, sicut est in corporibus et fructibus, sed si non patiatur ire et agere, propria actione convenietur.

3. 22. 4   Incrementa

D. 5. 3. 20. 3   Ulpianus 15 ad ed.

Item non solum ea quae mortis tempore fuerunt, sed si qua postea augmenta hereditati accesserunt, venire in hereditatis petitionem: nam hereditas et augmentum recipit et deminutionem. sed ea, quae post aditam hereditatem accedunt, si quidem ex ipsa hereditate, puto hereditati accedere: si extrinsecus, non, quia personae possessoris accedunt. fructus autem omnes augent hereditatem, sive ante aditam sive post aditam hereditatem accesserint. sed et partus ancillarum sine dubio augent hereditatem.

于布布里恰努斯诉讼[1] 标的是一样的。尽管在一般情形下寄存物或者出借物并不成为[对物]诉讼的标的，但是因为继承人的风险由我们承担，该寄存物或者出借物由继承人返还是公正的。

3.22.3 地役权

D. 5, 3, 19, 3 保罗：《告示评注》第 20 卷

但是要知道，土地间的地役权不包括在应归还的遗产中，因为地役权不同于实物或者是孳息物，没有什么东西能够以地役权的名义进行归还。不过，如果[供役地所有权人]不允许人或者牲畜从其土地通过时，宜于对其提起一个特别诉讼。

3.22.4 增添

D. 5, 3, 20, 3 乌尔比安：《告示评注》第 15 卷

在要求继承之诉中不仅包括已故者去世时已存在的财产，还包括后来获得的遗产增添物。因为遗产被允许发生增加和减少的情况。但是，在接受遗产之后增加的财产，我认为它们是来自于遗产自身的增添物，应属于该遗产的组成部分。相反，如果是在遗产本身之外获得，则属于遗产的添加，这样将有利于有遗产的人。在接受继承之前或是之后获得的遗产孳息均是对遗产的添加。女奴的子女无疑也会使遗产得到增添。

---

① 该诉讼是以一位叫布布里恰努斯的裁判官的名字命名的。——译者

3. 22. 5   Pretium rerum hereditariarum venditarum

D. 5. 3. 20. 21   Ulpianus 15 ad ed.

Restituere autem pretia debebit possessor, etsi deperditae sunt res vel deminutae. sed utrum ita demum restituat, si bonae fidei possessor est, an et si malae fidei? et si quidem res apud emptorem exstent nec deperditae nec deminutae sunt, sine dubio ipsas res debet praestare malae fidei possessor aut, si recipere eas ab emptore nullo modo possit, tantum quantum in litem esset iuratum. at ubi deperditae sunt et deminutae, verum pretium debet praestari, quia si petitor rem consecutus esset, distraxisset et verum pretium rei non perderet.

3. 22. 6   Fructus

D. 5. 3. 56   Africanus 4 quaest.

Cum hereditas petita sit, eos fructus, quos possessor percepit, omnimodo restituendos, etsi petitor eos percepturus non fuerat.

3. 22. 7   Sumptus necessarii

D. 5. 3. 36. 5   Paulus 20 ad ed.

Fructus intelleguntur deductis impensis, quae quaerendorum cogendorum conservandorumque eorum gratia fiunt. quod non solum in bonae fidei possessoribus naturalis ratio expostulat, verum etiam in praedonibus, sicut Sabino quoque placuit.

3.22.5　遗产物的价金

D.5,3,20,21　乌尔比安:《告示评注》第15卷

尽管遗产物被灭失或是减少,占有人依然负有归还价金的义务。但是,如果占有人是善意的,或者是恶意的,是否均要归还?事实上,如果物品尚在购买人处,既未灭失也未减少,无疑,恶意占有人要返还之;如果不能从购买人处追回任何物品,占有人要根据原告在诉讼中发誓确定的价金进行支付。相反,对于灭失或者减少的物品,要按其真实价金,即原告获得该物后将其出售的价格,给予支付。

3.22.6　孳息

D.5,3,56　阿富里坎:《问题集》第4卷

当一项遗产被提起要求继承之诉时,占有人在占有期间内获得的全部孳息都要给予返还,即使原告不得获取该孳息也应当如此。

3.22.7　必要支出

D.5,3,36,5　保罗:《告示评注》第20卷

人们所说的 [需要归还的] 孳息,要扣除为产生、收集和保管孳息而支出的费用。正如萨宾也赞同的那样,基于自然而又公正的原则,该费用不仅可以为善意占有人支付,也可为恶意占有人支付。

3. 22. 8   Sumptus utiles

D. 5. 3. 38   Paulus 20 ad ed.

Plane in ceteris necessariis et utilibus impensis posse separari, ut bonae fidei quidem possessores has quoque imputent, praedo autem de se queri debeat, qui sciens in rem alienam impendit. sed benignius est in huius quoque persona haberi rationem impensarum (non enim debet petitor ex aliena iactura lucrum facere) et id ipsum officio iudicis continebitur: nam nec exceptio doli mali desideratur. plane potest in eo differentia esse, ut bonae fidei quidem possessor omnimodo impensas deducat, licet res non exstet in quam fecit, sicut tutor vel curator consequuntur, praedo autem non aliter, quam si res melior sit.

3. 22. 9   An legatarius agere possit

D. 5. 3. 44   Iavolenus 1 ex plaut.

Cum is, qui legatum ex testamento percepit, hereditatem petit, si legatum quocumque modo redditum non sit, iudicis officio continetur, ut victori deducto eo quod accepit restituatur hereditas.

3. 22. 10   Imprescrittibilità

C. 3. 31. 7pr.   Imperatores Diocletianus et Maximianus

Hereditatis petitionem, quae adversus pro herede vel pro possessore

3.22.8 有益的支出

D. 5, 3, 38 保罗:《告示评注》第 20 卷

的确，对其他的必要支出和有益支出我们可以做出下列区分：这两种支出应当返还给善意占有人。相反，由于恶意占有人知道该物品是他人的，却仍要支付这两笔支出，因而他只能自我抱怨。不过，应当承认，将支付的花费返还给恶意占有人是一种较为仁慈的解释（因为原告不应基于他人的非法行为自己赢利）。为此，该返还由法官做出判决，因为并不需要提起诈欺抗辩。但是，在这种情况下应当划分下列区别：善意占有人无论如何都要被返还支出，即使为之支出费用的物品灭失了，这就如同监护人或者保佐人因监护和保管财产所支出的费用一样。相反，恶意占有人不获得之，只是在倘若占有物被改善时方被返还其费用。

3.22.9 作为原告的受遗赠人

D. 5, 3, 44 雅沃伦:《普劳提评注》第 1 卷

当依遗嘱获得遗赠的人提出要求继承之诉时，如果受遗赠人未以任何方式返还他获得的遗赠物，那么法官的职责是将扣除遗赠物后的遗产给胜诉者。

3.22.10 无限期诉讼

C. 3, 31, 7pr. 戴克里先皇帝和马克西米安皇帝致雷斯迪度达

任何人均知道，对继承人或者占有人提起的要求继承之诉不

3. Hereditas legitima

possidentes exerceri potest, praescriptione longi temporis non submoveri nemini incognitum est, cum mixtae personalis actionis ratio hoc respondere compellat.

Diocl. et Maxim. AA. et CC. Restitutae. ⟨ *a 294 PP. XI k. Aug. CC. conss.* ⟩

3. 23　Si pars hereditatis petatur
(D. 5. 4)

D. 5. 4. 1pr.　Ulpianus 5 ad ed.
Post actionem, quam proposuit praetor ei qui ad se solum hereditatem pertinere contendit, consequens fuit et ei proponere qui partem hereditatis petit.

D. 5. 4. 1. 1　Ulpianus 5 ad ed.
Qui hereditatem vel partem hereditatis petit, is non ex eo metitur quod possessor occupavit, sed ex suo iure: et ideo sive ex asse heres sit, totam hereditatem vindicabit, licet tu unam rem possideas, sive ex parte, partem, licet tu totam hereditatem possideas.

D. 5. 4. 2　Ulpianus 5 ad ed.
Quin immo si duo possideant hereditatem et duo sint, qui ad se partes pertinere dicant, non singuli a singulis petere contenti esse debent, puta primus a primo vel secundus a secundo, sed ambo a primo et ambo a secundo: neque enim alter primi, alter secundi partem possidet, sed ambo utriusque pro herede. et si possessor et petitor possideant

受长期时效的限制，即使由于该诉讼的混合性质 ① 使人极易这样考虑。

（294年，上述皇帝执政）

3.23　要求部分继承之诉
（D.5,4）

D.5,4,1pr.　乌尔比安:《告示评注》第5卷

在裁判官告示中，裁判官在给要求全部遗产归属自己的继承人以诉权之后，还应考虑给要求部分继承的人以诉权。

D.5,4,1,1　乌尔比安:《告示评注》第5卷

要求继承或者部分继承的人不是根据遗产占有人占有多少，而是根据他有该权利才被考虑给予遗产。因此，或者原告是概括继承人，对全部的遗产提出要求继承之诉，哪怕占有人仅占有了遗产单一物；或者原告是部分继承人，他仅对自己应有的遗产部分提出要求部分继承之诉，哪怕占有人占有了全部的遗产。

D.5,4,2　乌尔比安:《告示评注》第5卷

如果同一项遗产归属于多个人，其中一部分人接受继承，另一部分人则依然在考虑中；接受继承的人倘若提出要求继承之诉，他们要求的部分不应多于正在犹豫不决的人如果决定进行继承后应得的部分。正在犹豫不决进行权衡的人如果不接受继承，这些遗产不直接追加给已实施继承的人。但是，当其他人不接受

---

① 指对物之诉与对人之诉发生竞合。——译者

263

hereditatem, cum unusquisque eorum partem dimidiam hereditatis sibi adserat, invicem petere debebunt, ut partes rerum consequantur: aut si controversiam sibi non faciunt hereditatis, familiae herciscundae experiri eos oportebit.

3. 23. 1   Petitio hereditatis partiaria
et actio familiae erciscundae

D. 5. 4. 7   Iulianus 8 dig.

Non possumus consequi per hereditatis petitionem id quod familiae erciscundae iudicio consequimur, ut a communione discedamus, cum ad officium iudicis nihil amplius pertineat, quam ut partem hereditatis pro indiviso restitui mihi iubeat.

3. 24   Actio familiae erciscundae
(D. 10. 2)

3. 24. 1   Conditiones generales

D. 10. 2. 1pr.   Gaius 7 ad ed. provinc.

Haec actio proficiscitur e lege duodecim tabularum: namque coheredibus volentibus a communione discedere necessarium videbatur aliquam actionem constitui, qua inter eos res hereditariae distribuerentur.

继承时，他们所拥有的部分归属于接受继承的人，接受继承的人可对这部分遗产提出要求继承之诉。

3. 23. 1　要求继承之诉与
遗产分割之诉的关系

D. 5, 4, 7　尤里安：《学说汇纂》第 8 卷

我们不能根据要求继承之诉而获得那些仅能通过遗产分割之诉方可获得的遗产，因为在遗产分割之诉中法官的职责仅是要求〔他人〕将分割的遗产份额返还给我。

3. 24　遗产分割之诉
（D. 10, 2）

3. 24. 1　一般概念

D. 10, 2, 1pr.　盖尤斯：《行省告示评注》第 7 卷

这一诉讼源于《十二表法》。因为当共同继承人们希望分割共同遗产时，设立这样一个诉讼是必要的。

3. Hereditas legitima

D. 10. 2. 2pr.   Ulpianus 19 ad ed.

Per familiae erciscundae actionem dividitur hereditas, sive ex testamento sive ab intestato, sive lege duodecim tabularum sive ex aliqua lege deferatur hereditas vel ex senatus consulto vel etiam constitutione: et generaliter eorum dumtaxat dividi hereditas potest, quorum peti potest hereditas.

3. 24. 2   Natura mixta actionis

D. 10. 2. 22. 4   Ulpianus 19 ad ed.

Familiae erciscundae iudicium ex duobus constat, id est rebus atque praestationibus, quae sunt personales actiones.

3. 24. 3   Coheredes

D. 10. 2. 2. 3   Ulpianus 19 ad ed.

In familiae erciscundae iudicio unusquisque heredum et rei et actoris partes sustinet.

D. 10. 2. 27   Paulus 23 ad ed.

In hoc iudicio condemnationes et absolutiones in omnium persona faciendae sunt: et ideo si in alicuius persona omissa sit damnatio, in ceterorum quoque persona quod fecit iudex non valebit, quia non potest ex uno iudicio res iudicata in partem valere, in partem non valere.

D. 10, 2, 2pr.　乌尔比安:《告示评注》第 19 卷

或者通过遗嘱继承，或者通过无遗嘱继承，或者根据《十二表法》，或者根据其他的法令抑或元老院决议抑或谕令，借助于遗产分割之诉将遗产进行分割。通常，遗产分割仅能在有权要求分割遗产的人之间进行。

3.24.2　诉讼的混合性

D. 10, 2, 22, 4　乌尔比安:《告示评注》第 19 卷

遗产分割之诉具有双重性，它既是对物之诉，同时因为涉及债务履行又是对人之诉。

3.24.3　共同继承人的诉讼地位

D. 10, 2, 2, 3　乌尔比安:《告示评注》第 19 卷

在遗产分割之诉中，每一个继承人或是原告，或是被告。

D. 10, 2, 27　保罗:《告示评注》第 23 卷

在这一诉讼中，承担财产责任的判决和撤诉应当对所有的诉讼参与者均有效力。因此，如果承担财产责任的判决疏漏了当事人中的某个人，则这个仅涉及其他人的法官判决是无效的。因为对同一个案件进行审理所做出的判决不能对一部分人有效，对另一部分人则其效力荡然无存。

3. 24. 4   Res

D. 10. 2. 3   Gaius 7 ad ed. provine.

Plane ad officium iudicis nonnumquam pertinet, ut debita et credita singulis pro solido aliis alia adtribuat, quia saepe et solutio et exactio partium non minima incommoda habet. nec tamen scilicet haec adtributio illud efficit, ut quis solus totum debeat vel totum alicui soli debeatur, sed ut, sive agendum sit, partim suo partim procuratorio nomine agat, sive cum eo agatur, partim suo partim procuratorio nomine conveniatur. nam licet libera potestas esse maneat creditoribus cum singulis experiundi, tamen et his libera potestas est suo loco substituendi eos, in quos onera actionis officio iudicis translata sunt.

D. 10. 2. 4pr.   Ulpianus 19 ad ed.

Ceterae itaque res praeter nomina veniunt in hoc iudicium. sin autem nomen uni ex heredibus legatum sit, iudicio familiae erciscundae hoc heres consequitur.

D. 10. 2. 9   Paulus 23 ad ed.

Veniunt in hoc iudicium res, quas heredes usuceperunt, cum defuncto traditae essent: hae quoque res, quae heredibus traditae sunt, cum defunctus emisset.

3. 24. 5   Bona quae dividuntur et quae non dividuntur

D. 10. 2. 22. 1   Ulpianus 19 ad ed.

Familiae erciscundae iudex ita potest pluribus eandem rem

3.24.4 物

D. 10, 2, 3　盖尤斯:《行省告示评注》第 7 卷

无疑，将债务和债权全部分配给继承人中的每个人，有些时候确确实实是法官的职责，因为共同继承人之间由于支付和要求支付所导致的严重不利并不少见。但是，这一分配并非是一个人拥有全部的债权或是全部的债务，而是如果一个人提起诉讼，一部分以他的名义，一部分以作为共同继承人的代表的名义；如果是被提起诉讼，则宜于一部分以他的名义，一部分以作为共同继承人的代表的名义承担责任。因为，虽然允许债权人们享有以个人身份对每个共同继承人提起诉讼的权利，但是，共同继承人们也有权将根据法官判决被要求承担诉讼负担的人指定为他们的代表。

D. 10, 2, 4pr.　乌尔比安:《告示评注》第 19 卷

除遗产债权和遗产债务外，还有其他所有的遗产物也是该诉讼的标的。但是，如果债权被作为遗产转给共同继承人中的一个人，则该继承人根据遗产分割之诉的判决而获得遗产。

D. 10, 2, 9　保罗:《告示评注》第 23 卷

在该诉讼的标的中，包括交给已故者的由继承人们依时效取得的财物。已故者购买的已交给继承人的财物也被包含于该诉讼的标的中。

3.24.5 可分遗产与不可分遗产

D. 10, 2, 22, 1　乌尔比安:《告示评注》第 19 卷

无论是当同一物作为先取遗赠给予多个共同继承人（对这个

adiudicare, si aut pluribus fuerit unius rei praeceptio relicta (ubi etiam necessitatem facere Pomponius scribit, ut pluribus adiudicetur) vel si certam partem unicuique coheredum adsignet: sed potest etiam licitatione admissa uni rem adiudicare.

D. 10. 2. 22. 2   Ulpianus 19 ad ed.

Sed et regionibus divisum fundum posse adiudicare secundum divisionem nemo dubitaverit.

3. 24. 6   Sumptus et usurae

D. 10. 2. 18. 3   Ulpianus 19 ad ed.

Sumptuum, quos unus ex heredibus bona fide fecerit, usuras quoque consequi potest a coherede ex die morae secundum rescriptum imperatorum Severi et Antonini.

D. 10. 2. 25. 20   Paulus 23 ad ed.

Iudex familiae erciscundae nihil debet indivisum relinquere.

D. 10. 2. 43   Ulpianus 30 ad sab.

Arbitrum familiae erciscundae vel unus petere potest: nam provocare apud iudicem vel unum heredem posse palam est: igitur et praesentibus ceteris et invitis poterit vel unus arbitrum poscere.

问题彭波尼曾写道：将同一项财物判给多个共同继承人是必要的）时，还是当遗产的一部分被分配给共同继承人中的每个人时，进行遗产分割的法官可以将同一项财产判给多个人。但是，法官能够以拍卖的方式宣布将一项遗产物裁给一个人。

D. 10, 2, 22, 2　乌尔比安:《告示评注》第 19 卷

没有人会怀疑，根据土地的可分性，法官可以做出将一块土地划成不同的地块〔分给每个继承人〕的裁判。

3.24.6　费用和利息

D. 10, 2, 18, 3　乌尔比安:《告示评注》第 19 卷

根据塞维鲁皇帝和安东尼皇帝的谕令，共同继承人中的一人因善意而支出的费用，他可以自另一个共同继承人迟延继承人之日开始向该人索取利息。

D. 10, 2, 25, 20　保罗:《告示评注》第 23 卷

分割遗产的法官不应当遗留下未分割的遗产。

D. 10, 2, 43　乌尔比安:《萨宾评注》第 30 卷

即使仅任命一个人，也可以要求任命一名法官进行遗产分割。因为很显然，仅仅一个继承人便可以向法官提出上诉。因此，即使所有其他继承人前往法官处表示反对分割遗产时，一个继承人即可向法官要求一名负责分割遗产的裁判官并且能够得到满足。

4. De legatis

4. 1 Condiciones generales
(D. 30. 4/5/12/15/20/22/24/26/32/37/39/41/44/
47/71/80/116 ; D. 31. 11/36 ; D. 33. 5 ; C. 6. 37/43)

4. 1. 1 Definitio

D. 30. 116pr. Florentinus 11 inst.

Legatum est delibatio hereditatis, qua testator ex eo, quod universum heredis foret, alicui quid collatum velit.

D. 31. 36 Modestinus 3 pand.

Legatum est donatio testamento relicta.

4. 1. 2 Absentia formae

C. 6. 37. 21 Imperator Constantinus

In legatis vel fideicommissis verborum necessaria non sit observantia, ita ut nihil prorsus intersit, quis talem voluntatem verborum casus exceperit aut quis loquendi usus effuderit.

Constant. A. ad pop. ⟨ *a 339 D. k. Febr. Constantio II et Constante conss.* ⟩

4. 遗 赠

4.1 一般条件
（D. 30, 4/5/12/15/20/22/24/26/32/37/39/41/44/
47/71/80/116；D. 31, 11/36；D. 33, 5；C. 6, 37/43）

4.1.1 定义

D. 30, 116pr. 佛罗伦汀:《法学阶梯》第 11 卷

遗赠（legatum）是对遗产的扣除，即遗嘱人希望从给概括
继承人的遗产中扣除一些并给予［继承人之外的］其他人。

D. 31, 36 莫德斯丁:《学说汇纂》第 3 卷

遗赠是通过遗嘱给予的一种赠与（donatio）。

4.1.2 格式的取消

C. 6, 37, 21 君士坦丁皇帝致民众

在遗赠或者遗产信托中，没有必要恪守一些词句。这样，一
个人是用那些特定的词句还是用自己自由选择的词句表达其意
愿，并不重要。

（339 年，君士坦丁第 2 次执政和君士坦斯执政）

4. 1. 3　Res legati

D. 30. 41pr.　Ulpianus 21 ad sab.

Cetera igitur praeter haec videamus. et quidem corpora legari omnia et iura et servitutes possunt.

D. 30. 22　Pomponius 5 ad sab.

Si grege legato aliqua pecora vivo testatore mortua essent in eorumque locum aliqua essent substituta, eundem gregem videri: et si deminutum ex eo grege pecus esset et vel unus bos superesset, eum vindicari posse, quamvis grex desisset esse: quemadmodum insula legata, si combusta esset, area possit vindicari.

4. 1. 4　Res futurae

D. 30. 24pr.　Pomponius 5 ad sab.

Quod in rerum natura adhuc non sit, legari posse, veluti ' quidquid illa ancilla peperisset ' , constitit: vel ita ' ex vino quod in fundo meo natum est ' vel ' fetus tantum dato ' .

4. 1. 5　Res partiales

D. 30. 26. 2　Pomponius 5 ad sab.

Cum bonorum parte legata dubium sit, utrum rerum partes an aestimatio debeatur, Sabinus quidem et Cassius aestimationem, Proculus et Nerva rerum partes esse legatas existimaverunt. sed oportet heredi succurri,

4.1.3　遗赠物

D. 30, 41pr.　乌尔比安:《萨宾评注》第 21 卷

除此之外，我们还看到另外一些情形，即事实上，所有的实体物（corpus）、所有的权利（ius）和所有的役权（servitium），均可以成为遗赠的标的。

D. 30, 22　彭波尼:《萨宾评注》第 5 卷

如果遗赠一群家畜，在遗嘱人活着时有若干只家畜死亡，他以其他同类家畜替代死亡的家畜，则该家畜群被认为是同一畜群。但是，如果该家畜群发生减少或仅剩下一头牛，尽管畜群已不存在，但受遗赠人可以进行索要，这就如同受遗赠人被遗赠一栋房屋，如果房屋被烧毁，他可以索要房屋所在的土地。

4.1.4　未来物

D. 30, 24pr.　彭波尼:《萨宾评注》第 5 卷

尚未存在的物也可作为遗赠的标的，例如"任何女奴要分娩的婴儿"，或者诸如"在我的庄园里将被酿造的葡萄酒"，或者是"将出生的小牲畜"。

4.1.5　部分物

D. 30, 26, 2　彭波尼:《萨宾评注》第 5 卷

当遗赠财产是一部分时，便产生了一个疑问：应当给的是物的一部分，还是物的估值？萨宾和卡修斯认为遗赠的是估值；普

ut ipse eligat, sive rerum partes sive aestimationem dare maluerit. in his tamen rebus partem dare heres conceditur, quae sine damno dividi possunt: sin autem vel naturaliter indivisae sint vel sine damno divisio earum fieri non potest, aestimatio ab herede omnimodo praestanda est.

4. 1. 6 Res generales

D. 30. 37pr. Ulpianus 21 ad sab.

Legato generaliter relicto, veluti hominis, Gaius Cassius scribit id esse observandum, ne optimus vel pessimus accipiatur: quae sententia rescripto imperatoris nostri et divi Severi iuvatur, qui rescripserunt homine legato actorem non posse eligi.

4. 1. 7 Fructus

D. 30. 39. 1 Ulpianus 21 ad sab.

Fructus autem hi deducuntur in petitionem, non quos heres percepit, sed quos legatarius percipere potuit: et id in operis servorum vel vecturis iumentorum vel naulis navium dicendum. quod in fructibus dicitur, hoc et in pensionibus urbanorum aedificiorum intellegendum erit. in usurarum autem quantitate mos regionis erit sequendus: iudex igitur usurarum modum aestimabit et statuet. ipsius quoque rei interitum

罗库勒和内尔瓦①认为是物的一部分。但是，有必要给继承人以救济，以便使他们对是给予物的一部分还是估值进行选择。然而，当对可分之物没有损害时，允许继承人给予物的一部分。不过，根据物的不可分割之性质或者在可能对可分物造成损害的情况下，继承人应当给予物的估值。

4.1.6　种类物

D. 30, 37pr.　乌尔比安:《萨宾评注》第21卷

有关种类物的遗赠，例如遗赠一个奴隶，盖尤斯·卡修斯写道：应当遵循既不接受最好的也非最坏的原则。这一观点在我们的皇帝和他的父亲塞维鲁皇帝的批复中得到了支持。这些批复写道：遗赠一个奴隶时，受遗赠人不能选择。

4.1.7　孳息

D. 30, 39, 1　乌尔比安:《萨宾评注》第21卷

孳息（fructus）被纳入要求给予遗赠物的诉讼的标的中，但不是继承人获得的那些孳息，而是受遗赠人可以获得的那些孳息。这些孳息应当被认为是针对诸如奴隶的劳作，或者驮兽的运输，或者船舶的运送而言。我们对孳息的规定也适用于城市房屋的房租。至于货币利息，应当遵循当地的习惯。因此，法官应当作出估算和确定利息的标准。此外，如果财物在继承人出现迟延［交付］后灭失，如同在要式口约中约定的那样，在［交付］时

---

① 1世纪法学家。——译者

4. De legatis

post moram debet, sicut in stipulatione, si post moram res interieret, aestimatio eius praestatur. item partus ancillarum et, si servus fuerit legatus, et hereditas vel legatum vel quid per eum adquisitum sit heres praestare debet.

4. 1. 8 De nomine legato

D. 30. 44. 6 Ulpianus 22 ad sab.
Sed et si nomen legetur, benigne id quod debetur accipiendum est, ut actiones adversus debitorem cedantur.

D. 30. 71. 2 Ulpianus 51 ad ed.
In pecunia legata confitenti heredi modicum tempus ad solutionem dandum est nec urguendum ad suscipiendum iudicium: quod quidem tempus ex bono et aequo praetorem observare oportebit.

4. 1. 9 De pecunia legata

D. 31. 12pr. Paulus 2 ad vitell.
Si pecunia legata in bonis legantis non sit, solvendo tamen hereditas sit, heres pecuniam legatam dare compellitur sive de suo sive ex venditione rerum hereditariarum sive unde voluerit.

4. 1. 10 De legato alternativo

D. 30. 47. 3 Ulpianus 22 ad sab.
Sed si Stichus aut Pamphilus legetur et alter ex his vel in fuga

间迟延后物品灭失的，应当给予财物估值。该规则也适用于继承人将女奴的婴儿给予受遗赠人的情况。当一个奴隶被遗赠时，该奴隶所获得的一切，无论是一笔遗产，或是一个遗赠物，或是获得的任何其他东西，继承人均应当将这些财物交给受遗赠人。

4.1.8　债权遗赠

D. 30, 44, 6　乌尔比安：《萨宾评注》第 22 卷

尽管遗赠的是一项债仅，应当从最有利的意义上来解释之，即该债仅是一个到期的且包括对债务人的诉权。

D. 30, 71, 2　乌尔比安：《告示评注》第 51 卷

至于现金遗赠，应当给予确认有［支付现金债务］的继承人一个合理支付的时间，且不应当迫使其提起诉讼。显然，裁判官应当根据公正和公平的标准确定支付时间。

4.1.9　特有产遗赠

D. 31, 12pr.　保罗：《维特里乌斯评注》第 2 卷

如果在遗嘱人财产中没有要遗赠的金钱，但遗产是有支付能力的遗产，那么，继承人均应当被强制支付该笔遗赠的金钱，无论是以继承人自己的财产，或是通过出售继承之物，或是以继承人愿意的方式。

4.1.10　可替换标的的遗赠

D. 30, 47, 3　乌尔比安：《萨宾评注》第 22 卷

如果将奴隶斯提库斯或者班菲鲁斯遗赠给他人，而他们中的

4. De legatis

sit vel apud hostes, dicendum erit praesentem praestari aut absentis aestimationem: totiens enim electio est heredi committenda, quotiens moram non est facturus legatario. qua ratione placuit et, si alter decesserit, alterum omnimodo praestandum, fortassis vel mortui pretium. sed si ambo sint in fuga, non ita cavendum, ut, 'si in potestate ambo redirent', sed 'si vel alter', et 'vel ipsum vel absentis aestimationem praestandam'.

D. 31. 11. 1   Pomponius 7 ex plaut.

'Stichum aut Pamphilum, utrum heres meus volet, Titio dato, dum, utrum velit dare, eo die, quo testamentum meum recitatum erit, dicat'. si non dixerit heres, Pamphilum an Stichum dare malit, perinde obligatum eum esse puto, ac si Stichum aut Pamphilum dare damnatus esset, utrum legatarius elegerit. si dixerit se Stichum dare velle, Sticho mortuo liberari eum: si ante diem legati cedentem alter mortuus fuerit, alter qui supererit in obligatione manebit. cum autem semel dixerit heres, utrum dare velit, mutare sententiam non poterit. et ita et Iuliano placuit.

D. 30. 5pr.   Paulus 1 ad sab.

Servi electione legata semel dumtaxat optare possumus.

D. 30. 32. 1   Ulpianus 20 ad sab.

Si quis plures stichos habens stichum legaverit, si non apparet, de quo sticho sensit, quem elegerit debet praestare.

一个人或是正在逃亡或是被敌人俘获，则应当认为应当交付尚在的奴隶，或者将不在现场的奴隶进行估价。事实上，每当继承人对受遗赠人没有迟延行为时，应当允许继承人进行选择。根据这个理由，被遗赠的奴隶中有一人死亡，则应当仅交付另一个奴隶或是支付死亡奴隶的估值。但是，如果两个奴隶都逃跑了，则不应订立下列内容的要式口约："如果两个奴隶都重返我的权力之下。"相反，应当约定："如果两个奴隶中的一个"和"要提交同一个奴隶或者支付不在场奴隶的估值"。

D. 31, 11, 1　彭波尼：《普劳提评注》第 7 卷

"我的继承人可以将奴隶斯提库斯或者班菲鲁斯交给提裘斯，只要是在我的遗嘱被宣读的那天，他表示愿意交出去的是两个奴隶中的一个既可。"如果我的继承人没有表示愿意交出去的是斯提库斯或者班菲鲁斯，我认为他有义务根据受遗赠人（legatarius）的选择将两个奴隶中的一个交给受遗赠人。如果我的继承人愿意交出去的是斯提库斯，但斯提库斯去世了，则我的继承人不再承担义务。但是，如果在受遗赠权利行使日之前，两个奴隶中的一个死亡，另一个活着，则后者成为债务的标的。然而，继承人一旦说过愿意将哪个奴隶交出去，那么他就不能改变之。尤里安也赞成这一观点。

D. 30, 5pr.　保罗：《萨宾评注》第 1 卷

当根据遗赠对奴隶进行选择时，我们只能进行一次性选择。

D. 30, 32, 1　乌尔比安：《萨宾评注》第 20 卷

如果一个遗嘱人有多个名叫斯提库斯的奴隶，而他仅将一个斯提库斯进行遗赠但不清楚他指的是哪一个，则继承人应当将受遗赠人挑选的奴隶交付。

4. De legatis

4. 1. 11 Optio

D. 30. 20 Pomponius 5 ad sab.

Qui duos servos haberet, unum ex his legasset, ut non intellegeretur quem legasset, legatarii est electio.

D. 33. 5. 2pr. Ulpianus 20 ad sab.

Quotiens servi electio vel optio datur, legatarius optabit quem velit.

D. 33. 5. 16 Clementius 15 ad l. iul. et pap.

Optione legata placet non posse ante aditam hereditatem optari et nihil agi, si optaretur.

4. 1. 12 De optione alio mandata

C. 6. 43. 3. 1a Imperator Iustinianus

Sed et si quis optionem servi vel alterius rei reliquerit non ipsi legatario, sed quem Titius forte elegerit, Titius autem vel noluerit eligere vel morte fuerit praeventus, et in hac specie dubitabatur apud veteres, quid statuendum sit, utrumne legatum expirat, an aliquid inducitur ei adiutorium, ut viri boni arbitratu procedat electio.

C. 6. 43. 3. 1b Imperator Iustinianus

Censemus itaque, si intra annale tempus ille qui eligere iussus est hoc facere supersederit vel minime potuerit vel quandocumque decesserit, ipsi legatario videri esse datam electionem, ita tamen, ut non optimum ex servis vel aliis rebus quicquam eligat, sed mediae aestimationis, ne dum legatarium satis esse fovendum existimamus,

4.1.11　选择权

D. 30, 20　彭波尼:《萨宾评注》第 5 卷

一个人有两个奴隶,他将其中的一个奴隶进行遗赠,但是他并未指明遗赠哪一个奴隶,那么,受遗赠人有选择权(electio)。

D. 33, 5, 2pr.　乌尔比安:《萨宾评注》第 20 卷

一旦对奴隶有选择权时,受遗赠人便可选择他愿意要的奴隶。

D. 33, 5, 16　克勒门斯:《尤流斯和帕皮流斯法评注》第 15 卷

每当遗赠含有选择权时,应当认为在接受遗赠之前不能进行选择,即使选择了也是无效。

4.1.12　第三人选择权

C. 6, 43, 3, 1a　优士丁尼皇帝致大区长官乔万尼

如果一个人没有将对奴隶或者其他物品的选择权留给受遗赠人,而是让提裘斯选择之,但是提裘斯或是不愿意选择,或是因去世不能进行选择,在该情况下,古代法学家们产生了疑问,为此需要做出怎样的规定,也就是说,遗赠是失效了还是采取向公断人要求进行该选择的补救措施呢。

C. 6, 43, 3, 1b　优士丁尼皇帝致大区长官乔万尼

我们这样规定:如果在一年有效期之内,被指定进行选择的第三人没有进行选择或者因为去世而不可能进行选择的,应当认为该选择权归于受遗赠人。但是,并非是选择奴隶中或者其他物品中最好的,而是选择适中的,因为我们认为:应当在不给继承

4. De legatis

heredis commoda defraudentur.

Iust. A. Iohanni pp. ⟨ *a 531 D. k. Sept. Constantinopoli post Consulatum Lampadii et Orestis vv. cc.* ⟩

4. 1. 13 De legato impossibili

D. 30. 71. 3 Ulpianus 51 ad ed.

Qui confitetur se quidem debere, iustam autem causam adfert, cur utique praestare non possit, audiendus est: ut puta si aliena res legata sit negetque dominum eam vendere vel immensum pretium eius rei petere adfirmet, aut si servum hereditarium neget se debere praestare, forte patrem suum vel matrem vel fratres naturales: aequissimum est enim concedi ei ex hac causa aestimationem officio iudicis praestare.

4. 1. 14 De loco solutionis

D. 30. 47pr. Ulpianus 22 ad sab.

Cum res legata est, si quidem propria fuit testatoris et copiam eius habet, heres moram facere non debet, sed eam praestare. sed si res alibi sit quam ubi petitur, primum quidem constat ibi esse praestandam, ubi relicta est, nisi alibi testator voluit: nam si alibi voluit, ibi praestanda est, ubi testator voluit vel ubi verisimile est eum voluisse: et ita Iulianus scripsit tam in propriis quam in alienis legatis. sed si alibi relicta est, alibi autem ab herede translata est dolo malo eius: nisi ibi praestetur ubi

人造成损害的前提下给受遗赠人以足够的保护。

（531 年，于君士坦丁堡，兰巴蒂和奥莱斯蒂斯执政）

4.1.13　给付不能

D. 30, 71, 3　乌尔比安：《告示评注》第 51 卷

当一个人承认他有债务但却给出他不能给付的正当理由时，那么应当允许他的给付不能。例如，属于相对方的财物被遗赠，他说明其主人拒绝出售或者财物被标以极高的价格；抑或他说明拒绝将遗产奴隶作为履行债务的标的进行交付，因为该奴隶可能是他亲生父亲或者亲生母亲或者亲生兄弟。因此，十分正确的方法是：在这种情况下，依法官的职责应当允许他以金钱来支付财产的估值。

4.1.14　给付的地点

D. 30, 47pr.　乌尔比安：《萨宾评注》第 22 卷

当遗赠财产属于遗嘱人而由继承人占有时，继承人不得迟延（mora）而应当立即交付给受遗赠人。但是，如果财物在受赠地之外的，即不在要求接受遗赠的人那里，如果遗嘱人不希望在其他地方给付，人们就会明白遗嘱人放置遗赠财物的地方即为给付的地点。相反，如果在这个案件中，遗嘱人希望给付的地方是另一个地点，则遗赠物的给付要在他希望或显然是他希望给付的地点进行。尤里安也写到了有关遗嘱人拥有的遗赠物与他人拥有的遗赠物的问题。但是，遗赠物被放置在某一处，而这些遗赠物被继承人以欺骗方式转让掉，如果在要求接受遗赠处不能给付的

petitur, heres condemnabitur doli sui nomine: ceterum si sine dolo, ibi praestabitur, quo transtulit.

4. 1. 15   Error

D. 30. 4pr.   Ulpianus 5 ad sab.

Si quis in fundi vocabulo erravit et Cornelianum pro Semproniano nominavit, debebitur Sempronianus: sed si in corpore erravit, non debebitur. quod si quis, cum vellet vestem legare, suppellectilem adscripsit, dum putat suppellectilis appellatione vestem contineri, Pomponius scripsit vestem non deberi, quemadmodum si quis putet auri appellatione electrum vel aurichalcum contineri vel, quod est stultius, vestis appellatione etiam argentum contineri. rerum enim vocabula immutabilia sunt, hominum mutabilia.

D. 30. 15pr.   Paulus 3 ad sab.

Qui quartam partem bonorum legare voluit, dimidiam scripsit. Proculus recte ait posse defendi quartam legatam, quia inesset dimidiae. idem erit et si quinquaginta voluit legare et centum scripta sint: quinquaginta enim debebuntur. sed et si plus legare voluit et minus scripsit, valebit legatum.

4. 1. 16   De legatorum effectu

D. 30. 80   Papinianus 1 def.

Legatum ita dominium rei legatarii facit, ut hereditas heredis res singulas. quod eo pertinet, ut, si pure res relicta sit et legatarius non

话，继承人要被追究其不诚实的刑事责任。如果他没有恶意，应当在转移遗赠物的地方交付。

4.1.15 错误

D. 30, 4pr. 乌尔比安：《萨宾评注》第 5 卷

如果一个人弄错了庄园的名字，将塞姆布洛尼亚努斯写成了克尔奈里亚努姆，那么，塞姆布洛尼亚努斯是应给付之物。但是，如果将物品弄错，则不属于应给付之物。如果一个人希望遗赠一件衣服，但他写成了家具，因他认为在家具的名称中包含衣服在内。彭波尼写道：衣服不是应给付之物。这就如同一个人认为金子一词中包括镀金银和镀金铜在内，抑或更荒谬地，认为在衣服中还包括银子，因为，物的名称是不可变的，而唯有人的名字是容易改变的。

D. 30, 15pr. 保罗：《萨宾评注》第 3 卷

如果一个人希望将其财产的四分之一遗赠，但是他写成了一半财产。普罗库勒正确地指出：四分之一的遗赠是可以被肯定的。因为它被包括在一半之中。同样的规则适用于其遗嘱人希望遗赠 50 元钱却写成了 100 元，那么，50 元是应当给付的钱。但是，如果一个人希望遗赠的多而写的少，则遗赠有效。

4.1.16 遗赠的效力

D. 30, 80 帕比尼安：《定义集》第 1 卷

这样，遗赠使物的所有权转归于受遗赠人，如同继承使单个物的所有权转给继承人一样。它还涉及这样一点：如果一件物品

repudiavit defuncti voluntatem, recta via dominium, quod hereditatis fuit, ad legatarium transeat numquam factum heredis.

4. 2　Dies cedens
(D. 30. 7/38 ; D. 36. 2)

D. 36. 2. 5pr.　Ulpianus 20 ad sab.

Si post diem legati cedentem legatarius decesserit, ad heredem suum transfert legatum.

D. 36. 2. 5. 7　Ulpianus 20 ad sab.

Si, cum dies legati cedere inciperet, alieni quis iuris est, deberi his legatum, quorum iuri fuit subiectus. et ideo si purum legatum fuerit et post diem legati cedentem liber factus est, apud dominum legatum relinquet: sed si usus fructus fuerit legatus, licet post mortem testatoris, ante aditam tamen hereditatem sui iuris efficiatur, sibi legatum adquirit.

4. 2. 1　Dies cedens in legato conditionali

D. 36. 2. 5. 2　Ulpianus 20 ad sab.

Sed si sub condicione sit legatum relictum, non prius dies legati cedit quam condicio fuerit impleta, ne quidem si ea sit condicio, quae in potestate sit legatarii.

被无条件地留下，并且受遗赠人没有拒绝已故者的意愿，遗赠物的所有权将不通过继承人而直接归于受遗赠人。

4.2　受遗赠权利行使日
（D. 30, 7/38 ; D. 36, 2）

D. 36, 2, 5pr.　乌尔比安:《萨宾评注》第 20 卷

如果在受遗赠权利行使日之后，受遗赠人去世，遗赠将转移给他的继承人。

D. 36, 2, 5, 7　乌尔比安:《萨宾评注》第 20 卷

如果自受遗赠权利行使日开始时，受遗赠人是他权人，遗赠应当向对该他权人有支配权的人履行。但是，如果遗赠是无条件的，并且受遗赠人在受遗赠权利行使日之后变成了解放自由人，则遗赠物留给主人；如果遗赠物是用益权，并且受遗赠人在遗嘱人去世后接受遗产之前变成了自权人，则他获得遗赠物。

4.2.1　附条件的"受遗赠权利行使日"

D. 36, 2, 5, 2　乌尔比安:《萨宾评注》第 20 卷

但是，如果遗赠是附条件的，当条件成就时，受遗赠权利行使日便开始了，即使条件的成就取决于受遗赠人的能力也如此。

4. 2. 2　De repudio

D. 30. 7　Paulus 2 ad sab.

Legatum servo delatum dominus potest repudiare.

D. 30. 38pr.　Pomponius 6 ad sab.

Legatarius pro parte adquirere, pro parte repudiare legatum non potest: heredes eius possunt, ut alter eorum partem suam adquirat, alter repudiet.

4. 3　Quomodo legata revocantur et transmittuntur
(D. 30. 8/12/17/19 ; D. 31. 14/76 ; D. 32. 89/98 ; D. 34. 4/7 ; D. 35. 1 ; C. 6. 43)

D. 30. 12. 3　Pomponius 3 ad sab.

In legatis novissimae scripturae valent, quia mutari causa praecedentis legati vel die vel condicione vel in totum ademptione potest. sed si sub alia et alia condicione legatum ademptum est, novissima ademptio spectanda est. interdum tamen in legatis non posterior, sed praecedens scriptura valet: nam si ita scripsero: ' quod Titio infra legavero, id neque do neque lego', quod infra legatum erit, non valebit. nam et eum sermonem, quo praesentia legata data in diem proferuntur, ad postea quoque scripta legata pertinere placuit. voluntas ergo facit, quod in testamento scriptum valeat.

4.2.2　放弃遗赠

D. 30, 7　保罗:《萨宾评注》第 2 卷

主人可以放弃接受给奴隶的遗赠物。

D. 30, 38pr.　彭波尼:《萨宾评注》第 6 卷

受遗赠人不能获得一部分遗赠物，放弃一部分遗赠物。相反，他的继承人可以进行下列行为，即他的继承人中的一人获得自己的份额，而另一个继承人则放弃自己的份额。

4.3　遗赠的撤销和转移

（ D. 30, 8 / 12 / 17 / 19 ; D. 31, 14 / 76 ; D. 32, 89 / 98 ;
D. 34, 4 / 7 ; D. 35, 1 ; C. 6, 43 ）

D. 30, 12, 3　彭波尼:《萨宾评注》第 3 卷

就遗赠而言，遗嘱的最后一个文本有效，因为先前的遗赠可以因期间或者因条件而改变，抑或被全部撤销。但是，如果一个遗赠先基于一个条件而后又基于另一个条件被撤销，则应当遵循最后的遗嘱文本。然而，有时就遗嘱而言，有效的不是后一个遗嘱文本，而是先前的遗嘱文本，因为如果我这样写道:"我以遗赠的方式给提裘斯的遗产并不具有遗赠的效力。"那么，以遗赠的方式给提裘斯的遗产便不具有遗赠的效力。因为我们规定:上述对遗赠的表达方式直接影响到表示给予遗赠的时间，故而亦扩大适用于后来在遗嘱中所写的遗赠。因此，写在遗嘱中的意愿是有效的。

4. De legatis

D. 34. 4. 3. 11 Ulpianus 24 ad sab.

Non solum autem legata, sed et fideicommissa adimi possunt et quidem nuda voluntate. unde quaeritur, an etiam inimicitiis interpositis fideicommissum non debeatur: et si quidem capitales vel gravissimae inimicitiae intercesserint, ademptum videri quod relictum est: sin autem levis offensa, manet fideicommissum. secundum haec et in legato tractamus doli exceptione opposita.

D. 34. 4. 5 Gaius 2 ad ed. urb.

Sicut adimi legatum potest, ita et ad alium transferri, veluti hoc modo: 'quod Titio legavi, id Seio do lego' : quae res in personam Titii tacitam ademptionem continet.

D. 34. 4. 3pr. Ulpianus 24 ad sab.

Si quis ita legaverit: 'Titio fundum do lego: si Titius decesserit, Seio heres meus dare damnas esto' , recte translatum legatum videtur. sed et si iam mortuo eo, cui legatum erat, easdem res transtulerit, Sempronio debetur.

4. 3. 1   Actio pro legatariis

C. 6. 43. 2. 1   Imperator Iustinianus

Sit igitur secundum quod diximus ex omni parte verborum non inefficax voluntas secundum verba legantis vel fideicommittentis et omnia, quae naturaliter insunt legatis, ea et fideicommissis inhaerere intellegantur et e contrario, quidquid fideicommittitur, hoc intellegatur esse legatum, et si quid tale est, quod non habet natura legatorum, hoc

4. 遗　　赠

D. 34, 4, 3, 11　乌尔比安:《萨宾评注》第 24 卷

仅依遗嘱人的意愿，遗赠不仅可以被撤销，遗产信托也可以被撤销。因此，有人问：遗产信托是否会因为存在冲突①而被撤销。如果他是一个死敌或者与他有着严重冲突，则要撤销给他的遗产信托。相反，有轻微冲突者遗产信托不被撤销。鉴于此，我们还将上述规定适用于遗赠，但是提出欺诈抗辩理由的，可以除外。

D. 34, 4, 5　盖尤斯:《论内事裁判官告示》第 2 卷

如同遗赠可以被撤销一样，遗赠也可以被转给另一个人。例如以这种方式进行："我已经遗赠给提裘斯的遗产，我将遗赠给塞伊乌斯。"这是一种默示地撤销给提裘斯的遗赠的表达方式。

D. 34, 4, 3pr.　乌尔比安:《萨宾评注》第 24 卷

如果一个人这样进行遗赠："我遗赠一个庄园给提裘斯，提裘斯去世，我的一名继承人被责成将遗赠物交给塞伊乌斯。"这一遗赠宜被认为发生转移。尽管受遗赠的人已经去世，该物要被转移，要被交给塞伊乌斯。

4.3.1　有利于受遗赠人之诉

C. 6, 43, 2, 1　优士丁尼皇帝致大区长官尤里安

因此，根据我们上面所述，通过各种词语表达的意愿都是有效的。意愿的效力是根据遗嘱人就遗赠或者遗产信托进行的表述而产生，凡能包含于遗赠中的一切内容也都能包含于遗产信托之中。反之亦然，有关遗产信托的标的也适用于遗赠。如果一个遗

---

① 指在遗嘱人与受托人之间发生的冲突。——译者

ei ex fideicommissis accommodetur, et sit omnibus perfectus eventus, ex omnibus nascantur in rem actiones, ex omnibus hypothecariae, ex omnibus personales.

Iust. A. Iuliano pp. ⟨ *a 531 D. X k. Mart. Constantinopoli post consulatum Lampadii et Orestis vv. cc.* ⟩

D. 31. 76. 8   Papinianus 7 resp.

Variis actionibus legatorum simul legatarius uti non potest, quia legatum datum in partes dividi non potest: non enim ea mente datum est legatariis pluribus actionibus uti, sed ut laxior eis agendi facultas sit, ex una, interim quae fuerat electa, legatum petere.

4. 3. 2   Legati pro servis

D. 30. 12. 2   Pomponius 3 ad sab.

Regula iuris civilis est, quae efficit, ut quibus ipsis legare possumus, eorum quoque servis legare possumus.

D. 31. 14pr.   Paulus 4 ad vitell.

Si idem servus et legatus et liber esse iussus sit, favor libertatis praevalet: sin autem et in posteriore scriptura legatus est et evidens ademptio libertatis ostenditur, legatum propter defuncti voluntatem praevalebit.

4. 3. 3   De pluribus heredibus oneratis

D. 30. 8. 1   Pomponius 2 ad sab.

Si ita scriptum sit: ‘Lucius Titius heres meus aut Maevius heres

嘱的决定不被认为具有遗赠的效力，就被认为是遗产信托。因此，上述遗嘱的决定要被认为是完全有效并且根据该遗嘱的决定可产生任何一个对物之诉、任何一个抵押之诉、任何一个对人之诉。

（531年，于君士坦丁堡，兰巴蒂和奥莱斯蒂斯执政）

D. 31, 76, 8　帕比尼安：《解答集》第 7 卷

受遗赠人不能就一个遗赠同时提起不同的诉讼。因为，一个遗赠的决定不能分为不同的部分。给受遗赠人的遗赠之意愿并不考虑他们可以提起多种诉讼，而是考虑他们更易于提起诉讼，也就是说，提起诉讼并通过该诉讼要求履行遗赠。

4.3.2　有利于奴隶的遗赠

D. 30, 12, 2　彭波尼：《萨宾评注》第 3 卷

如同我们可以给一些人以遗赠一样，我们也能够给他们的奴隶以遗赠，这乃是市民法的一项规则。

D. 31, 14pr.　保罗：《维特里乌斯评注》第 4 卷

如果一个奴隶既被遗赠，又根据遗嘱的指定而成为解放自由人，那么，自由权优先。相反，如果在后一个遗嘱中奴隶是遗赠物，由此可清楚地表明已剥夺了他的自由权。依已故者的意愿，遗赠有效。

4.3.3　有遗赠负担的多个继承人

D. 30, 8, 1　彭波尼：《萨宾评注》第 2 卷

如果有人这样写道："我的继承人鲁丘斯·提裘斯或者我的

meus decem Seio dato', cum utro velit, Seius aget, ut, si cum uno actum sit et solitum, alter liberetur, quasi si duo rei promittendi in solidum obligati fuissent. quid ergo si ab altero partem petierit? liberum cui erit ab alterutro reliquum petere. idem erit et si alter partem solvisset.

D. 32. 98   Paulus l. S. de forma testamenti.

Si plures gradus sint heredum et scriptum sit 'heres meus dato', ad omnes gradus hic sermo pertinet, sicuti haec verba 'quisquis mihi heres erit'. itaque si quis velit non omnes heredes legatorum praestatione onerare, sed aliquos ex his, nominatim damnare debet.

4. 3. 4   De pluribus legatariis

D. 30. 19. 2   Ulpianus 15 ad sab.

In legato pluribus relicto si partes adiectae non sunt, aequae servantur.

D. 32. 89   Paulus 6 ad l. iul. et pap.

Re coniuncti videntur, non etiam verbis, cum duobus separatim eadem res legatur. item verbis, non etiam re: 'Titio et Seio fundum aequis partibus do lego', quoniam semper partes habent legatarii. praefertur igitur omnimodo ceteris, qui et re et verbis coniunctus est. quod si re tantum coniunctus sit, constat non esse potiorem. si vero verbis quidem

继承人迈威乌斯将 10 元钱给塞伊乌斯。"塞伊乌斯可对他要指控的上述两人中的一个人提起诉讼。但是，他对其中一人提起诉讼且该人履行了给付义务，另一人则被免除遗赠负担。他们两个人是作为连带债务人承担义务的。我们提出一个疑问：是否可以向两个人中的一个人要求给付一部分金钱呢？显然，我们可以向两个人中的任何一个人要求剩余部分金钱的支付。如果两个人中的一人仅支付部分金钱，适用同样的规定。

D. 32, 98　保罗:《论遗嘱的形式》单卷本

如果有多个顺序的继承人，^①并且遗嘱写道"我的继承人将给付……"，这种表达方式涉及继承人的每一个顺序，它就如同这样的词语："任何将是我的继承人的人。"这样，如果一个人不希望给所有的继承人以给付遗赠物的负担，而只是给他们中的部分人，应当指名地让其承担义务。

4.3.4　多个受遗赠人

D. 30, 19, 2　乌尔比安:《萨宾评注》第 15 卷

给数个人以遗赠，如果没有指定份额，他们的份额是均等的。

D. 32, 89　保罗:《尤流斯和帕皮流斯法评注》第 6 卷

当一个遗赠物被遗赠给两个人时，受遗赠人是基于受遗赠物而非基于遗赠的言词成为共同受遗赠人。同样，在"我将一个庄园份额均等地赠给提裘斯和塞伊乌斯"这句话中，受遗赠人是基于遗赠的言词而非基于遗赠物成为共同受遗赠人，因为受遗赠人们无论如何是有份额的。因此，在所有的共同受遗赠人中，既是

———————
① 他们是指定继承人和替补继承人。——译者

coniunctus sit, re autem non, quaestionis est, an coniunctus potior sit: et magis est, ut et ipse praeferatur.

4. 3. 5　De coherede legatario

D. 30. 17. 2　Ulpianus 15 ad sab.

Si uni ex heredibus fuerit legatum, hoc deberi ei officio iudicis familiae herciscundae manifestum est: sed et si abstinuerit se hereditate, consequi eum hoc legatum posse constat.

4. 3. 6　De Regula catoniana

D. 34. 7. 1pr.　Celsus 35 dig.

Catoniana regula sic definit, quod, si testamenti facti tempore decessisset testator, inutile foret, id legatum quandocumque decesserit, non valere. quae definitio in quibusdam falsa est.

4. 3. 7　Mucianae cautionis

D. 35. 1. 7pr.　Ulpianus 18 ad sab.

Mucianae cautionis utilitas consistit in condicionibus, quae in non faciendo sunt conceptae, ut puta 'si in capitolium non ascenderit' 'si Stichum non manumiserit' et in similibus: et ita Aristoni et Neratio et

基于遗赠物又是基于言词而成为共同受遗赠人的人方才具有优先地位。如果一个人仅基于遗赠物而成为共同受遗赠人，显然不具有优先地位。相反，如果一个人仅基于言词而非基于遗赠物成为共同受遗赠人，他是否具有优先地位，我们认为更恰当的观点是，他有优先地位。

4.3.5　受遗赠的共同继承人

D. 30, 17, 2　乌尔比安:《萨宾评注》第 15 卷

如果给继承人中的一个人以遗赠，显然，受理遗产分割之诉的法官的职责是将遗赠物交给受遗赠人。尽管该受遗赠人放弃了继承，但是众所周知，他还是能够获得该遗赠物的。

4.3.6　卡多规则

D. 34, 7, 1pr.　杰尔苏:《学说汇纂》第 35 卷

卡多规则（Catoniana regula）是这样规定的：如果遗嘱人在立下遗嘱后立即去世了，无论遗嘱人去世多久，遗赠无效。这一规则在一些情况下是不适用的。

4.3.7　穆齐要式口约

D. 35, 1, 7pr.　乌尔比安:《萨宾评注》第 18 卷

穆齐要式口约的益处是针对某些不作为的条件而言。例如，"如果他没有成为执政官""如果未解放奴隶斯提库斯"，以及类似的条件。阿里斯托、内拉蒂、尤里安持有同样的观点。在皮乌

Iuliano visum est: quae sententia et constitutione divi pii comprobata est. nec solum in legatis placuit, verum in hereditatibus quoque idem remedium admissum est.

D. 35. 1. 18   Gaius 18 ad ed. provinc.

Is, cui sub condicione non faciendi aliquid relictum est, ei scilicet cavere debet muciana cautione, ad quem iure civili, deficiente condicione, hoc legatum eave hereditas pertinere potest.

4. 4   Legatus annui
(D. 33. 1)

D. 33. 1. 4   Paulus 62 ad ed.

Si in singulos annos alicui legatum sit, Sabinus, cuius sententia vera est, plura legata esse ait et primi anni purum, sequentium condicionale: videri enim hanc inesse condicionem ' si vivat' et ideo mortuo eo ad heredem legatum non transire.

D. 33. 1. 3pr.   Ulpianus 24 ad sab.

Si legatum sit relictum annua bima trima die, triginta forte, dena per singulos debentur annos, licet non fuerit adiectum ' aequis pensionibus'

斯皇帝的谕令中也强调了这一观点。该要式口约不仅被认为适用于遗赠，而且同样适用于继承。

D. 35, 1, 18　盖尤斯：《行省告示评注》第18卷

一个可实施遗产继承或者受遗赠的人被附加了不得做某事的条件，显然，依市民法的规定，在条件未成就的情况下，应当与转移给他这一遗赠或是继承的人缔结穆齐要式口约以进行担保。

4.4　年度遗赠

（D. 33, 1）

D. 33, 1, 4　保罗：《告示评注》第62卷

如果一个人被逐年地遗赠，并且在第一年是无条件的，随后的各年中是有条件的，萨宾认为这是多次遗赠。因为下述条件被认为是含于遗赠中，即"如果受遗赠人活着"以及有类似暗示内容，因此，受遗赠人去世了，该遗赠不转移给他的继承人，这一观点是正确的。

D. 33, 1, 3pr.　乌尔比安：《萨宾评注》第24卷

如果有人给予遗赠，附有一年、两年、三年支付期限，例如，在附有三年支付期限的遗赠中，遗赠物为30元钱。尽管在遗嘱中没有写明是"均等支付"，但是每年要给付10元钱。

4. De legatis

4. 5　Cautio legatorum servandorum causa
（D. 36. 3/4）

D. 36. 3. 1pr.　Ulpianus 79 ad ed.

Legatorum nomine satisdari oportere praetor putavit, ut, quibus testator dari fierive voluit, his diebus detur vel fiat dolumque malum afuturum stipulentur.

D. 36. 4. 5pr.　Ulpianus 52 ad ed.

Is cui legatorum fideive commissorum nomine non cavetur missus in possessionem nunquam pro domino esse incipit. nec tam possessio rerum ei quam custodia datur: neque enim expellendi heredem ius habet, sed simul cum eo possidere iubetur, ut saltem taedio perpetuae custodiae extorqueat heredi cautionem.

D. 36. 4. 5. 16　Ulpianus 52 ad ed.

Imperator Antoninus Augustus rescripsit certis ex causis etiam in propria bona heredis legatarios et fideicommissarios esse mittendos, si post sex menses, quam aditi pro tribunali fuerint hi quorum de ea re notio est, in satisfactione cessatum est, inde fructus percepturos, quoad voluntati defunctorum satisfiat. quod remedium servaretur et adversus eos, qui ex qua causa fideicommisso moram faciunt.

4.5　信守遗赠的要式口约
（D. 36, 3/4）

D. 36, 3, 1pr.　乌尔比安:《告示评注》第 79 卷

裁判官认为，就遗赠而言，要缔结要式口约以便使遗嘱人的意愿得到实现，也就是说，给付遗赠物和实施遗赠的行为要在遗嘱人希望给付或实施遗赠的期限内进行，以便使被允诺的遗赠的实现不存在诈欺行为。

D. 36, 4, 5pr.　乌尔比安:《告示评注》第 52 卷

没有被要求订立遗赠要式口约或者遗产信托要式口约的人，被允许占有该遗产物，但是他不得以所有人的身份进行占有。占有物亦不被他保管。因为，他没有权利剥夺继承人占有遗产的权利，但是他被允许同继承人们一起占有该物，继承人们因厌烦他的无期限占有时，可与他订立要式口约。

D. 36, 4, 5, 16　乌尔比安:《告示评注》第 52 卷

安东尼皇帝批复道：在一些情况下，受遗赠人和受遗产信托人被允许占有继承人自己的财产。如果在他们向法官提出要求的六个月后，未得到其要求的要式口约，那么，通过该占有获得孳息一直到继承人依已故者意愿履行义务时为止。这一规则也适用于继承人以各种理由将遗产信托推迟履行的情况。

4. 6 Interdictum quod legatorum
(D. 43. 3)

D. 43. 3. 1. 1   Ulpianus 67 ad ed.
Hoc interdictum volgo 'quod legatorum' appellatur.
D. 43. 3. 1. 2   Ulpianus 67 ad ed.
Est autem et ipsum apiscendae possessionis et continet hanc causam, ut, quod quis legatorum nomine non ex voluntate heredis occupavit, id restituat heredi. etenim aequissimum praetori visum est unumquemque non sibi ipsum ius dicere occupatis legatis, sed ah herede petere: redigit igitur ad heredes per hoc interdictum ea, quae legatorum nomine possidentur, ut perinde legatarii possint eum convenire.

4. 7 Lex Falicidia
(D. 35. 2/ 3 ; D. 50. 16)

D. 35. 2. 1pr.   Paulus l. S. ad l. falcid.
Lex Falcidia lata est, quae primo capite liberam legandi facultatem dedit usque ad dodrantem his verbis: 'qui cives Romani sunt, qui eorum post hanc legem rogatam testamentum facere volet, ut eam pecuniam easque res quibusque dare legare volet, ius potestasque esto, ut hac lege

4.6　继承人收回遗赠物令状
（D. 43, 3）

D. 43, 3, 1, 1　乌尔比安：《告示评注》第 67 卷

这个令状被称为 "继承人收回遗赠物令状"（interdictum quod legatorum）。

D. 43, 3, 1, 2　乌尔比安：《告示评注》第 67 卷

这个令状也适用于获得的占有，它基于下列理由：任何人未经继承人同意以遗赠的名义占有的财物要归还给继承人。裁判官非常正确地认为，任何人不能以占有遗赠物的方式来解决争议，而是要向继承人提出获得遗赠物的要求。因此，通过这个令状，他要向继承人交付以遗赠名义占有的财物，以使受遗赠的人们而后能够对继承人提起诉讼。

4.7　《法尔其丢斯法》
（D. 35, 2/3；D. 50, 16）

D. 35, 2, 1pr.　保罗：《法尔其丢斯法评注》单卷本

被通过的《法尔其丢斯法》第一条将遗嘱人对自己的财产进行遗赠的能力限定在四分之三份额的范围内。该法是以下列言词表述的："在该法公布后，希望立遗嘱的罗马市民有权将他们的金钱和其他财产遗赠给他们可以选择的任何人。他们有权利和资

4. De legatis

sequenti licebit'. secundo capite modum legatorum constituit his verbis:
'quicumque civis romanus post hanc legem rogatam testamentum faciet,
is quantam cuique civi romano pecuniam hire publico dare legare volet,
ius potestasque esto, dum ita detur legatum, ne minus quam partem
quartam hereditatis eo testamento heredes capiant, eis, quibus quid ita
datum legatumve erit, eam pecuniam sine fraude sua capere liceto isque
heres, qui eam pecuniam dare iussus damnatus erit, eam pecuniam
debeto dare, quam damnatus est'.

D. 35. 2. 1. 7   Paulus l. S. ad l. falcid.

Et omne quod ex bonis defuncti erogatur refertur ad hanc legem, sive
in corpore constet certo incertove sive pondere numero mensura valeat aut
etiam si ius legatum sit (ut usus fructus) aut quod in nominibus est.

D. 35. 2. 73pr.   Gaius 18 ad ed. provinc.

In quantitate patrimonii exquirenda visum est mortis tempus
spectari. qua de causa si quis centum in bonis habuerit et tota ea
legaverit, nihil legatariis prodest, si ante aditam hereditatem per servos
hereditarios aut ex partu ancillarum hereditariarum aut ex fetu pecorum
tantum accesserit hereditati, ut centum legatorum nomine erogatis
habiturus sit heres quartam partem, sed necesse est, ut nihilo minus
quarta pars legatis detrahatur. et ex diverso, si ex centum septuaginta
quinque legaverit et ante aditam hereditatem in tantum decreverint bona,
incendiis forte aut naufragiis aut morte servorum, ut non plus quam
septuaginta quinque vel etiam minus relinquatur, solida legata debentur.
nec ea res damnosa est heredi, cui liberum est non adire hereditatem:
quae res efficit, ut necesse sit legatariis, ne destituto testamento nihil
consequantur, cum herede in portionem legatorum pacisci.

格这样做，这就如同下列规定所允许的那样。"在第二条中，以下表述规定了对遗赠的限制："在本法通过后，任何立了遗嘱的罗马市民都有权依该法律将一笔钱遗赠给任何一个罗马市民，只要该遗赠的给予不会导致继承人们依遗嘱获得的遗产少于四分之一份额即可。鉴于此，以该方式接受一笔钱遗赠的受遗赠人有权接受之，并且不被认为是欺诈。有义务给付该笔钱的继承人应当在其承担给付义务的范围内进行给付。"

D. 35, 2, 1, 7　保罗：《法尔其丢斯法评注》单卷本

这个法考虑到了已故者的全部遗产中要遗赠的所有财产，无论该遗赠物是确定的，或是非确定的，也不论是否可以计数度量，也不论遗赠财产是诸如用益物权或是债权。

D. 35, 2, 73pr.　盖尤斯：《行省告示评注》第 18 卷

在统计遗产数量时，应当查明的确是遗嘱人去世时拥有的财产价值。因此，如果一个人有 100 元财产且将这些财产全部遗赠，对于受遗赠人而言，该财产将无利润地增加到遗赠财产中。即使在接受遗产之前，由于遗产奴隶的管理活动，或是由于遗产女奴隶的分娩，或是由于幼畜的出生，遗产被增加至继承人除了给付遗赠的 100 元外，继承人还有足够的财产之四分之一份额，但是，该遗赠依然有必要扣除四分之一份额。不同的是，如果遗嘱人有 100 元的财产，遗赠了 75 元，在接受遗赠前，遗产发生减少，例如，因为火灾，或者由于船只失事，或者由于奴隶的死亡，致使遗产物降至 70 元或者少于 75 元，那么，遗赠物要全部给付。该规定并未给继承人带来损害，因为他有权放弃继承权。上述情况使受遗赠人要同继承人就遗赠的范围达成契约，以避免受遗赠人因继承人放弃继承权而未获得任何遗产。

4. De legatis

D. 50. 16. 165   Pomponius 5 ad sab.

Venisse ad heredem nihil intellegitur nisi deducto aere alieno.

D. 35. 2. 58   Modestinus 9 reg.

Legis falcidiae beneficium heres etiam post longum tempus mortis testatoris implorare non prohibetur.

D. 35. 3. 1pr.   Ulpianus 79 ad ed.

Si cui plus quam licuerit legetur et dubitari iuste possit, utrum lex falcidia locum habitura est nec ne, subvenit praetor heredi, ut ei legatarius satisdet, ut, si apparuerit eum amplius legatorum nomine cepisse quam e lege falcidia capere licebit, quanti ea res erit, tantam pecuniam det dolusque malus ab eo afuturus sit.

D. 50, 16, 165　彭波尼:《萨宾评注》第 5 卷

当全部债务未被付清时，任何财产均不能被确定属于继承人的遗产。

D. 35, 2, 58　莫德斯丁:《规则集》第 9 卷

即使在遗嘱人去世后经过了很长时间，继承人仍可以请求《法尔其丢斯法》的救济。

D. 35, 3, 1pr.　乌尔比安:《告示评注》第 79 卷

如果给一个人的遗赠多于被允许的份额，使得人们会合理地产生一个《法尔其丢斯法》是否适用的疑问。裁判官要给继承人以救济，即让受遗赠人对继承人做出一个要式口约：如果他得到的遗赠多于《法尔其丢斯法》允许的份额，则要将得到的多余财产以金钱的方式进行支付，并且他所做的一切都不存在恶意。

5. Fideicommissum

5. 1　Condiciones generales
(D. 30. 1/2 ; D. 32. 1/11/26/28 ; C. 6. 42)

5. 1. 1　Exaequatio legatis

D. 30. 1　Ulpianus 67 ad ed.
Per omnia exaequata sunt legata fideicommissis.

5. 1. 2　Absentia formae

C. 6. 42. 22　Imperatores Diocletianus et Maximianus
Et in epistula vel brevi libello vel sine scriptura, immo etiam nutu fideicommissum relinqui posse adhibitis testibus nulla dubitatio est.

Diocl. et Maxim. AA. et CC. Planciano. ⟨ *a 293 D. Id. April. Byzantii AA. conss.* ⟩

5. 1. 3　Capacitas

D. 30. 2　Ulpianus 1 fideic.
Sciendum est eos demum fideicommissum posse relinquere, qui

5. 遗产信托

5.1 一般条件
（D. 30, 1/2；D. 32, 1/11/26/28；C. 6, 42）

5.1.1 与遗赠的同等地位

D. 30, 1 乌尔比安:《告示评注》第 67 卷

在任何方面，遗赠与遗产信托（fideicommissum）均处于同等的地位上。

5.1.2 形式的自由性

C. 6, 42, 22 戴克里先皇帝和马克西米安皇帝致布兰其安

通过一封信函，或者一纸文书，或者非书面形式，甚至是一个在证人面前的点头，遗产信托均可以成立，对此没有人存有疑问。

（293 年，于拜占庭，上述皇帝执政）

5.1.3 资格

D. 30, 2 乌尔比安:《遗产信托》第 1 卷

应当明白，唯有立遗嘱能力的人方能够设立遗产信托。

5. Fideicommissum

testandi ius habent.

D. 32. 1. 6   Ulpianus 1 fideic.

Sciendum est autem eorum fidei committi quem posse, ad quos aliquid perventurum est morte eius, vel dum eis datur vel dum eis non adimitur.

5. 1. 4   Fideicommissum pro ventre

D. 32. 1. 8   Ulpianus 1 fideic.

Sed et eius, qui nondum natus est, fidei committi posse, si modo natus nobis successurus sit.

5. 1. 5   Fideicommissum inritum

D. 32. 11. 1   Ulpianus 2 fideic.

Quotiens quis exemplum testamenti praeparat et prius decedat quam testetur, non valent quasi ex codicillis quae in exemplo scripta sunt, licet verba fideicommissi scriptura habeat: et ita divum pium decrevisse Maecianus scribit.

5. 1. 6   Fructus

D. 32. 26   Paulus 2 ad Ner.

Is qui fideicommissum debet post moram non tantum fructus, sed etiam omne damnum, quo adfectus est fideicommissarius, praestare cogitur.

D. 32, 1, 6　乌尔比安:《遗产信托》第 1 卷

此外，应当明白，遗产信托是为遗嘱人在自己去世后将其财物转给他人而设立的，无论该财物是交付给他们的，还是没有剥夺他们的遗产。

5.1.4　给胎儿的遗产信托

D. 32, 1, 8　乌尔比安:《遗产信托》第 1 卷

遗产信托还可以给尚未出生的人，只要当他出生时是我们的继承人即可。

5.1.5　遗产信托的无效

D. 32, 11, 1　乌尔比安:《遗产信托》第 2 卷

如果一个人草拟了遗嘱内容，但在立遗嘱之前去世，那么，他草拟的遗嘱内容如同他以遗嘱附书的形式写的遗嘱一样地无效。即使遗产信托的设立有书面形式亦如此。马艾西安写道：这是由皮乌斯皇帝决定的。

5.1.6　孳息

D. 32, 26　保罗:《内拉蒂评注》第 2 卷

应当履行遗产信托的人迟延履行的，不仅从违约之日起要给付孳息，而且还要偿付受托人所遭受的损失。

5. 1. 7   Fideicommissum in testamentis subsequentibus

D. 32. 18   Pomponius 1 fideic.

Si iure testamento facto fideicommissum tibi reliquero, deinde postea aliud fecero non iure, in quo fideicommissum relictum tibi vel aliud quam quod priore testamento vel omnino non sit relictum, videndum est, mens mea haec fuerit facientis postea testamentum, ut nolim ratum tibi sit priore testamento relictum, quia nuda voluntate fideicommissa infirmarentur. sed vix id optinere potest, fortassis ideo, quod ita demum a priore testamento velim recedi, si posterius valiturum sit et nunc ex posteriore testamento fideicommissum ei non debetur, etiamsi idem heredes utroque testamento instituti ex priore exstiterunt.

5. 2   Fideicommissum universale
et SC Trebellianum
(D. 36. 1 ; C. 6. 49)

D. 36. 1. 1. 1   Ulpianus 3 fideic.

Factum est enim senatus consultum temporibus Neronis octavo calendas septembres Annaeo Seneca et Trebellio Maximo consulibus, cuius verba haec sunt.

5.1.7 后立遗嘱中的遗产信托

D. 32, 18 彭波尼:《遗产信托》第 1 卷

如果我立了一个合法的遗嘱,其内容中给你设定了遗产信托,而后,我立了一个不合法的遗嘱,在后一个遗嘱中,你虽被设定了遗产信托,但给予的是不同于第一个遗嘱的财物,或者根本没有给你设立遗产信托。这就要分析我的意愿是否就是我的后一个遗嘱的想法,也就是说,是否不想认可在第一个遗嘱中留给你的财物。因为遗产信托仅根据一个单纯的意愿就可以被撤销。但是,这是很难成立的,因为,假设第二个遗嘱有效,而依该遗嘱我未留给你任何遗产信托,这就证明我要撤销第一个遗嘱,尽管在第一个遗嘱和第二个遗嘱中都指定了两个同样的继承人,但第一个遗嘱指定的继承人有效。

5.2 概括遗产信托和
《特雷贝里亚努斯元老院决议》
(D. 36, 1;C. 6, 49)

D. 36, 1, 1, 1 乌尔比安:《遗产信托》第 3 卷

该元老院决议① 是在尼禄(Nero)时代的 8 月 25 日、阿内乌斯·塞内库斯和特雷贝里亚努斯·马克西姆斯为执政官时制定的。

---

① 指《特雷贝里亚努斯元老院决议》。——译者

5. Fideicommissum

D. 36. 1. 1. 2   Ulpianus 3 fideic.

'cum esset aequissimum in omnibus fideicommissariis heredit-atibus, si qua de his bonis iudicia penderent, ex his eos subire, in quos ius fructusque transferretur, potius quam cuique periculosum esse fidem suam: placet, ut actiones, quae in heredem heredibusque dari solent, eas neque in eos neque his dari, qui fidei suae commissum sic, uti rogati essent, restituissent, sed his et in eos, quibus ex testamento fideicommissum restitutum fuisset, quo magis in reliquum confirmentur supremae defunctorum voluntates'.

D. 36. 1. 1. 4   Ulpianus 3 fideic.

Quamquam autem senatus subventum voluit heredibus, subvenit tamen et fideicommissario: nam in eo, quod heredes, si conveniantur, exceptione uti possunt, heredibus subventum est: in eo vero, quod, si agant heredes, repelluntur per exceptionem quodque agendi facultas fideicommissariis competit, procul dubio consultum est fideicommissariis.

5. 2. 1   Quarta Falcidia

C. 6. 49. 6. 1   Imperator Zeno

Idemque in retinenda legis flacidiae portione obtinere iubemus, et si pater vel mater filio seu filia institutis (sicut supra dictum est) heredibus rogaverit eos easve nepotibus vel neptibus, pronepotibus vel pronepribus suis ac deinceps restituere hereditatem.

Imp. Zeno A. Dioscoro pp. ⟨ *a 489 PP. k. Sept. Constantinopoli Eusebio cons.* ⟩

316

D. 36, 1, 1, 2　乌尔比安:《遗产信托》第 3 卷

该决议的内容是这样的:对于所有涉及遗产信托的遗产而言,倘若有关一些遗产的诉讼尚未了结,且这些诉讼是对获得该物的权利和利益的人提起,应当说,不能由设立遗产信托的人承担风险,这是非常公正的。因此,我们规定:应当给予继承人诉权和对抗继承人的诉权。当继承人在遗产信托中被要求将所有的遗产交给受托人时,无论是对抗继承人的诉权,还是对继承人进行照顾的诉权都不给予。对抗继承人的诉权和对继承人进行照顾的诉权均被给予根据遗嘱中的遗产信托获得整个遗产的受托人,以便使已故者的意愿得到保障。

D. 36, 1, 1, 4　乌尔比安:《遗产信托》第 3 卷

尽管元老院希望帮助继承人,但是,也还要帮助受托人。因为根据这个决议,如果一个继承人成为被告,他们可以行使抗辩权并因此而得到救济。相反,如果继承人们提起诉讼,则继承人们因被告的抗辩而被拒绝,因为诉权属于受托人。无疑,这一规定有利于受托人。

5.2.1　《法尔其丢斯法》四分之一份额

C. 6, 49, 6, 1　芝诺皇帝致大区长官第奥斯科罗

我们规定:尽管父亲或者母亲指定儿子或者女儿(如同我们已讲过的那样)为继承人并通过遗产信托让儿子们或女儿们将遗产转给他(或她)的孙子女们、曾孙子女们以及依次往下的直系卑亲属们,但儿子或女儿可根据《法尔其丢斯法》获得四分之一的份额。

(489 年,于君士坦丁堡,艾乌塞比乌斯执政)

索　引

索　引

索　引

索 引

图书在版编目(CIP)数据

拉汉对照优士丁尼国法大全选译.第6卷,遗产继承/
(意)桑德罗·斯奇巴尼选编;费安玲译.—北京:商务
印书馆,2022
(优士丁尼国法大全选译)
ISBN 978-7-100-21340-0

Ⅰ.①拉…　Ⅱ.①桑…②费…　Ⅲ.①罗马法—继
承法—研究　Ⅳ.①D904.1

中国版本图书馆 CIP 数据核字(2022)第 117955 号

拉汉对照
优士丁尼国法大全选译
第 6 卷
遗产继承
〔意〕桑德罗·斯奇巴尼　选编
费安玲　译
〔意〕阿尔多·贝特鲁奇　朱赛佩·德拉奇纳　校

商 务 印 书 馆 出 版
(北京王府井大街36号　邮政编码100710)
商 务 印 书 馆 发 行
北 京 通 州 皇 家 印 刷 厂 印 刷
ISBN 978-7-100-21340-0

2022 年 10 月第 1 版　　　开本 850×1168　1/32
2022 年 10 月北京第 1 次印刷　　印张 12⅜
定价:68.00 元